做人做事做官系列谈

晓山◎著

党建读物出版社

目录

第一辑 做人篇

第二辑 做事篇

第三辑 做官篇

第一辑　做人篇

一、美德是成功人生的通行证

德，即为人之道、做人之理，是为官之本。人而无德，行之不远。一个人只有崇尚美德，而且具备高尚的人格，人生之路才能走得正、走得稳、走得远。我国传统文化历来把修身立德作为立言、立行、立业、为官的根本，强调“太上有立德，其次有立功，其次有立言”。人无德不立，官无德不为。领导干部必须首先是一个有“德”之人。

做事先做人，做人先立德。德国哲学家康德曾说：“这个世界上有两样东西能引起人内心深深的震动，一个是我们头顶上灿烂的星空，一个是我们心中崇高的道德准则。”意大利诗人但丁曾告诫世人，“不能像野兽那样活着，应该追求美德”。德，是人的世界观、人生观、价值观的集中体现。德行好的人，就会有正确的人生价值取向，从而心正、身正、言正、行正，坦坦荡荡、光明磊落；反之德行差，就会违背道义、违背公理、蝇营狗苟，心思歪、身行恶，遭人唾弃。因此，从古至今，人们都把“德”看作决定人生命运的第一位因素、决定事业成功的根本保证。领导干部既是老百姓的一员，又是党和人民事业的骨干，要比一般人有着更高的道德标准和要求。

做人要有品，为官要有德。古往今来，很多为官者能让人民怀念，并非都是惊天动地之举，而往往缘于其良好的德行。如于谦“两袖清风朝天去”、文天祥“留取丹心照汗青”、辛弃疾“赢得生前身后名”等，至今为人传颂。恩格斯说：“实际上，每一个阶级，甚至每一个行业，都各有各的道德。”所以，每一种职业也都有其道德，师有师德，医有医德，商有商德，等等。领导干部从本质上说，也是一种职业，“官德”就是领导干部必须遵守的职业操守。习近平总书记强调，“为‘官’者必须以‘君子检身，常若有过’的态度，不断提高道德修养，时刻注意以德修身、以德立威、以德服众”。道德品质从来都是我们党对干部的一项重要评价指标。领导干部为官从政，如果没有一流的人品作底子，是肯定要跌跤的。许多干部犯错误，首先就是丢了道德操守，精神家园有了缺口，理想信念随之滑坡动摇，价值观“脱轨”，从而失去了从政良知，甚至走向违法犯罪深渊，最终必是害人、害己、害组织。

做小事靠智，成大事靠德。一个人的成功固然要靠聪明才智，但更重要、更根本的是靠道德。《世说新语·笺疏》讲道：“德成智出，业广惟勤，小胜靠智，大胜靠德。”说的就是小的成功有一定聪明才智就能取得，而想成就大事必须有高尚的道德。古人说“厚德载物”，也是说人有好的品行，就没有承载不了的事。道德素质是一个人思想境界的体现，道德高尚的人眼光开阔，心胸广博，格局宽大，追求远大，能想到别人所没想，看到别人所未见，容下别人所难容，从而做成大事业，不会局限在自己的“一亩三分地”。俗话说：“心有多大，舞台就有多大。”领导干部要为党和人民事业作出更大贡献，就要不断提高道德修养水平。

二、做人赢在人品，输在算计

算计，本义是计算、打算，引申为为了达到自己的目的，不惜损害他人利益而设计暗害别人。俗话说：“人有千算，天有一算。”一个人什么都想要，百般钻营设计，往往最后什么都得不到；而一个人堂堂正正、扎扎实实，往往也就事有所成。领导干部做人做事为官，追求任何目标，“只可直中取，不可曲中求”，绝不能工于算计。

人品是人生最大的“资本”。人的外表犹如人的“面子”，而人品是人的“里子”，是一个人最硬的底牌、最高的“学历”，是人生不朽的丰碑。品洁人自高。一个人有了高尚的人品，对世间一切高贵或低微、高尚或卑劣、慷慨或吝啬、勇敢或怯懦、善良或狠毒、美丽或丑陋等洞若观火，一切是非、正误、主次一目了然，做人做事自然能作出正确判断、作出正确选择，任何时候都能站得直、行得端、走得正。禽择木而栖，人择人而伴。人品好的人，与人相交能受人尊敬，与人共事能被人信任，往往有好人缘，得到更多的帮助和支持，人生的道路越走越宽阔、越敞亮。同样，领导干部只有人品高尚，才会有情怀、有大志、有格局，才能得到组织的信任、群众的支持，事业才会有大天地，人生才会有大气象。

小算盘算不出“大人生”。世间事，是实实在在、脚踏实地做出来的，绝不是投机钻营、阴谋算计可以“算”出来的。任何时候，只有自己苦来的、干来的，得到的东西才让人问心无愧、心安理得；靠歪门邪道、尔虞我诈、坑蒙拐骗得来的，只会让自己生活在担惊受怕、诚惶诚恐之中，也必有被揭穿的那一天。即使得到了，也是一时一事不可能长久，必然要失去，要付出代价，最终只是竹篮打水一场空而已。千算万算，人品不行都是白算。做人做事，与其整天“研究”别人，不如认认真真“研究”自己，看清自己的长处和优势，找准自己的短板和不足，陶冶道德情操，抓紧完善自己。人品提高了，思想境界也就提升了，格局眼界也就扩容了，所求所盼往往也就水到渠成了。

丢什么都不能丢人品。人可以其貌不扬，但不可以没有人品；人生可以不大富大贵，但一定要品行端正。人生有许多东西都可以取舍，唯独人品绝对不能可有可无，一旦丢了人品，就会昧了良心、忘了良知，就会伤天害理、作恶多端，必将走上绝路。人品重要，但不是自然天成的，也不是“一劳”可以“永逸”，需要不断修炼和提升。从善如登，从恶如崩。领导干部在从政的过程中必然会面临各种困难、风险、诱惑和挑战，稍不注意就容易出现麻痹、懈怠、放纵，甚至萌生各种歪念、邪念、贪念，走向犯罪的深渊。官升品德不会自然涨。领导干部任何时候都要把加强道德修养铭刻在心、坚持不懈，自觉做到不以善小而不为、不以恶小而为之，人前人后一个样，来不得半点马虎，更不能把它丢了忘了。

三、做人，品为先，才为次

司马光在《资治通鉴》里系统论述了德和才的关系：“才者，德之资也；德者，才之帅也。是故才德全尽谓之圣人，才德兼亡谓之愚人，德胜才谓之君子，才胜德谓之小人。”“德”是“才”的统帅，有了“德”方能正确施展才能；“才”是“德”的支撑，有了“才”方能把德行转化为人生价值。领导干部必须做到德才兼备，德配其位，才配其位。

君子挟才以为善，小人挟才以为恶。古人言：“德不配位，必有殃灾。”有德之人再配以才，可以干出大好事；而无德之人有了才，反而会干出绝顶的坏事，成为大奸大恶。德是个人素质的基石，只有先把品德修养好了，才可以发挥其各方面的才能；如果道德基础没打好，本领越大，危害越大。特别对于为政者，如果德行不足以驾驭他的权力、声望和地位，迟早要出事、坏事。所以，人们经常说：“有德有才是上品，有德无才是中品，无德无才是庸品，无德有才是毒品。”领导干部作为事业的推动者，其道德状况不仅决定着自身的成败得失，更事关党和政府威信，关系着人民群众切身利益，直接影响着社风民风。

有德无才，才不足以助其成。“才”，即才智、才能、才干，是做人做事做官的重要保障。一个人如果没有本事，即使品德再高尚、理想再远大、愿望再美好，也难以成事，往往出现心有余而力不足的尴尬。道不可坐论，德不可空谈。对于领导干部来说，本领大小不仅仅是自己的事情，而且关乎党和国家事业发展。身在领导岗位，如果空谈道德，却没有干事创业的“两把刷子”，就成了别人眼中毫无一用的“好人”，再好的初衷也只会在空谈中落了空。习近平总书记指出：“领导干部不仅要有担当的宽肩膀，还得有成事的真本领。”为官一任、造福一方是每一名领导干部的职责所在、价值所在，要担起担好这个重担，为党和人民作出实实在在贡献，就必须做到能力过硬。

德才兼备，方堪大任。“德不称其任，其祸必酷；能不称其位，其殃必大。”坚持“德才兼备、以德为先”，始终是我们党选拔任用干部的重要原则和对领导干部一以贯之的要求。具体来说，党的领导干部必须又红又专，既要政治过硬，又要本领高强。习近平总书记强调：“领导十三亿多人的社会主义大国，我们党既要政治过硬，也要本领高强。”这既是对我们党的总体要求，也是对每名党的领导干部的具体要求。领导干部做到政治过硬，就要坚定理想信念，对党忠诚一辈子，不忘初心、牢记使命，讲政德、立政德，自觉加强党性锻炼，面对大是大非旗帜鲜明，面对风浪考验无所畏惧，面对各种诱惑立场坚定，时刻保持清正廉洁的政治本色。做到本领高强，就要增强能力不足的危机感，提高锻炼新思维、学习新知识、掌握新本领的自觉性和紧迫感，不断掌握新知识、熟悉新领域、开拓新视野，增强八种本领，全面提高领导能力和执政水平，使自己的能力素质跟上时代节拍，与岗位职责相匹配，与事业发展相适应。

四、有了信仰，人生才有价值

信仰，是人对某种思想、主张坚定不移的认定，是实现理想和奋斗目标的引领力、内驱力和支撑力。习近平总书记强调：“信仰、信念、信心，任何时候都至关重要。小到一个人、一个集体，大到一个政党、一个民族、一个国家，只要有信仰、信念、信心，就会愈挫愈奋、愈战愈勇，否则就会不战自败、不打自垮。”领导干部有了马克思主义的崇高信仰，就会胸怀远大理想和公仆情愫，就能真正在为党和人民的事业奋斗一生中实现人生价值。

有信仰的人才是最幸福的。法国作家雨果曾说：“信仰是人们所必须的，什么也不信的人不会幸福。”信仰，是净化灵魂的甘露，是催人奋进的战鼓，是战无不胜的力量。心中有信仰，前行才有方向、脚下才有力量。一个人确立了信仰，原本空荡荡的内心就有了着落、有了归宿，就找到了生命的意义和价值所在，从而产生出追求信仰的巨大精神力量。人能始终为理想奋斗无疑是幸福的。能时刻向着实现人生价值而努力拼搏，无论成功与否，都不会迷茫困惑，都不会有遗憾和后悔，都能在无愧于心中得到一份恬静、一份从容、一份快乐。而没有信仰的人，心灵必定是空虚的，精神必定是萎靡的，生活必定是惨淡的，又何谈人生价值、幸福体验？

马克思主义是共产党人的最高价值追求。革命战争年代，方志敏在狱中写下“敌人只能砍下我们的头颅，决不能动摇我们的信仰”的豪言壮语，夏明翰面对敌人的屠刀高声朗诵“砍头不要紧，只要主义真。杀了夏明翰，还有后来人”。浩然正气永存天地之间，英勇豪迈激荡历史长河。一代又一代共产党人为了党和人民事业视死如归、流血牺牲，靠的就是坚定的马克思主义信仰。正是因为坚定不移地信仰马克思主义，牢固树立共产主义远大理想，我们党才能始终代表最广大人民的根本利益，以中华民族伟大复兴为己任，领导和推动中国革命、建设、改革不断取得新的胜利。习近平总书记强调，“无论是处于顺境还是逆境，我们党从未动摇对马克思主义的信仰”，“背离或放弃马克思主义，我们党就会失去灵魂、迷失方向”。作为党的领导干部，只有坚定对马克思主义矢志不渝的信仰，才能不断坚定“四个自信”，激扬信仰伟力，为中华民族伟大复兴建功立业，真正做到为共产主义奋斗终身。

信仰认定了就要坚定信上一辈子。习近平总书记强调，“一名干部有了坚定的理想信念，站位就高了，心胸就开阔了，就能坚持正确政治方向，做到‘风雨不动安如山’。信仰认定了就要信上一辈子，否则就会出大问题。”确立信仰就要信仰一辈子而不是一阵子，坚定信仰就要一心一意、一生一世。领导干部要做马克思主义的坚定信仰者，始终把马克思主义作为必修课，特别是认真学好习近平新时代中国特色社会主义思想，在常学常新中加强理论修养，在真学真信中坚定理想信念，在学思践悟中砥砺初心使命，筑牢信仰之基，补足精神之钙，把稳思想之舵，挺起精神脊梁。要做马克思主义的忠实实践者，自觉把个人理想融入实现中华民族伟大复兴中国梦的壮阔征程，以昂扬的斗志艰苦奋斗，以百折不挠的意志攻坚克难，以激情饱满的干劲奋发作为，真正做新时代的坚定者、奋进者、搏击者。

五、有信念和追求就能忍受一切艰苦，适应一切环境

物竞天择，适者生存。一个人不可能永远在恒定不变的环境中工作和生活，人生的经历就是一个不断适应环境的过程。这个过程中必然有酸甜苦辣、艰难困苦、风险挑战，不可能随人的意志转移。能不能忍得了、耐得住、持得久，关键取决于人的信念和追求的强度。习近平总书记深刻指出："只有理想信念坚定的人，才能始终不渝、百折不挠，无论风吹雨打，不怕千难万险，坚定不移为既定目标而奋斗。"

人生有了追求，高山也在脚下。志不立，天下无可成之事。人总是要有一点精神、有所追求的。如果没有追求，就搞不清自己应该争取些什么，弄不明白自己能够得到些什么，理不清晰自己应该干些什么，人生就没有目标，生活就空虚迷茫，一辈子都浑浑噩噩。古人云："志之所趋，无远弗届，穷山距海，不能限也。志之所向，无坚不入，锐兵精甲，不能御也。"一个人有了追求，人生就有了目标，有了方向，有了动力，从此无论面临坎坷曲折、艰难险阻，都

能鼓起勇气、无畏面对、百折不挠。而且一个人追求越远大，就越能攻坚克难、无坚不摧，即使崇山挡路也能“乌蒙磅礴走泥丸”。

人生有了信念，地狱也是天堂。追求引领人生方向，信念决定人生成败。信念，就是对事物坚定不移的信任，是人情感、认知和意志的有机统一，好像看不到、摸不着，却实实在在地表现在人的行动中。没有坚强的信念支撑，一个人的追求就容易在风雨中飘零，在严酷中枯萎，难以长久，更难以实现。只有信念如磐，人的情感、愿景、兴趣等精神活动才能集中到统一的正确思维方向上来，才能意志如铁，为实现理想矢志不渝去拼搏奋斗，去攻坚克难，去付出一切，即使艰苦也能以苦为乐，即使艰难也充满力量，就没有适应不了的环境、战胜不了的困难。邓小平同志曾感慨：“为什么我们过去能在非常困难的情况下奋斗出来，战胜千难万险使革命胜利呢？就是因为我们有理想，有马克思主义信念，有共产主义信念。”回首中国共产党百年不凡征程，正是因为始终高扬信念的旗帜，我们党才坚强如钢、不畏艰险、沉着坚定、充满力量。

理想信念高于天。习近平总书记强调，“坚定理想信念，坚守共产党人精神追求，始终是共产党人安身立命的根本”，“一个人有了坚定正确的理想信念，就能不懈努力、执着追求”，“没有理想信念，理想信念不坚定，精神上就会得‘软骨病’”。对于每一名共产党人来说，树立追求，就是要树立对共产主义远大理想和中国特色社会主义共同理想的崇高追求；坚定信念，就是要坚定对中国特色社会主义的信念。“石可破也，不可夺其坚；丹可磨也，不可夺其赤。”理想和信念不是虚无缥缈的，更不能成为一句空话。领导干部要始终在大是大非面前把握住原则，辨得明方向；在金钱物欲面前守得住清贫，抗得住诱惑；在各种社会思潮面前，做到立场坚定，旗帜鲜明；在实现中国梦的各种困难和挑战面前，不畏艰难，用奋勇直前的实际行动不断检验和坚定理想信念，永远把人民对美好生活的向往作为奋斗目标，更加自觉地为实现新时代党的历史使命不懈奋斗。

六、踏实和忠诚是人生的信用卡

踏实，就是切实际、不浮躁，做人做事为官老老实实、朴朴实实、扎扎实实，是一种优良的作风；忠诚就是对信仰、承诺和责任的坚守，真心诚意、尽心尽力、没有二心，是一种崇高的品德。习近平总书记强调："做人要实，就是要对党、对人民、对同志忠诚老实，做老实人、说老实话、干老实事，襟怀坦白，公道正派。"

忠诚的人最可靠。天下之德，莫过于忠。古人云："人之忠也，犹鱼之有渊。鱼失水则死，人失忠则凶。"就是告诫人们，忠诚对于人就像鱼离不开水一样，是人生而为人的内在依据，如若失去了忠诚之德，人将非人。"忠"字，就是将"心"放在正"中"，对自己所坚守的，坚如磐石、稳如泰山。忠诚的人，一身浩然正气，对国家、对人民、对事业、对他人真心实意、尽心尽力，没有二心；做人做事诚实守信、心口统一、言行一致，自然就可靠可信。而一个人不能忠实践行自己的承诺，总是见异思迁，何来忠诚可言，又何以取信于人？人们常说，做人一定要靠得住。靠不住的人，难以让人放心，信不得、交不得、用不得；而靠得住的人，就会时刻对党和人民保持一颗忠诚之心。

踏实的人才可信。踏实，顾名思义是指一个人做事脚踏实地、稳重厚实。工作生活中，踏实的人做人总是本本分分、老老实实，不耍小聪明；做事总是认认真真、仔仔细细，不搞大而化之，也不搞形式主义；遇事总能三思而行、不急不躁，不会盲目冲动。无论是与之相交还是与其共事，总能给人以安全感和信任感，都能让人放心。因此，踏实的人走到哪里都会受欢迎、被认可。做人做事最忌“虚”，做人虚了就会假，做事虚了就会空。

忠诚老实是共产党人的政治品格。习近平总书记强调，“任何时候任何情况下，党的领导干部在政治上都要站得稳、靠得住，对党忠诚老实、与党中央同心同德”。对党忠诚老实是共产党员先进性的要求，是共产党员道德修养的外在表现。领导干部第一身份是党员、第一职责是为党工作，必须始终对党对人民对组织保持唯一的、彻底的、无条件的、不掺任何杂质的、没有任何水分的忠诚，始终为党和人民事业积极进取、任劳任怨、兢兢业业，始终襟怀坦荡、光明磊落、表里如一、干干净净，坚定不移听党话、跟党走，坚决做到党中央提倡的坚决响应，党中央决定的坚决照办，党中央禁止的坚决杜绝，绝不搞“两面派”，绝不做“两面人”。

七、做好人而不充好人

好人，是正直善良、品行端正的人。充好人，是通过伪装，冒充、假装“好人”。把人做好，是做事为官的根本前提，领导干部必须做道德高尚、信念坚定、为民做事的“真好人”，而不能做用伪善迷惑众人、用媚俗迎合世俗、用心机投机钻营的“假好人”。

好官必须是好人。什么样的人是好人？通常来讲，好人就是有德之人，即具有良好社会公德、职业道德、家庭美德、个人品德的人。古人说“修其心治其身，而后可以为政于天下”，讲的就是为政做官首先要是个好人，是个有德之人。为官者只有具备了高尚的道德素质，才可能心系国家、心系群众，做出利国利民的好事。如果道德败坏者成了官，必将祸国殃民。领导干部只有始终做一个好人，才能为政以德，做到立党为公、执政为民，真正奉献于党和人民，造福于社会和百姓。如果连做人都做不好，怎么可能指望他对党和人民忠诚，指望他能担起社会责任和历史重托？

好人是不可以被冒充的。俗话说，纸是包不住火的。任何虚假的东西，不论怎么伪装，都只不过是时间面前的“小丑”。路遥知马力，日久见人心。任你有“七十二变”，时间这面“照妖镜”都会让你“现出原形”。一个人不管是谋事、创业、做人，都必须老老实实、实实在在，绝不能搞弄虚作假、华而不实、欺世盗名的“为君子”行径。好人的“好”，是一言一行表露出来的，是一事一业体现出来的，是真真切切的实绩实效反映出来的，是理想信念、道德品质、精神作风的体现，是绝对伪装不了也伪装不像的。那些用圆滑世故、投机取巧伪装出来的“好人”，都只是掩耳盗铃而已。在人心的“天平”上，在实践的“标尺”上，一切是非、好坏、美丑都自有公论、自有评判。

“老好人”不是真好人。现实中，奉行“你好我好大家好”的群体，被人们称为“老好人”。这些人喜欢用庸俗的得失观看问题，用扭曲的人际观判对错，用狭隘的利害观干事业，在他们眼里一无立场、二无原则、三无对错、四无底线，看似处处对人和善，与人关系融洽，时时一团和气，实则是利己主义作祟，对同志、对组织、对事业极端不负责任，把党的事业、群众冷暖、是非对错弃于脑后。习近平总书记曾深刻指出：“好人主义盛行，有问题不指出，有过错不批评，这种庸俗作风盛行之处，往往就是党组织和领导上政治软弱、作风涣散的地方，就是党员、干部中出问题多的地方。”好人主义永远不是什么好主义。“老好人”多了私心、少了公心，多了俗气、少了正气，多了圆滑、少了原则，是做人的“老油条”、干部中的“官油子”，不仅不是好人而且是坏人，其害不小。领导干部要擦亮眼睛看清好人主义的本质，努力做一个高尚的、纯粹的、有道德的、脱离了低级趣味的、有益于人民的真好人，绝不当没有党性原则的“老好人”。

八、感恩越多，得到越多

华罗庚曾说："人家帮我，永志不忘；我帮人家，莫记心上。"感恩，是对自然、社会和他人给自己恩惠和帮助的由衷认可，并真诚回报的一种认识、情感和行动。心怀感恩、饮水思源、懂得回报既是做人、做事、做官的基本准则，也是领导干部党性、人格、官德的重要体现。习近平总书记强调，"有一颗感恩的心很重要，所有的人都要有感恩的心"。

感恩是做人的美德。"落其实者思其树，饮其流者思其源。"感恩，是心与心之间的温暖碰撞，是爱与爱之间的真诚传递，最能感染人，也最能打动人。在中华民族五千年的传统文化中，格外推崇感恩，把感恩看作高尚的美德，始终把"知恩图报，善莫大焉""父恩比天高，母恩比海深""滴水之恩，涌泉相报"等古训作为立身做人的准则，告诫世人要常怀感恩之心，常行报恩之举。羊尚有跪乳之恩，鸦尚有反哺之义，身而为人更应该懂得感恩。世界上没有哪一个人生来就万事皆能、完备无缺，即使取得再大的成就，也离不开国家、社会、亲人、朋友等的关心支持。同样，成长为一名领导干部，固然离不开个人的素质能力、勤奋努力、实干实绩，但更离不开组织的培养、群众的信任、领导的帮助、同事的支持、亲人的关爱，必须常怀感恩之心，感恩时代、感恩党和国家、感恩社会和人民、感恩父母、感恩所有帮助过自己的人。唯有这样，人生之路、从政之路才能越走越宽。

幸运躲在感恩背后。一个懂得感恩的人，就能够时刻知道别人对自己的好，时刻感受到别人对自己的关爱，心灵就会充满阳光，精神就会更加振奋，生活就会充满快乐。懂得感恩、懂得报恩的人，更能得到别人的看重和信任，越知恩图报就越能得到别人认可、帮助和支持，遇事就会常有贵人相助，事业往往就更容易成功，常常能收获意想不到的幸运。如果不知感恩，把别人给予的都当成理所当然的，必定忘恩负义，必被道德谴责，必被社会唾弃。

要感党恩而不谢私恩。陈毅同志在诗中写道："第一想到不忘本，来自人民莫作恶。第二想到党培养，无党岂能有作为。"作为党的干部，要有一颗感恩的心，这颗心不仅要闪耀着人性的光芒，更要闪耀着党性的光辉。领导干部无论在什么岗位，担任什么职务，行使什么样的权力，都不能把组织的信任和培养看作是理所当然，都要时刻牢记组织才是最大的靠山。我们都是党的干部，我们的任何成长进步都离不开党组织的关怀和培养，一定要感党恩，而不能谢私恩。身在领导岗位，更要不断强化党的意识，始终对党、对人民心怀感恩，自觉做到感恩党、忠诚党，任何时候都与党同心同德，对党忠诚、为党分忧、为党担责、为党尽责。

九、只有敬业，才能提高自身价值

“敬业者，专心致志，以事其业也。”敬业精神作为社会主义核心价值观的重要组成部分，指人们对自己从事的工作有着崇敬和虔信的态度，有着强烈的责任感、使命感、神圣感，有着全身心投入和忘我奉献的热忱。励志大师戴尔·卡耐基曾说：“敬业为立业之本，不敬业者终究一事无成。”敬业的程度决定了价值的大小。敬业精神让立身岗位的每个人都能闪耀职业高光，使自身价值得到增值。一个领导干部只有持之以恒地敬业，才能全身心地履行工作职责、为党担当尽责，从而在为党和人民事业忘我工作的过程中不断提高自身价值。

敬业精神是一种传统美德。中华民族向来把敬业精神作为一种薪火相传的传家宝。大禹治水“三过家门而不入”，竭尽全力消弭水患；诸葛亮为复兴汉室“鞠躬尽瘁，死而后已”；李时珍专心钻研医道，历经 27 个寒暑，终于完成了 192 万字的医药巨著《本草纲目》；等等，他们的敬业精神为世人所传颂。老一辈无产阶级革命家和革命先烈们的光辉事迹，无时无刻不在向我们传扬着可歌可泣的敬业精神。20 世纪五六十年代的雷锋、焦裕禄，新时期的孔繁森、杨善洲等，都是敬业精神的典范。如今，廖俊波、黄大年、王继才等，同样是新时代弘扬敬业精神的优秀楷模。领导干部只有永怀无限的敬业精神，才能在平凡的岗位创造不平凡的业绩，不断释放和提升自我价值。

敬业精神是一种自我境界的反映。人生在世，如果没有可以献身的事业，就没有精神支柱，就会在困惑和迷离中迷失方向。林肯曾说：“很多伟人伟大之处就在于非常敬业，世界上没有卑贱的职业，只有卑贱的人。”对每一个领导干部来说，敬业精神既是基本职业操守，更是一种应当不断追求的崇高境界。唯有持久敬业，才会变得不可替代，也才能使自身更有价值。领导干部工作的领域、岗位、范围、对象等不尽相同，但从事的都是有益于党、有益于国家、有益于人民、有益于社会的事业，无论职务高低、条件优劣，都是高尚和光荣的，理应以此为傲、为之自豪，义无反顾地敬重它、热爱它、珍惜它、努力成就它，始终怀着强烈的使命感、神圣感，始终保持高度的热情和责任心，在敬业中升华人生境界、提高自身价值。

敬业精神是一种自我价值的提升。“凡百事之成也，必在敬之；其败也，必在慢之。”领导干部责任大、担子重，具备敬业精神，是对组织负责、对人民负责、对自己负责。倘若仅把工作当“饭碗”，“当一天和尚撞一天钟”，或者身在岗、心早已“逃之夭夭”，就是毫无敬业精神，就是对党和人民事业的极大不负责，还何谈自身价值？“爱而不敬，非真爱也。”列夫·托尔斯泰认为：“一个人若没有热情，他将一事无成，而热情的基点正是责任心。”热爱才会坚持，才会持之以恒地敬业。领导干部要把职业当事业，干了什么就要爱上什么，执着坚守、倾注热血，努力成为行家里手，提高为党和人民创造价值的能力。要把他乡当故乡，到哪里就做哪里人，把根扎深扎稳扎牢，在平凡岗位上不断提高人生价值。

一〇、竞争中要学会欣赏对手

荀子曾说，“竞者，天下之道也”。竞争是活力之源，有竞争才有个人成长、事业发展、社会进步。竞争是对手之间的互动，有对手才有竞争。党的领导干部之间是志同道合的革命同志关系，而不是如商场或战场中争个你高我低、斗个你死我活的敌对关系。当然，领导干部也有“竞争对手”，即在推动党和人民事业发展中也会有“比学赶超”的对象，“比”才能发现不足，“学”才能使人进步，“赶”才能缩小差距，“超”才能提升自我。领导干部唯有善于欣赏自己的“比学赶超”对象，才能在“赛跑”“角逐”中相互取长补短，实现互促共进，这对推进党和人民事业大发展是十分有益的。

成小事需要朋友，成大事需要对手。希腊船王奥纳西斯说过：“要想成功，你需要朋友；要想更成功，你需要敌人。”体育界有句名言：最了解你的永远是你的对手。领导工作也如此，如果找不到比的动力、学的榜样、赶的标杆、超的对象，就会没有压力，无法充分挖掘自身潜能，自然也就谈不上工作和自身提高。只有在“比学赶超”当中，领导干部才会找到比较、学习、赶超的对象，才会促使自身的进取动力和昂扬斗志得到充分激发，从而使自己保持永不懈怠的精神；自身的不足、短板和弱项才会更全面地更充分地显露，从而促使自己不断改进和提升。领导干部要想为党和人民创造卓越业绩，一定要视事业上的“比学赶超”对象为“宝”，通过他们激励自己不断开拓、不断创造。

学习对手最好的方式就是欣赏。爱尔兰哲学家埃德蒙·伯克说过：“同我们角斗的对手强健了我们的筋骨，磨炼了我们的技巧，我们的对手就是我们的帮手。”一位资深体育教练曾说：“竞争对手是每个运动员最好的教科书，谁要想战胜竞争对手，谁就得向竞争对手学习。”对领导干部而言，最好的学习对象，其实就是“比学赶超”的对象，他们身上有许多值得自己学习的地方，欣赏他们就要学习他们，这样才能使自身收获更多的能力、收获更多的知识、收获更多的睿智。我们要拜他们为师，见贤思齐，“择其善者而从之，其不善者而改之”，虚心学习他们的长处，取其之长补己之短，使自己变得更优秀。要与他们交友，学习他们的同时，主动为他们呐喊叫好，让自己在“比学赶超”中收获更多的友谊与合作。

一一、不自作聪明是最聪明

自作聪明是指过高地估计自己，自以为聪明而乱作主张、主观办事，常用来讽刺那些热衷投机取巧、机关算尽的“高人”。这些人看似“聪明”无比，实则愚昧至极。“宁为世人笑其拙，勿为君子病其巧。”要“小聪明”或许能得一时之利，但终究要栽跟头，这恰恰暴露了自己的愚昧。领导干部千万不要自作聪明。

人要聪明，但不能自作聪明。人生在世，离不开聪明才智。我们都喜欢聪明人，因为和聪明人在一起，我们能学到更多，更能够提升自我。同时我们也都不喜欢和那些自作聪明甚至“聪明绝顶”的人交往，因为和他们在一起，我们就会没有安全感，时刻提防会被“坑”。聪明的人，害怕别人说自己聪明；而自作聪明的人，害怕别人说自己不聪明。真正聪明的人，处事低调、为人豁达，看似愚钝，实则心明眼亮、心地善良；自作聪明的人，外表精明，盲目自大、偷奸耍滑，总想通过“小动作”攫取利益，全然不顾别人的感受和利益。一个人想变得聪明、想发挥自己聪明才智是好事，但一定不能心中只有自己，眼中没有别人。

机关算尽太聪明，反误了卿卿性命。心理学研究表明，人类不擅长自我能力评判，认为自己越聪明的人可能反而越笨。杨修恃才放旷、卖弄才华，惹恼曹操，最终丢了性命。其原因就是自作聪明。实际上，每一次自作聪明都要付出代价。陶醉于自欺欺人的“胜利”，做人做事投机取巧、热衷于钻营等行为，表面风光无限，一旦被识破，必会“搬起石头砸自己的脚”。自作聪明者，难免会作茧自缚、引火烧身，正应了那句“聪明反被聪明误”。

最聪明的人，其实是最老实的人。周恩来同志曾说：“世界上最聪明的人是最老实的人，因为只有老实人才能经得起事实和历史的考验。”现实中，那些老实质朴的人，因待人接物踏实可靠，往往更容易得到信任。大智若愚，大巧若拙，拙诚胜百巧。做老实人才是真聪明、大智慧。领导干部应当做一个“拙官”“循吏”，始终老老实实、踏踏实实、真真实实。要做老实人，多谋出路、别找“门路”，多走大道、别走“捷径”，但行好事、莫问前程。要说老实话，有一说一、有二说二，不隐瞒实情、不掩饰真情，光明磊落、表里如一。要办老实事，踏实工作、不事张扬，把精力用于谋发展，把心思用于求实效，把劲头用于抓落实，做一名潜心静气、专心致志、埋头苦干的实干家。

一二、智者自谦，愚者自傲

古人云：“上智者必不自智，下愚者必不自愚。”意思是，最具智慧的人一定不会自以为有智慧，最愚笨的人也一定不会觉得自己愚笨。知道得越多的人，就越深感自己的无知，因而也就越谦虚；而知道得越少的人，可能反以为自己懂得真多而沾沾自喜、自高自傲。有真本事的领导干部都是谦虚的，这是一种大智慧。

低头的是稻穗，昂首的是稗子。稻穗愈成熟、越饱满，头垂得越低；只有那些干瘪的稗子，才显得招摇，整天昂首示“威”。做人未尝不是如此，通常知识越丰富、能力越强、水平越高的人，往往越能保持谦卑、保持低调、不露锋芒，从不自吹自擂、自鸣得意。而那些“一瓶不满半瓶摇”的人，缺乏正确自我认知，潜意识里存在高人一等、胜人一筹的想法，一天到晚骄傲张狂得不行，明明知之甚少，还认为自己聪明的不得了、能干的不得了、厉害的不得了，终日以自我为中心，什么都不放在眼里。一个领导干部即使有几分见识和能耐，如果不懂得谦虚，就会自高自大、自以为是、自吹自擂，最后连自有的一点见识和能耐也会丧失殆尽。

盛满易为灾，谦冲恒受福。老话说："满招损，谦受益。"骄傲自满是一个可怕的陷阱，人一旦坠入其中，就容易孤芳自赏、敝帚自珍，孤陋寡闻、不思进取，甚至引祸上身、自取灭亡；而谦虚的人有自知之明，故能积极进取、不断进步、从善如流，从而也就能从中获益匪浅。骄奢倦怠，未有不败。"力拔山兮气盖世"的项羽，自傲过头，最终自刎乌江；马谡自负拒谏，扎营孤山，导致痛失街亭；等等，这些因自傲招致的教训不可谓不深重。陈毅同志曾有诗云："九牛一毫莫自夸，骄傲自满必翻车。"对领导干部而言，骄傲是自我挖掘的陷阱，只有谦虚才是一种聪明的处世之道，才会使干事创业之路越走越宽广、越顺畅。

自谦不自卑，居功不自傲。老子曾说："以其终不自大，故能成其大。"清人申涵光也说："自谦则人愈服，自夸则人必疑。"领导干部为人处世，要懂得谦虚，但也不能自卑；要自强不息，但不能因为有了功劳而自傲；要自信而不自负，谦虚的同时始终保持强大自信，积极乐观、昂扬向上，不要因为谦虚过头而变成了自卑；要摆正位置，不断进行自我扬弃和否定，主动放下架子向能者求教，俯下身子向智者取经，防止自负心理产生；要优秀而不优越，树立崇高追求和远大志向，永不满足，永不懈怠，积极进取，不断丰富和完善自身知识储备，不断自我超越、走向卓越；要谨记身居要职不显摆，有真本事不张狂，取得成绩不炫耀，作出贡献不张扬，常给自己"归零"，避免落入"优势陷阱"。

一三、铁生锈则坏，人生妒则败

所谓嫉妒，是指由于别人胜过自己而产生的一种抵触、忌恨的消极心理。这反映的是一个人的修养不够。黑格尔说：“嫉妒是平庸的情调对于卓越才能的反感。”培根说：“嫉妒这恶魔总是在暗暗地、悄悄地毁掉人间的好东西。”莎士比亚说：“您要留心嫉妒啊，那是一个绿眼的妖魔！谁做了它的牺牲品，谁就要受它的玩弄。”嫉妒对嫉妒者之危害，犹如铁锈之于铁。为官从政，嫉妒之心不可有。

君子应有容人之雅量。人们都习惯于通过比较来获得反馈，不同的是，有容人之量者在比较中不断进步，存嫉妒之心者在比较中自食苦果。《三国演义》中，周瑜嫉妒诸葛亮的才能，伎俩使尽，欲图加害，反落得个自身活活气死的结局。“士有妒友，则贤友不来；君有妒臣，则贤人不至。”心存嫉妒，见不得别人好，不仅是无修养的表现，还会使人生天平倾向失败的那一端。

气量也是一种力量。古人讲，“气量为重”。气量是一个人成就事业不可或缺的内在力量，是一种无形的凝聚力和感召力。气量大者，无嫉妒之心；气量小者，仅存嫉妒之心。隋炀帝不“欲人出其右”，刚直的“著作郎”王胄写了一首令隋炀帝“甘拜下风”的绝妙好诗，隋炀帝为此恨之入骨，借故把他杀了，嫉贤妒能的隋炀帝最终众叛亲离、身死国灭。气量是一种人生智慧、一种见识定力、一种道德高境。一个人气量大小，是决定其人生成败的一大关键。气量宽宏折射了一个领导干部的修养。作为领导干部，一定要有大气量，胸襟非常开阔，把一时得失置之度外，以整体利益为重，凡事从大局角度考量，处事以公心、办事以公道，容得下千般委屈、万般无奈，面对德才比自己强的人不恐惧、不嫉妒，唯才是举，广聚英才干事创业。

真心为别人喝彩。赞美别人、为别人喝彩的过程，其实就是避免和防止自己出现狭隘嫉妒的阴暗潮湿心理，不断激励自己见贤思齐的过程。这是一种胸怀、一种境界、一种大智慧。生怕别人比自己好的人，是当不了干部的。领导干部应当为他人的闪光点喝彩，真诚点赞，虚心向其学习取经，不断提升完善自己。应当为他人的成绩喝彩，真心实意鼓掌欢呼、发自内心为之高兴。应当为他人的进步喝彩，随时发现别人的进步，特别是当自己的下属取得了成长和进步，更说明自己领导的水平高。要常怀成人之美的心，躬行甘为人梯之事，见得人好、为了人好、能助人好。同时，当别人遇到困难或存在不足，要真诚地给予帮助，决不能坐看别人的“笑话”。

一四、不可有傲气，也不可有媚气

所谓傲气，指的是骄傲自大、盛气凌人、自命不凡，认为自己是最好的；而媚气，通常指毫无原则地献媚，热衷于趋炎附势、阿谀奉承，想尽办法去讨好别人。领导干部如果有傲气，就会变得自以为是、刚愎自用、嚣张跋扈；如果有媚气，就会成为一个没有硬气、失去骨气的人。可以说，傲气和媚气，都是为官从政者之大忌。

傲气不可有，傲骨不可无。徐悲鸿说过：“人不可有傲气，但不可无傲骨。”傲气是表面看起来很嚣张，给人以虚张声势之感；而傲骨则是一种刚强不屈的性格、一种顶天立地的气节、一种从里而外的铮铮铁骨。傲气是人虚浮气息的外在显露，傲骨则体现人的内在精神。傲气是一击即破的“空心气球”，傲骨则鼓起澎湃昂扬的人生斗志。傲气为自毁、自败设下陷阱，傲骨则为自胜、胜人奠定基础。滋生骄逸之端，必践危亡之地。人无刚骨，安身不牢。作为党的领导干部，一定要有铮铮铁骨和挺直的脊梁，如此，人品才有高度、人格才有硬度，也才是一个顶天立地大写的人。

不能有媚气，但要有骨气。媚气与骨气，是一对尖锐的矛盾，二者此消彼长。一个人有骨气，媚气就不会作怪；而一旦骨气流失，媚气必然兴风作浪。“富贵不能淫，贫贱不能移，威武不能屈，此之谓大丈夫。”领导干部要做一个有骨气的人，从道不从上、跟理不跟风，活得有尊严、有立场，为了党和人民的事业永远保持一副折不断、打不烂、压不垮、扭不弯的硬脊梁。

一五、做事要有生气，处人要有和气

生气指的是活力、生命力，象征着生机勃勃。天地万物生生不息，有了生气，做事就会有激情有动力，就能够保持永不懈怠的精神状态和一往无前的奋斗姿态。和气是指温和、平和的气度。和为贵，有了和气，就能够平易近人、和气待人，从而营造团结干事的良好氛围。当领导干部，为人处世、干事创业既要有生气，也要有和气。

人活精气神，革命人永远年轻。毛泽东同志曾指出："人是要有一点精神的，无产阶级的革命精神就是由这里头出来的。"邓小平同志说过："没有一点闯的精神，没有一点'冒'的精神，没有一股气呀、劲呀，就走不出一条好路，走不出一条新路，就干不出新的事业。"习近平总书记强调，领导干部对事业"首先是自己要始终充满激情、充满干劲，这样去干事业，才能更加主动、更加自觉"。这些都是对"生气"最好的注解。一个没有生气的领导干部，必然萎靡不振、老气横秋，做事也必然死气沉沉、没有活力。当干部就得在状态，精神上的年轻才是真正的年轻。领导干部的生气首先来源于坚持用党的创新理论武装头脑，筑牢信仰之基，补足精神之钙，把稳思想之舵，让崇高的信仰成为精神活力之源。要始终保持蓬勃向上、斗志昂扬的良好精神状态，始终有一种闯的魄力、抢的意识、争的劲头、拼的勇气，"躺着想事、坐着议事、站着干事"，在岗一分钟、奋战六十秒，始终用"精气神"成就事业。

和气可以致祥，人和万事兴。古人云，"和，顺也，谐也"，"和则一，一则多力，多力则强，强则胜物"。和气就像是拂面的春风，能使山变绿、使冰消融。和则未有不兴，不和则未有不败。一个人有和气，才能够与别人和谐相处；一个领导干部有和气，才能够吸引人、团结人、领导人，让群贤毕至、受众人敬仰。现实中，有少数干部盛气凌人，对人颐指气使；有的脾气暴躁，动不动就大动肝火；有的说话刻薄难听，句句带“刺”，甚至侮辱人格；等等。这种行为表面看是个人脾气、秉性问题，实质是封建主义、官僚主义思想在作祟，没有摆正个人与群众、与同事、与下级的关系，是与共产党人应有作风不相容的。强大者最温和，虚弱者最残忍。领导干部和气处人，就要加强党性锻炼，始终秉持一颗公心，善于用平静谦和的态度对待群众、对待同事、对待下级，让他们都真切地感受到自己的善意，使人如沐春风。莎士比亚有句名言：“对人要和气，可是不要过分狎昵。”和气不是“和稀泥”，也不是“你好我好大家好”。领导干部和气处人必须把握分寸、坚持原则，决不能当“和事佬”“好好先生”。

一六、成熟是一种海纳百川的包容和胸怀

成熟的本义是自然界的果实或谷物长到可以收获的程度，把它用到人身上是指一个人政治、思想、心理和行为等方面的完备和完善。海纳百川成其大，成熟给人以丰腴、厚实、完美的感觉。一个成熟的领导干部身上，往往具有像大海一样包容万象、像大海一样胸怀宽广的大格局、大境界。

将军额头能跑马，宰相肚里能撑船。人生最大的修养是包容，有多大的包容往往才能取得多大的成就。每个人都会经历一个逐渐

成熟的过程，为官做人能否真正做到豁达大度，是对领导干部品质和修为的长久考验。量小非君子，无度不丈夫。领导干部能够包容多少人、包容多少事，就能领导多少人、干出多大的事。理当有荣辱不惊之“量”，不以物喜、不以己悲，摆脱名缰利锁羁绊，看淡名利、看重事业，不为世俗看法所左右，集一切心思于工作，倾一切才智于事业，真正达到“心底无私天地宽”之境界。理当有团结协作之“量”，有容人之胸怀，不仅要团结志同道合的人，还要团结与自己意见不同的人，对原则问题要一丝不苟、敢于亮剑，对非原则问题要求同存异，时刻以事业和大局为重，不计个人恩怨，受得住委屈，经得起“误会”。

比海洋更宽阔的是天空，比天空更宽阔的是胸怀。“大其心容天下之物。”宽广博大的胸怀，蕴含的是一种无形的、无穷的凝聚力和感召力，是领导干部干事创业不可或缺的内在力量，也是衡量领导干部是否成熟的重要标志。成大事者，除了有能力、有本事之外，有胸怀也是一大关键。一个领导干部的胸怀越宽广，他干出的事业就会越大。领导干部有了比天空更广阔的胸怀，才会境界高、格局大，从而登高望远、视通万里，把握大局大势，始终全局在胸；才会见识广、涵养好，从而凝聚人心，争取多数，受人尊重和信赖。要修炼胸怀天下的大格局，树立全球视野和国际眼光，心中常怀大局，把中华民族伟大复兴和世界百年未有之大变局作为谋划工作的基本出发点，自觉把工作放到大局中去思考、定位和摆布。要修炼有容乃大的大境界，始终坚持以党的事业为重，襟怀坦白、光明磊落、豁达大度，不断涵养大气象。要修炼情系苍生的大情怀，始终把人民放在心中最高位置，努力做到“先天下之忧而忧，后天下之乐而乐”，“苟利国家生死以，岂因祸福避趋之”。

一七、人生最困难的事情就是认识自己

古希腊的智者在太阳神阿波罗的神庙门上铭刻箴言：“人啊，认识你自己！”认识自己就是对自己的洞察和理解，是个体对自己存在的觉察，包括对自己行为和心理状态的认知。有人问古希腊哲学家泰勒斯：“何事最难为？”泰勒斯回答：“认识你自己。”能否对自己有一个正确的认知，是一名领导干部是否成熟的重要标志。领导干部必须善于跳出自己、看清自己，认识自己、超越自己。

莫让自己成为最熟悉的陌生人。德国哲学家尼采曾说：“我们无可避免跟自己保持陌生，我们不明白自己，我们搞不清楚自己，我们的永恒判词是：‘离每个人最远的，就是他自己。’”人们的眼睛喜欢朝外看、不喜欢朝里看，“马列主义手电筒”只照别人不照自己。然而，认识自己需要有勇气内视自己。《列子·仲尼》说：“务外游者不知务内观，外游者求备于物，内观者取足于身。”领导干部每天都要处理很多事务，随时保持外观万物，却很容易忽视了内观自身，最终“德薄而位尊，智小而谋大，力小而任重”，出了大问题。领导干部应当学会用一只眼睛观察周围的世界，用另一只眼睛审视自己。

跳出自己看自己。旁观者清，当局者迷。人们很少把自己放在局

外人的位置来观察自己，往往借助外界的信息对自己做出判断，而外界的信息受到各种因素影响，经常可能失真，这就容易对自己作出错误判断，难以认清自己。一般人认识自己难，领导干部认识自己就更难。正如《邹忌讽齐王纳谏》中的一句话：“宫妇左右莫不私王，朝廷之臣莫不畏王，四境之内莫不有求于王。由此观之，王之蔽甚矣。”领导干部要跳出自身看自身，必须正确地认识、客观地评价自己，特别是面对“糖衣炮弹”要时刻保持清醒头脑；必须学会比较，纵向比、横向比，与自己的过去比、与先进典型比、与岗位要求比，看清自己的优势与劣势、成绩与差距；必须换位思考，多角度观察自己，审慎思考、理性分析，去伪存真、把握本质，真正了解自己。

认识自己方能超越自己。认识自己是为了突破自己，超越自己。优秀的运动员经常回放影像资料，看看自己在过去比赛中是否存在因身体动作的瑕疵影响水平的发挥，从而一点点纠正、一步步改进。找准差距、找准突破口，就能有针对性地修正自己、完善自己、提高自己。领导干部要以刀刃向内的勇气向自身存在的顽瘴痼疾开刀，同一切影响先进性、纯洁性的问题作坚决斗争，加强自我净化、自我完善、自我革新、自我提高，实现自我超越。

一八、认识自己的无知就是最大的智慧

“吾生也有涯，而知也无涯。”对每个人来说，知道是相对的，

无知是绝对的。苏格拉底说："我知道我一无所知。"智者清醒地认识到自己的无知，相反愚者自认为无所不知。领导干部认识到自己的不足和短板，加快知识更新、加强实践锻炼，使素质能力跟上时代节拍，就是最聪明的做法。

人贵有自知之明。"知之为知之，不知为不知，是知也。"认为自己无所不知的人，往往骄傲自满，不愿意向别人请教；认为自己有所不知的人，往往谦虚低调、不耻下问。孔子曾说："三人行，必有我师焉。"一次参加鲁国国君的祭祖典礼，孔子事事向人询问。有人在背后嘲笑他，说他不懂礼仪，什么都要问。他说："对于不懂的事，问个明白，这正是我知礼的表现啊！"要摆脱无知，先要承认无知。习近平总书记强调，"懂就是懂，不懂就是不懂；懂了的就努力创造条件去做，不懂的就要抓紧学习研究弄懂，来不得半点含糊"。领导干部只有对自己的长处与不足有清醒的认识，才能找到进步的出发点、提升的切入点、完善的突破点。

进步从认识到短板和不足开始。一个人对自己的短板和不足认识越清晰、越深刻，就越会努力补齐短板、弥补不足，从而不断取得进步。苏格拉底说："承认我们的无知，乃开启智慧之母。"爱因斯坦说："用一个大圆圈代表我学到的知识，但是圆圈之外是那么多的空白，对我来说就意味着无知。而且圆圈越大，它的圆周就越长，它与外界空白的接触也就越大。由此可见，我感到不懂的地方还大得很呢。"哪里存在不足和短板，哪里就有我们成长进步的空间。领导干部只有认识到自己的不足和短板，明确了努力方向，不断改进完善，主动补齐短板，自我扬弃、自我提升，人生坐标才不会偏差，人生航向才不会偏离，人生之路才能行稳致远。

越认清自己越能成为更好的自己。每个人通过努力都可以成为更好的自己。齐白石先生在 88 岁时看到自己几十年前的画，发现自己退步了，于是从最基础的描红做起，苦练绘画，毫不懈怠，终于让自己晚年的作品更加成熟而精彩。识人难，识己更难。列夫·托尔斯泰曾说："一个人好像一个分数，他的实际才能好比分子，而他对自己的估价好比分母，分母愈大，则分数值愈小。"要让分数值增大，就要加大分子、减小分母。领导干部要客观认识自己、努力超越自己，知道自己的长处、知道自己的短处，知道自己长中之短、知道自己短中之长，扬己之长、避己之短，长己之长、去己之短，在超越自己中做更好的自己、做更好的公仆。

一九、认识错误是拯救自己的第一步

改过的前提在于知错。一个人要是尚未认识到自己在做错事，他是不会有改正错误的愿望的；在改正错误之前，必须发现和承认自己犯了错误，唯有如此才能把自己从错误中拯救出来。执迷不悟，只会错上加错；认识错误，才能纠错改错。领导干部干事创业，出错也是难免的，犯了错，就要知错、改错、防错。

人非圣贤，孰能无过。"人非生而知之者"，认识有限，难免犯错。1960 年，王震同志到新疆生产建设兵团视察工作时，错误批评了反对“虚报浮夸风”的杨晋光同志。在深入调查研究之后，王震同志认识到自己的错误，于是亲自把杨晋光同志扶到主席台中央，诚恳地说：“我错了，我对你不起呀！我向你赔礼道歉！”接着深深地鞠了一躬。最后还要求把自己的检讨印发给每人一份，把检讨录音播放20天，欢迎大家批评。推进党和人民的事业，需要不断探索，难免会犯错，关键是知错要改错。党的性质和宗旨决定了党必须对人民负责、对历史负责，也就决定了党的干部必须前进、必须探索。探索的过程难免会出现错误。出了错就要认错改错，绝不能掩饰错误。当然，不求有功但求无过、怕出事不干事也是绝对不允许的。

知错能改，善莫大焉。从来没有不犯错的人，有的只是从错误中走过来的人。《了凡四训》说：“务要日日知非，日日改过；一日不知非，即一日安于自是；一日无过可改，即一日无步可进。”一个人犯了错，“把错误当成肥料”，变成进步的养分，就能滋养自己，今后少犯错误少走弯路。如果总觉得“寡人无疾”，拒不改错，就错失了修正错误、提升自己的良机，最终小病拖成大病、小错酿成大祸。坚持真理、修正错误，是共产党人的根本立场和态度。毛泽东同志说过：“只要我们为人民的利益坚持好的，为人民利益改正错的，我们这个队伍就一定会兴旺起来。”习近平总书记指出：“中国共产党的伟大不在于不犯错误，而在于从不讳疾忌医，敢于直面问题，勇于自我革命。”领导干部要有“知过不讳，改过不惮”的胸襟和“见善则迁，有过则改”的态度，知错就改错，即知即改，改就改好，不断自我净化、自我完善、自我革新、自我提高。

前车可鉴，绝不贰过。前车之覆，后车之鉴。对前车之鉴不以为意，终究只会重蹈覆辙。“亡羊补牢，未为迟也。”犯错不可避免，也不可怕，怕就怕一错再错、重复犯错，甚至明知故犯、知错不改。领导干部必须认真反省错误，正视错误，改正错误，“吃一堑长一智”，警惕自己不再犯同样的错；必须充分吸取别人犯错的教训，举一反三、触类旁通，避免重蹈覆辙；必须未雨绸缪，居安思危，防微杜渐，防患于未然。

二〇、知错是一种成熟，改错是一种美德

每个人都会犯错，然而人们对待错误的态度和表现是不同的，有的坦率认错，知错就改；有的拒不认错，遮遮掩掩。错误是客观存在的，掩饰错误不过是自欺欺人。认识错误、承认错误需要智慧和勇气，是一个人成熟的表现。闻过则喜、知错就改，不掩饰错误、不推卸责任，是一种美德。刘少奇同志讲过：“不自以为是，有错必改，是一切马克思列宁主义者都必须具有的态度。”领导干部要敢于直面错误，勇于改正错误。

错就是错，不为错误找借口。“小人之过也，必文。”借口的作用，就是把错误归因于别人或者外部条件，把自己由“犯错者”转化为“受害人”，从而逃避责任、逃避惩罚。一旦找到了看似合理的借口，成功为自己开脱，内心的愧疚感就会减弱，汲取的教训就没

有那么深刻，争取成功的愿望就没有那么强烈。借口不能解决任何问题，不断地寻找借口，永远不会改进自己。“没有任何借口”，就没有退路、没有选择，就能坚决改错、时错时纠，不断精进自己、提升自己，进而减少犯错、避免犯错。怕担责、怕追责，为了掩饰错误寻找借口，将来还会犯下更多的错误。领导干部在工作中犯了错，只要“从哪里跌倒从哪里爬起来”，就能戴“错”立功。必须以对党和人民事业负责的态度，增强斗争精神，勇于承认错误、敢于承担责任，主动自我解剖、揭短亮丑，绝不掩饰缺点、回避问题，绝不顾及“面子”、考虑“位子”。

错了就要改，改错永远不嫌早。《论语》说：“过也，人皆见之；更也，人皆仰之。”西晋时的周处年少时蛮横强悍、祸害乡里，与河中蛟龙、山上猛虎一道被义兴百姓称为“三害”。有人劝他杀虎斩蛟，实际是希望“三害”相互拼杀后只剩一个。周处入山杀虎、入水击蛟。大家以为他也一并死了，“三害”已除，相互庆贺。周处知道后，深自后悔，痛下决心，改过自新，终于成为一代忠臣。“过而不改，是谓过”，真正的错误是犯了错不去改正。习近平总书记要求领导干部“始终实事求是，勇于直面问题，随时准备坚持真理，随时准备修正错误。”知错就改、有错必纠，是做好各项工作，不断把事业推向前进的重要保证，同时也是一名合格领导干部必须具备的政治品质。领导干部有不足就要认真弥补不足，有问题就要彻底解决问题，有错误就要坚决纠正错误，把负面影响降到最小，把教训转化为锻炼党性、推动工作的不竭动力。

二一、原谅自己是堕落的开始

“不矜细行，终累大德。”任何人出问题，甚至违法犯罪，都是从小过失小错误上放纵自己、原谅自己开始的。如果因为是“小问题”就姑息迁就，因为是“小意思”就欣然笑纳，因为是“小腐败”就违规逾矩，每原谅自己一次，就是向堕落的深渊迈进了一步。领导干部任何时候都不能放松对自己的要求，哪怕再小的事情也不行。

一次守不住，次次做让步。原则底线不容触碰。一次突破、一次变通，原则就会一松再松，底线就会一放再放，最终“堤溃蚁穴，气泄针芒”。唐代名相陆贽清廉刚正，有的官员埋怨他不近人情。唐德宗得知后劝他说，鞭靴之类，收受了也无妨。陆贽撰文进谏：贿赂之门一旦打开，就再也止不住。收了鞭靴，就会收衣裘、收币帛、收车舆、收金璧，欲望永无止境。小事小节上不疏忽大意，才不会失德失守。善恶就在一念之间，放纵、开脱、原谅自己就是选择了堕落。领导干部必须时时处处严格约束自己，心不动于微利之诱、目不眩于五色之惑，从小处着眼，重视日常点滴，严格约束自己一言一行、一举一动，防微杜渐、洁身自好。

严于律己，慎独慎微。领导干部手中掌握着一定的权力，面临的各种诱惑和陷阱很多，往往成为被攻关、拉拢、围猎的对象，如果对自己要求不严，随时都可能坠入“人见利而不见害，鱼见食而不见钩”的陷阱。自己不被自己打倒，谁也不能打倒你。必须心存敬畏、手握戒尺，要求别人做到的自己先做到，要求别人不做的自己坚决不做，少在别人那里找不是，多在自己身上找问题，在私底下、无人时、细微处做到慎独慎微，始终不放纵、不越轨、不逾矩。

二二、恨别人，痛苦的是自己

“恨，怨也。”恨就是心中对人或事怀有不满、不快的情绪。一个人恨别人，被恨的人没有痛苦，自己却整天在怨恨中过日子，心灵受伤、饱尝痛苦。《庄子·达生》说：“知忘是非，心之适也。”宽恕别人，便无痛苦。领导干部要胸怀宽广、大度包容，多些爱、多些恕、多些欣赏，少些恨、少些怨、少些嫉妒。

恨别人就是折磨自己，有多少恨就有多少痛。古希腊有个仇恨袋的故事。英雄海格力斯见到路上有个像袋子似的东西便踩了一脚。谁知那东西不但没有被踩破，反而膨胀起来。海格力斯被激怒了，他抄起木棍打那个东西，没想到那东西膨胀到把路也堵死了。有位圣人路过，告诉海格力斯说：“朋友，快别动它，忘了它，远离它。它叫仇恨袋，你不惹它，它会和当初一样小；你若碰它，它会膨胀起来与你敌对到底。”恨是对痛苦的延续和放大，恨越积越多，痛也越来越大。真正伤害自己的，往往不是事情本身，而是对事情的看法。事情已经过去，受害人却记忆犹新，整天愁眉紧锁，甚至生不如死。怀恨在心，痛苦一生。宽恕别人就是爱护自己，释怀于心就是给自己最大的温柔。

鼓起包容的和风，驱散怨恨的阴霾。恨是烈焰，能够烧毁理智；恨是毒药，能够毒死良知。对别人心怀怨恨，往往是修养不高、心胸不宽、度量不大所致。怨恨别人的干部，有的是因为嫉贤妒能，容不得别人比自己高、比自己好；有的是因为唯我独尊，见不得别人不同意见；有的总是把自己的不顺心归因于别人，不从自己身上找原因；等等。“恕”是消除怨恨的最好解药。曾经有人批评林肯对待政敌的态度：“你为什么试图让他们成为朋友呢？你应该想办法去打击他们，消灭他们才对。”林肯回答：“我难道不是在消灭政敌吗？当我使他们成为我的朋友时，政敌就不存在了。”心若和风，就能驱散阴霾。领导干部要加强道德修养，明大德、严公德、守私德，重品行、正操守、养心性，修炼宽广的胸襟、境界、格局；要以诚待人，以心换心，包容差异、接纳不同，尊重别人、欣赏别人、赞美别人，最大限度团结一切可以团结的力量。

二三、对人诚信是保护自己尊严和良知的最好办法

诚信就是诚实无欺、讲求信用。《左传》说：“信，国之宝也。”

习近平总书记指出："中国人历来讲究'信'。2000多年前，孔子就说：'人而无信，不知其可也。'信任是人与人关系的基础、国与国交往的前提。"诚信，是中华民族的传统美德，是社会主义核心价值观的重要内容，也是每个人社会生活中必须遵守的基本规范和行为准则。守信于己、诺信于人、践信于行，才能赢得别人的尊重，守护住自己内心的善良。领导干部要带头讲诚信。

一言为重百金轻。诚信是取信于民的重要基础。领导干部的诚信超越了其个人诚信的范畴，更具社会属性，在一定程度上代表了党和政府的公信力。习近平总书记指出："讲仁爱、重民本、守诚信等思想，不论过去还是现在，都有永不褪色的价值。"领导干部讲诚信，最重要的就是忠诚于党、忠诚于人民。回顾我们党百年历史可以清晰看到，正是因为一代代共产党人对党和人民无限忠诚和热爱，为了党和人民的事业不怕任何艰难困苦，我们党才取得了一个又一个的胜利。领导干部只有始终忠诚于党、忠诚于人民，做到虔诚而执着、至信而深厚，为党和人民的事业无私奉献，才能以诚信赢得老百姓的尊重，以不背初心使命守护住自己的良知。

诚信捍卫尊严。活着最重要的是尊严。要人敬者，必先自敬。人无信不立。言而有信、言出必信，才能赢得他人的尊重；言而无信、背信弃义，必然被人看不起。没有诚信，谈何尊严？一个失信的人，就要被人戳脊梁骨，丢失做人的尊严。对党员干部而言，讲诚信就是对党忠诚、永不叛党。背叛信仰、背叛组织、出卖同志，就是叛徒，历来为人不齿、遭人唾弃。革命战争年代，无数共产党人抛头颅、洒热血，用生命捍卫自己对党的誓言，永远值得我们尊敬和敬仰。领导干部必须牢记誓词，忠诚于党，永不叛党，用行动维护共产党人的尊严。

诚信守护良知。良知就是是非心，知善知恶，择其善者而从之。诚信者讲求问心无愧，对得起自己的良心；而缺乏诚信的人，往往源于良心泯灭。马克思说："良心是由人的知识和全部生活方式来决定的。"习近平同志强调："以百姓心为心，与人民同呼吸、共命运、心连心，是党的初心，也是党的恒心。"共产党人的良知，就是初心使命，就是为中国人民谋幸福，为中华民族谋复兴。领导干部要增强守初心、担使命的思想自觉和行动自觉，以党的创新理论滋养初心、引领使命，从党的非凡历史中找寻初心、激励使命，在严肃党内政治生活中锤炼初心、体悟使命，把初心和使命变成锐意进取、开拓创新的精气神和埋头苦干、真抓实干的原动力。

二四、友谊是一种和谐的平等

友谊是建立在具有共同理想和志趣等基础上的个体之间的一种美好亲密的情感。它产生于社会生活与交往，既是平等人际关系的体现，更是和谐美好的社会性情感，是人类精神家园中的宝贵财富。亚里士多德说："真正的朋友，是一个灵魂孕育在两个躯体里。"朋友是我们的另一半。要得到真正的友谊，就要平等待人、真诚交往，就要不计得失、无私奉献。

友谊是一种人格平等的心心相印。人的本质是一切社会关系的总和。人生活在社会中，每个人都不能离开社会而独立生存。友谊是因交往而产生的一种人与人之间真挚而美好的情感。人格平等是友谊的前提和基础。“同声相应，同气相求。”真正的友谊是精神的融合、心灵的默契、灵魂的和谐。传说先秦的琴师俞伯牙一次在荒山野地弹琴，樵夫钟子期竟能领会这是描绘“巍巍乎志在高山”“洋洋乎志在流水”。伯牙惊道：“善哉，子之心而与吾心同。”钟子期死后，伯牙痛失知音，摔琴绝弦，终身不操。列宁说：“友谊建立在同志中，巩固在真挚上，发展在批评里，断送在奉承中。”领导干部要结交志同道合的朋友，建立共产党人的革命友谊，讲党性、讲原则，在共同事业中建立友谊，在干事创业中巩固友谊，在批评与自我批评中升华友谊，在大是大非中彰显友谊。

真正的友谊是为对方默默奉献。俄国作家别林斯基说：“真正的朋友不把友谊挂在口上，他们并不是为了友谊而互相要求一些什么，而是彼此为对方做一切办得到的事情。”马克思和恩格斯之间的革命友谊一直为我们所敬仰。马克思逝世前，嘱咐女儿把《资本论》的手稿交给恩格斯，希望恩格斯根据这些材料“做出点什么来”。恩格斯放下自己手头的《自然辩证法》，尽心整理马克思未完成的《资本论》后两卷，前后一共花了整整 11 年时间。友谊没有功利性，一个无所求的朋友才是真正的朋友。领导干部要树立正确的交友观，为党和人民的事业发展多交友，多同普通群众交朋友，多同基层干部交朋友，多同先进模范交朋友，多同专家学者交朋友，不交无德之人、不交无义之人、不交无耻之人，不交志不同道不合之人。

二五、偏爱难免，偏见不可

偏爱是对某个人或某物非常喜欢、特别喜爱；偏见是对人或事的片面看法。不管是偏爱，还是偏见，都带有主观、片面、感性等因素，往往导致不公正的发生。每一个人都有独立的价值取向、性格特点，对于合乎个人理想、目标、情趣等的人或事有偏爱，也是人之常情。偏见是一种源于自我中心主义的无端揣测、过于主观的看法以及选择性接受，根本上是思想狭隘、心胸狭窄、知识片面、不够理性、心智不成熟等所致，对于为人处事都会造成不利影响。领导干部难免有偏爱，但不能有偏见。

偏爱无度便是害。物极必反，过犹不及。人有偏爱不可免，然而必须有原则、有分寸，不然就会失去客观公正，失去作出正确评价判断的能力，还会给事业带来损害和破坏。领导干部对人对事偏爱过度，就很容易走极端，走向反面。水满则溢，月盈则亏，偏爱过度就是害。领导干部对某人某事某岗有“偏爱”，一定要出于公心，出于对党和人民事业的需要，做到有尺度、有分寸。

偏见是客观公正的敌人。美国社会心理学家阿伦森认为，偏见是人们依据错误的和不全面的信息概括而来的、针对某个特定群体的敌对的或者负向的态度，一旦产生偏见又不及时纠正，扭曲后或可演变为歧视。偏见是诸偏之根。偏见会导致偏向、偏心、偏僻、偏重、偏袒，乃至同向行为的偏颇和事业的偏废。人犯错误，很多时候就是因为头脑里有偏见。一个人戴着“有色眼镜”看世界，就不能全面客观公正地看问题办事情，抓不住事物的本质规律，看不到事物的真相；就会被歧视、成见所左右，无法正确分析判断事物；就会丧失原则和立场，失去自我、左右摇摆、飘忽不定，造成言行扭曲。可见，偏见对客观公正具有很大的破坏性、杀伤力。列宁曾说：“偏见比无知离真理更远。”领导干部要按客观规律办事，正确认识把握事物，公平待人、公正处事，就必须避免偏见。

用理性防“偏”，以公心纠“偏”。古希腊哲学家苏格拉底曾说，“真理是最重要的，唯有理性才是说服别人以及发现真理的正确方法，并且是一个人行为的决定性因素”。领导干部工作中要有效避免偏爱、偏见，避免行为走偏走斜，要做一个有理性的人，理性思考、理性处置问题。理性源自科学思维，要自觉学习运用马克思主义唯物辩证法看问题、办事情，坚持实事求是，一切从实际出发，客观地而非主观地、全面地而非片面地、联系地而非静止地看人做事，切实把事物看准看实看真。公心源自客观公正，摘下“有色眼镜”看人，不以个人喜好对他人进行分类、贴标签，不根据心中的“条条框框”识人待人，不以自己的主观判断去评判别人，善于多渠道多层面识别人，努力做到客观理性、公平公正，以德为先、事业为上。

二六、交浅不言深，情深不刻薄

这句话告诫人们，与交往不深的人，不够熟悉对方情况时，就不能推心置腹，什么话都说都讲；而对于感情深厚的亲人朋友，也不能不当回事，不体谅对方感受，不为对方着想，随性随意说话办事以致造成伤害。领导干部无法避免人情世故、人情往来，但需要提高人际交往和为人处事的能力，做到谨言慎行，维系好亲情友情爱情。

言多必失，谨言慎行。《后汉书·崔骃传》有言："交浅而言深者，愚也。"一个人如果不辨亲疏、不注重场合口无遮拦、胡言乱语，不仅得不到别人的理解尊重，反而是一种轻浮浅薄甚至愚蠢的行为。苏轼曾说："交浅言深，君子所戒。"言因多而失、因过而祸。很多过失、祸事就是因为把不好"嘴门"所招致。领导干部与人交往，任何时候都必须有原则有底线，特别对一些知之不深的人，既要因人而言、择辞而说，把该说的说好、说到位，又要惜言如金，不该说的、不能说的，谨慎言语。特别是要增强保密意识，时刻提高警惕，涉及工作秘密，必须做到一声不吭、一字不外漏。

刻薄少人情，温厚暖人心。刻薄之人尖酸无理、阴阳怪气、苛责挑剔，对人不是批评而是挖苦，不是帮助别人而是炫耀自己，不是讲道理而是强词夺理，自己没有自尊也不懂得尊重人，乐于抬高自己而贬低他人，不管亲疏远近都没有人情味，没有温度。这种人言行充满攻击性，让人望而却步。对“身边人”太刻薄的人，只会让人不敢接近亲近，落得个众叛亲离。良言一句三春暖，恶语伤人六月寒。领导干部对亲人，要尽到应尽的义务和责任，做一个孝顺的儿女、慈祥的长辈、善解人意的丈夫或妻子，让家庭更健康、更和睦；对朋友，要人格上尊重、生活上多帮助、人情上多往来，相互促进、相互理解、相互支持；对同志，要加强尊重、关心、帮助，既有人情味，又不违背原则，营造舒心安心的工作环境。

二七、过分争执无益于自己，又有失涵养

争执是一种各执己见、互不相让的场景。过分争执的人，根本上是个人修养不够、没有涵养的表现。领导干部如果为了工作、为了事业辩个是非对错、曲直真伪，这是有责任感、对事业负责的表现。但如果为了个人利益、图一时之快，或者只为了证明自己观点对、能力强，在一些鸡毛蒜皮、无关痛痒的小事上，非要争个输赢、分个高低，不仅有失修养，而且影响团结、损害事业。领导干部要避免斤斤计较、无端过分的争执。

越有涵养的人，越懂得“让步”。《菜根谭》有言：“路径窄处，留一步与人行；滋味浓时，减三分让人食。”一个有涵养的人，彬彬有礼、言行得体，决不会咄咄逼人、气势汹汹，总是退让一步、让

人三分。而没有涵养的人，则得理不饶人，为了芝麻绿豆大的事强词夺理、纠缠不休。给别人留条路，自己就少堵墙。懂得让步是一种境界、一种成熟。领导干部要加强个人品德修养，让自己心胸开阔一些、气度大一些、宽容一些，能够“得饶人处且饶人”，在留有余地中赢得好人缘、树立好形象。千万不能“得理不饶人”，不分理大理小、事大事小，都争个“面红耳赤”“你死我活”。

斤斤计较常争执，破坏团结伤感情。曾国藩曾说，与人相处，不必太精明，不要太斤斤计较，不要怕吃亏。世间万物必皆有度。过分争执只会让矛盾问题激化，只会把人际关系搞得越来越糟糕，只会把工作环境搞得越来越恶劣，只会把事情推向越来越复杂的境地。事出皆有因。工作中，由于所处位置不一样、认识看法不一样、阅历经验不一样等，难免会造成想法不一致、看法不一致，这时都需要保持理性、控制情绪，这样才有利于团结和谐，有利于事业发展。如果为人处世过分争执，固执自己的观念、抓住一件东西不放，不善变通，得势不服软，得理不饶人，不仅不利于个人成长进步，还是事业发展的“绊脚石”“拦路虎”。领导干部要顾大局、讲团结，一切以大局为重、以团结干事为出发点想问题办事情，切忌无端地过分争执，否则会失了风度、伤了和气、坏了环境。

既要坚持原则性，又要懂得灵活性。习近平总书记指出，“辩证唯物主义是中国共产党人的世界观和方法论”。坚持原则性和灵活性的统一，就是辩证法在实际工作中的运用。领导干部在处理争与不争的问题时，需要既坚持原则，又不失灵活，做到争“大”不争“小”。争“大”，就是关乎党和人民利益、形象的要争，面对大是大非敢于亮剑，面对矛盾问题敢于迎难而上，面对危机敢于挺身而出，面对歪风邪气敢于坚决斗争，始终做党和人民事业发展的捍卫者。不争“小”，就是不在细枝末节、无关痛痒的小事上争，不在名、利、权上争，懂得谦让、退让，遇事多商量、多沟通、多通气，以理服人、坦诚相待，坚持个人利益服从集体利益、局部利益服从全局利益、“小我”服从“大我”；要善于搁置争议、求同存异，循序渐进，一步步统一思想认识。

二八、谦虚是持续成功的保证

古人云：“满招损，谦受益。”谦虚的人能够放低“身架”，不自满、不自傲、不自大，时刻清醒认识自己，从而找准前进方向，不断取得进步。一个人要想持续取得成功，谦虚为人处世尤为重要。领导干部必须始终做到谦虚谨慎。

谦虚是一种美德。古希腊哲学家苏格拉底曾说：“谦虚是藏于土中甜美的根，所有崇高的美德由此发芽滋长。”一个谦虚的人，不自大，不浮夸，不鲁莽，不一意孤行，拥有一心向善的素质、修养和心态。圣人孔子，愿拜 7 岁项橐为师，让人更觉其品德之高尚。刘邦坦言自己出谋划策不如张良，治国安民不如萧何，统军作战不如韩信，从而得以广纳群贤，造就汉朝天下。谦虚谨慎、低调内敛，不仅仅是成功人生的一种性格特质，也能彰显一个人的精神境界和胸襟气量。领导干部必须有一种“虚怀若谷”的品质，始终谦虚谨慎、戒骄戒躁。

谦虚使人进步，骄傲使人落后。子曰：“知之为知之，不知为不知，是知也。”知道就是知道，不知道就是不知道，这是真正的智慧。谦虚的人决不会高高在上、自以为是，总是能不断反省自己、检视自己、总结自己，让自己在克服短板不足中收获新知识、获得新经验、取得新进步。习近平总书记指出：“我们过去取得的实践和理论成果，能够帮助我们更好面对和解决前进中的问题，但不能成为我们骄傲自满的理由，更不能成为我们继续前进的包袱。”领导干部自以为是、骄傲自满、自我陶醉、刚愎自用，只会让自己停滞不前甚至滑坡倒退，只有始终保持谦虚的品质，才能拥有虚怀若谷、海纳百川的气度和雅量，像海绵吸水一样接纳新事物、新知识，不断提升个人能力素质，不断取得新进步。

越是成功时，越要谦虚低调。一个人取得成功的时候，最容易忘乎所以、得意忘形。毛泽东同志告诫我们，务必继续保持谦虚、谨慎、不骄、不躁的作风。习近平总书记强调：“我们必须坚持谦虚谨慎、戒骄戒躁。如果把带领人民群众筑梦、追梦的过程当作一场难度极大的‘考试’，那么我们就要做一个谦虚谨慎的‘学生’”。领导干部必须始终保持清醒头脑，做一个谦虚低调的人。要低调做人，不错把平台当本事，放下架子，放低姿态，摆平心态，始终戒骄戒躁、谦虚谨慎。要保持空杯心态，把自己看低一点，虚怀若谷、善于倾听，真心实意地向实践学习，拜人民为师，不断提高自身本领。

二九、巧伪不如拙诚

此语出自汉代刘向《说苑·丛谈》，告诫人们，巧妙的虚伪不如守拙的真诚。“人之虚伪真实在乎心，无不见乎迹，但察之未熟耳。”“巧伪”之人，其故弄玄虚、哗众取宠、华而不实的小伎俩，虽能暂时掩人耳目，但最终骗不过组织、骗不了群众，归根到底欺骗的是自己。领导干部只有老老实实做人、本本分分做事，才能赢得更多信任和支持，才能干出一番实实在在的业绩。

诚实无破绽。诚实是人类社会的基本道德规范，是中华民族的传统美德，也是现代文明的基石和标志。人之无诚，不可为交。事实证明，一个谎言需要无数个谎言去圆，不管怎么圆，最终还是会露出“狐狸尾巴”的。现实中，一些干部乐行“巧伪”之事，做事不怕群众不满意，就怕领导不注意，把心思和精力放在如何吸引上级眼球上，热衷于琢磨“点子”、设计“模式”、制造“经验”，今天喊个口号、明天换个思路、后天搞个宣传，表面上风光无限，其实并没有什么实际成效。这些都是对党和人民不忠诚、不老实的表现，骗得了一时却骗不了一世，迟早要露出马脚。“至诚无息，不息则久。”领导干部要光明磊落、襟怀坦荡、表里如一，做人只有实实在在、老老实实，才能赢得他人尊重，才能在社会上站稳脚跟，也才算得上有修养、有品德。对党忠诚是领导干部诚实的第一要求，必须做到绝对的、唯一的、彻底的、无条件的、不掺任何杂质的、没有任何水分的忠诚，永远对党忠诚老实。

大智若愚，大巧若拙。曾国藩说："天下之至拙，能胜天下之至巧。"依靠一些所谓的"技巧"也许能得一时之便，但终不能走远，只有稳扎稳打才能获得最后的成功。无技巧其实是最大的技巧。一个地方、一个单位如果让善于取巧卖乖的人得势，正派实干的人受到排挤和压制，那么风气环境必然遭到破坏，党和国家的事业必定会遭受损失。天上不会掉馅饼。领导干部只有脚踏实地，干出实实在在的成绩，才能赢得人民群众的赞许和支持。做人要实，对党、对组织、对人民、对同志忠诚老实，做老实人、说老实话、干老实事，襟怀坦白，公道正派。谋事要实，坚持从实际出发谋划事业和工作，使点子、政策、方案符合实际情况、符合客观规律、符合科学精神，不好高骛远，不脱离实际。创业要实，树立正确的政绩观、事业观，脚踏实地、真抓实干，敢于担当责任，勇于直面矛盾，善于解决问题，绝不搞华而不实、劳民伤财的"形象工程""政绩工程"，努力创造经得起实践、人民和历史检验的实绩。

三〇、以真善美的品位做人，其乐无穷

真善美，即原始的、本质的、真实的、真诚的、利他的良好品行。人只有追求真善美，才能够正确认识把握事物，才能够拥有良

好道德情操，才能够干出完美的事业。追求真善美是每一个人都应具备的优良品性，这样的人活得有价值，也最快乐。习近平总书记指出：“对人民深恶痛绝的消极腐败现象和丑恶现象，应该坚持用光明驱散黑暗、用真善美战胜假恶丑，让人们看到美好、看到希望、看到梦想就在前方。”领导干部必须追求真善美，贬斥假恶丑，从而真正赢得快乐、获得幸福。

保持做人本真，活出真实自我。真，就是真诚、真实，合乎自然，合乎理性。人生最大的失误往往是埋葬真实的自己。春秋时期的东施，看到美女西施因心口痛捂着胸口、皱着眉头的样子很美，便向西施学习，本来容貌就丑，又皱起了眉头，本来就含胸驼背，又捂住了胸口，弄得更加丑陋。战国时期，燕国寿陵有个少年，听说赵国邯郸人走路的姿势特别优美，就学邯郸人的走路姿势，结果学得不像，而且把自己原来的走法也忘了，只能爬着回去。东施效颦、邯郸学步就是不做自己、忘记自我闹出的笑话。做真实的自己，活出自己的本真状态，才是最幸福的。领导干部追求快乐幸福，就要做真实的自己，最根本的是保持共产党人的本真本色，做实实在在的人、干实实在在的事。

人可以不富有，但永远要善良。“人之初，性本善。”崇善是人性最美好的情感，是一种根植于人们内心的仁德，也是人们的一种美好追求和向往。卢梭说：“慈善的行为比金钱更能解除别人的痛苦。”有人这样描述人之善良：“人之向善为善，如同冬日之暖阳、夏日之凉风，带来的是温暖舒适；如同黑暗中的阳光，海岸之灯塔，带来的是光明方向；如同沙漠之甘泉，海洋之岛屿，带来的是生的希望。”社会因为人们崇善求善行善，而更加温暖、更加和谐、更加美好。习近平总书记强调：“‘时代新人’应当继承中华传统美德、弘扬社会主义道德，崇德向善、见贤思齐，具有善良的道德情感。”领导干部要崇善向善，就必须加强品行修养，崇德修身，以学长德、以善塑德、以铮砺德，明大德、守公德、严私德，做品德高尚的人；就必须敢于奉献，爱党爱国爱民，始终为党和人民的事业奉献自己、燃烧自己；就必须充满人性光辉，存善心、说善言、行善事，与人为善、成人之美，关爱干部、心系群众，公道正派、疾恶如仇；就必须严守纪律规矩，知敬畏、存戒惧、守底线，远离低级趣味，抵制享乐主义、奢靡之风，本本分分做人、规规矩矩做事。

爱美之心人皆有之，美吾美以及人之美。求美，就是要做到合乎理想性、规律性，努力追求理想生活、美好事业，努力创造有价值、有意义的人生。领导干部面对工作生活，只有努力追求完美，善始善终、善作善成，才能创造精彩事业，实现幸福人生。领导干部做人做事，只有敢于追求完美、追求卓越，才能成就完美的事业、美好的人生。习近平总书记指出，要“弘扬劳模精神和工匠精神，营造劳动光荣的社会风尚和精益求精的敬业作风”。领导干部崇尚美、追求完美，关键是要追求工作上的完美，秉持“干必一流”的做事追求，树立高标准，追求高质量，发扬“工匠精神”，在严肃严格严谨上下功夫，专心用心、深钻细研，做到干一行爱一行、钻一行精一行，努力把每一项工作做得更符合党和人民的需要、更符合时代步伐。

三一、人生的选择决定一切

法国哲学家萨特曾说:“人有选择的自由，但是人没有不选择的自由。”决定人生的不是命运，而是每一次抉择。如果抉择失误了，方向选偏了，再怎么努力都是徒劳，而且越努力离目标越远。人生作选择，最根本、最核心的就是树立正确的世界观、人生观、价值观。习近平总书记强调，“要树立正确的世界观、人生观、价值观，掌握了这把总钥匙，再来看看社会万象、人生历程，一切是非、正误、主次，一切真假、善恶、美丑，自然就洞若观火、清澈明了，自然就能作出正确判断、作出正确选择”。领导干部只有树立了正确的世界观、人生观和价值观，才能做出正确人生选择，使自己的人生走得稳、走得远。

世界观是“总开关”。世界观即观世界，是人们对人、对时间和空间当中万事万物，即自然界、人类社会和人的思维世界的基本看法和根本观点。世界观是人生观、价值观的立论基础，决定了人生观和价值观。因此，世界观是管总的、管根本的、管全局的，居于首要和核心地位，具有根本性、决定性作用，是人的思想和行为的内在依据，是人的全部精神和行为的“总闸门”。一个人有什么样的世界观，就会有什么样的人生观和价值观，也就有什么样的人生。马克思主义世界观是共产党人的世界观。习近平总书记强调:“领导干部加强党性修养和锻炼，第一位的任务就是在树立马克思主义世界观上下功夫。”领导干部必须把改造世界观作为终身的课题，不断接受马克思主义哲学智慧的滋养，坚持不懈用党的创新理论武装头脑，牢固树立马克思主义世界观。唯有这样，才能行而有向、行稳致远，不负党和人民重托。

人生观决定人生前行的方向和动力。人生观，是人们在实践中形成的对于人生目的和意义的基本看法和根本观点，它决定着人们实践活动的目标、人生道路的方向，也决定着人们行为选择的价值取向和对待生活的态度。荷马史诗《奥德赛》中有句名言：“没有比漫无目的地徘徊更令人无法忍受的了。”树立什么样的人生观，就选择了什么样的方向，也就选择了什么样的人生。如果人生方向错了，就会南辕北辙、渐行渐远；只有方向正确了，才能沿着这个方向不断前进，最终实现目标、达到目的、收获价值。习近平总书记指出：“人民对美好生活的向往，就是我们的奋斗目标。”领导干部树立正确人生观，就是要坚持以人民为中心的发展思想，始终把人民放在心中最高的位置，始终同人民群众想在一起、干在一起，以人民忧乐为忧乐，以人民甘苦为甘苦，把人民拥不拥护、赞不赞成、高不高兴、答不答应作为评判发展质量成效根本标准和最好尺子，努力为人民过上更美好、更幸福的生活而奋斗。

价值观是一个人行动的“底线”。价值观决定着人的行为取向、评价标准、评价原则和评价尺度，是一个人认定事物、判断是非、对比选择的基本根据，具体表现为一个人在危机当头或是利在眼前时如何作出选择。价值观决定着人的行为的价值取向。一个人有什么样的价值观，就会有什么样的行动。只有价值观正确，才会有行动的正确；一旦价值观出现偏差，行动也就会出问题。习近平总书记指出，“核心价值观，承载着一个民族、一个国家的精神追求，体现着一个社会判断是非曲直的价值标准”。领导干部作为“关键少数”，其价值观不仅决定个人行为的价值取向，而且会影响整个社会行为的价值取向。领导干部必须坚守共产党人价值观，做到忠诚老实，坚决做政治上的明白人、对党和人民忠诚的卫士；做到公道正派，一心为民，一心为公，正派做人，公正处事；做到实事求是，察实情、出实招、办实事、求实效，反对弄虚作假，不搞花拳绣腿；做到清正廉洁，清清白白为官，干干净净做事。

三二、为人要有力争上游的勇气，更要有虚怀若谷的大气

力争上游，就是要奋发图强，争当先进，占据优势，创造一流业绩，这是实现人生目标、体现人生价值、创造不凡业绩的需要。虚怀若谷，就是要谦恭礼让、低调做人，善于接受别人意见，不争长论短，踏踏实实做人做事，这是减少矛盾、增进和谐、发展事业的必要。常言道，“人往高处走”，“成熟的麦穗低着头”。人就应当高调做事，又能低调做人。领导干部既要敢于力争上游、争创一流业绩，又要低调做人、埋头做事，一仰一俯之间，体现出的是一种

精气神、一种处世艺术、一种品质。

干就干一流，争就争第一。不甘落后是一种志气，奋勇争先是一种勇气，争创一流是一种豪气。领导干部只有敢于争一流、争第一，才能展现新作为、实现新发展、开创新局面。古人说："取法其上，得乎其中；取法其中，得乎其下；取法其下，法不得也！"任何工作都要有争取一流高线目标的勇气。高线就是目标，是需要付出心血去努力争取的最好结果。百舸争流，奋楫者先。领导干部必须敢于争一流、争第一，始终保持坚定的信心自信、昂扬的精神斗志。要志存高远，树立远大理想，坚定理想信念，不忘初心、牢记使命，立志做大事，不立志做大官，甘做党和人民事业的"铺路石"。要拥有争创一流的勇气，以更加饱满的热情、更加昂扬的斗志、更加务实的作风，担当作为、锐意进取、力争上游。要争创一流业绩，坚持高标准、高质量理念，敢为天下先、大胆闯大胆试；又要发扬"工匠精神"，真正把每一件事做到精致细致极致，做成样板，干成一流。

谦逊低调，虚怀若谷。《道德经》有云："水善利万物而不争，处众人之所恶"。为人处事就应放下身段，低头做人、低调做事，这样才会更安全、更平稳。曾国藩曾说，低调的人深藏不露，从不得意忘形。一个人善于低头，不是认输，不是自卑，也不是怯弱，而是一种清醒、一种理性，是蕴含着谦卑与低调的大气，也是有格局有境界的体现。老子云："江海所以能成百谷王者，以其善下之，故能为百谷王。"领导干部要低调做人，始终牢记"人外有人，天外有天"，时刻保持清醒头脑，既要知道自己的长处，又要清楚自己的短处，虚心待人、虚心学习、虚心完善自己，绝不能自命不凡、骄傲自大。要谦逊做事，谨慎对待每一项工作、每一个决策、每一个细节，做什么事都看准方位、找准站位、把准定位，特别遇到不明白的事情，要不耻下问、虚心请教，绝不能眼高手低、好高骛远。

三三、人生就像骑单车，想保持平衡就得往前走

这句话出自著名物理学家爱因斯坦。会骑单车的人都知道，骑单车要想保持平衡，不摔跤、不跌倒，就得不断前进。为官从政者，要想行稳致远，追求诗和远方，就得行有方向、坚定执着、不断奋进。

奋进的人生，才是最美的人生。事物都是永恒运动、变化、发展的，人生也要不断追求发展。人生旅途，如逆水行舟，不进则退，慢进也是倒退。如果停滞不前，或者是等待观望，都终将被历史所淘汰。只有保持奋进的姿态，才能取得一个又一个进步。正如习近平总书记强调的那样："历史总是要前进的，历史从不等待一切犹豫者、观望者、懈怠者、软弱者。只有与历史同步伐、与时代共命运的人，才能赢得光明的未来。"奋进的人生，是积极进取、向上向善的；停滞的人生，只会倒退不前，甚至跌倒受伤。领导干部要

有一颗奋进的心，争当“奋进者”“逆行者”，不言弃、不松懈、不止步，主动经风雨、见世面、壮筋骨、长才干，收获风雨之后美丽的阳光和彩虹。

把好方向走好道路，方能行稳致远。俄国作家列夫·托尔斯泰说：“没有方向，就没有生活。”麦肯锡公司资深咨询顾问奥姆威尔·格林绍说：“我们不一定知道正确的道路在哪里，但却不要在错误的道路上走得太远。”方向决定道路，道路决定命运。人生光知道埋头前进还不够，还要懂得把好方向、走好道路，只有方向和道路都对了，最终才能到达目的地。人生只要把好方向、找准道路，每迈出一步就是胜利；否则，只会越努力越无效，越奋斗越失败。对领导干部来说，把好方向、走好道路，就是要自觉地坚定政治方向，坚定不移走中国特色社会主义道路，规划好人生蓝图，锁定奋斗目标，走好人生道路，力求干出一番事业，为实现“两个百年”奋斗目标和实现中华民族伟大复兴中国梦贡献自己应有的力量。

既然选择了远方，便只顾风雨兼程。“有风有雨是常态，风雨无阻是心态，风雨兼程是状态。‘莫听穿林打叶声，何妨吟啸且徐行’，无论什么样的风雨，都无法阻挡中国人民奔向美好生活的脚步。”实际上，大到国家发展如此，小到个人成长亦然。人生道路，崎岖不平，不可能一帆风顺，顺境要进，逆境更要进。如果在逆境前望而却步，往往只会遭遇失败；如果在困难时坚定前行，常常会获得新的进步。既然选择了当领导干部，就要始终保持永不懈怠、一往无前的奋斗姿态，勇于战胜前进道路上的各种艰难困苦，努力干好党和人民的事业，让每一步都走正、走稳、走实、走好。

三四、人生没有如果，命运不相信假设

现实生活中，常会听到有人说，如果一切可以重新开始，我会做得很好；如果时光可以倒流，我会好好把握；如果再给我一次机会，我会尽力争取……“如果”成了很多人的口头禅。然而，“如果”是个人生“伪命题”。谁都不能对一个努力的生命抱太多的苛责。只要自己尽了最大努力，就该无怨无悔，就无需“如果”。作为领导干部更是如此，只要无私地燃烧自我、尽情地牺牲奉献，为党和人民的事业尽忠职守，就能做到无愧于党、无愧于人民、无愧于良心，不留任何缺憾。

人生没有后悔药。古诗《长歌行》有云：“少壮不努力，老大徒伤悲。”就是劝告世人，要及时努力奋斗，不要因虚度时光而留下悔恨。人生的成败、输赢，不取决于昨天，也不取决于明天，而取决于可以把握的今天。只有把握好今天，认真做好当下的每一件事情，才能让人生过得精彩、没有遗憾。然而现实中，有的干部干事讲条件，不从主观上去努力，习惯从客观上找“借口”，总认为“没人、没钱、没物”干不了事，一味地等待观望，最终因错失发展最佳时机而懊悔不已；有的干事不实干，十分的力气、只用三分干，甚至

是上级压着才干、鞭子抽着才干、群众骂着才干，工作抓而不紧、抓而不实、抓而无效，过后才感叹“如果好好干”；有的干事搞假想，没把心思放在干事上，而是用在了追求职务权力上，总是认为“如果我干领导”“如果我是他”；等等。这些都是“如果”类干部的具体表现，看似振振有词，实则一事无成。领导干部只有认认真真做好当下的事情，才能在“回顾已逝去的年华时，不因虚度时光而悔恨，也不因一事无成而羞愧”。

与其假设过去，不如开创未来。《论语·微子》有言，“往者不可谏，来者犹可追”。一个人如果只是一味沉浸在过去的遗憾中，而不是总结失败教训、干好手中之事情、奋起追赶明天，就会因再次错失美好未来而悔恨不已，陷入“后人哀之而不鉴之，亦使后人而复哀后人”的境地。只有从“如果”中汲取教训，紧盯未来干好当下的事情，才能避免走昨天的老路、上演昨天的悲剧。人生没有假设出来的精彩，只有靠实干拼出来的未来。美国思想家爱默生就曾说：“凡事欲其成功，必要付出代价——奋斗。”上天不会辜负一个努力的人，任何人要想梦想成真、人生无憾，实现人生价值，成就一番事业，都要付出百倍甚至千倍的努力。如果只有假设，没有圆梦的行动，假设永远只能是“空想”，其结果永远只能是一个又一个“如果”的遗憾。做人就要珍惜时光、珍惜机遇、干好当下，不能要“花架子”、玩“假把式”。特别是领导干部，肩负着党和人民的事业，要珍惜组织给予的平台，珍惜为民干事的机会，用好人民赋予的权力，以务实的人生态度，以实干的敬业精神，抓好该抓的事，干好该干的事，不负党和人民的期盼。

三五、永远对明天有所期待

人生充满期待，当我们失去时，期待着拥有；当我们悲伤时，期待着快乐；当我们失败时，期待着成功……期待就像是一根“桅杆”，撑起了生命的风帆，让人生远航有了希望和动力。在人生路上，生活难免充满艰辛和痛苦，只有永怀对明天的期待，才能给生活增添色彩，才能有梦想实现的那一天。领导干部就要始终对未来有所期待，始终保持积极、乐观、向上的奋斗姿态。

太阳每天都是新的。人生在世，不管过去经历了什么，成功也好，失败也罢，哪怕是历尽沧桑、洗尽铅华，也应满心期待地过好每一天。只有永远对明天充满期待，才能“刷新”当下的每一天，让人每天提升“正能量”，心中充满“小太阳”。然而，有的人则不然，工作和生活中，要么稍许取得点成绩，就躺在“功劳簿”上睡大觉，忘记了“今朝是何朝”，沉浸在昨天的夕阳中；要么稍微遭受点挫折，就“霜打的茄子蔫了”，心灰意冷，失望绝望，看不到今天的阳光。这两种态度都不可取。人生无论顺逆，关键就是要始终保有希望，相信太阳每天都会升起，明天定会更美好，把每一天都过出应有的样子。正如习近平总书记所讲，“让我们只争朝夕，不负韶华”。不负好时光，认真过好每时每刻，用心迎接每一天，让岁月静好，让自身心安。

期待不是等待。人要活在期待当中，但期待不是一味地等待。如果只是天天期待而没有行动，没完没了地等待，就会陷入“守株待兔”的困境。期待的意义在于有希望、有价值，在于有行动。做人要有期待不等待，关键要解决好过去、现在、未来三个自我的关系，立足过去、把握现在、展望未来，让期待变成美好现实。要正确面对过去的成败，不为成绩所惑，从成绩中走出来，不为失败所困，从失败中站起来，永远以前进的姿态行进；要全力做好当下的事情，始终对明天做最坏的打算，在当下做最好的准备，尽最大的努力，期盼最好的结果；要永远保持对未来的希望，无论今日欢喜悲哀，都要正确评估自己所处的人生方位，保持积极乐观的心态，始终相信自己，相信未来。

不辜负党和人民的期待。习近平总书记指出，领导干部要“以实现中华民族伟大复兴为己任，不辜负党的期待、人民期待、民族重托，不辜负我们这个伟大时代”。作为领导干部，要始终做一个党和人民期待的好干部，时刻以党和人民的期待为期待，无私奉献自我，努力做出贡献。要提高“八种本领”，做到“五个过硬”，夯实实现人民期待的基础。要紧紧围绕实现“两个一百年”奋斗目标，为群众诚心诚意办实事，尽心竭力解难事，坚持不懈做好事，不断满足人民群众对美好生活的向往。

三六、行动是理想最现实的表达

俄国作家克雷洛夫说：“现实是此岸，理想是彼岸，中间隔着湍急的河流，行动则是架在川上的桥梁。”理想是人生航程的灯塔，一个人如果没有理想，就会失去奋斗的目标和前进的动力；而理想要靠行动才能转化为现实，离开了行动的理想永远只是“空想”。人活着得有理想，而更可贵的是为实现理想去努力行动。领导干部不仅要有理想，更要做有理想的行动者。

智者的梦再美，也不如愚者行走的脚印。德国哲学家约翰·菲希特说：“行动，只有行动，才能决定价值。”行动对于理想之所以高贵，就在于它能成事但又稀缺而难以坚持。我们往往不缺乏有理想的人，而是缺乏既有理想又能行动的人。行动就是力量，也只有真正行动起来，才能将理想转化为美好的现实。不管做任何事，只要开始行动，就算获得了一半的成功。然而，现实中，有的干部习惯于坐在屋子里，豪言壮语，气吞山河，听起来决心很大、道理很多，但只有“唱功”，没有“做功”，嘴行千里，屁股在屋里；有的干部干事虽然也有行动，但缺乏恒心和韧劲，“热热闹闹”开头，“冷冷清清”推进，“偃旗息鼓”收尾，最后往往是“凄凄惨惨戚戚”的结局。这类干部的存在，不仅涣散了别人的斗志，更带坏了作风，甚至还耽误了工作。

既要仰望星空，又要脚踏实地。党的老一辈革命家陈毅同志曾说：“我们是世界上最大的理想主义者！我们是世界上最大的行动主义者！我们是世界上最大的理想与行动的综合者。”习近平总书记也指出：“要把蓝图变为现实，必须不驰于空想，不骛于虚声，一步一个脚印，踏踏实实干好工作。”这都强调做人既要有追求理想的情怀，又要有踏实肯干的精神。领导干部肩负着实现中国梦的光荣使命和重大责任，更要有理想情怀和实干精神，在实现中国梦中“挑大梁、争先锋、勇作为、乐奉献”，充分展现共产党人应有的精神状态和奋斗姿态。要心怀理想，仰望星空，自觉追寻中华民族伟大复兴的中国梦，并将个人梦融入中国梦；要拿出行动，脚踏实地，克服道路的坎坷和艰辛，一步一个脚印干，用平凡的脚步走出伟大的行程，为实现中国梦而努力奋斗。

行动之日，就是良辰吉日。千里之行，始于足下。任何伟大的理想，只要马上行动起来就都不嫌迟，最好的行动就是从现在开始。一个人是否勇敢地行动、大胆地尝试，是理想变成现实的关键。说穿了，没有能不能，只有要不要而已。一个缺乏勇气立即行动的人，只能天天走老路，永远无出路。“空谈误国，实干兴邦。”幸福不会从天而降，理想也不会自动成真。作为领导干部，我们的行动关乎民生福祉、关乎国家发展，要卷起裤子、撸起袖子、甩开膀子、迈开步子，“马上就办”“马上就干”，以不达目标不罢休的决心和韧劲，一锤接着一锤敲、一事接着一事办，做到善始善终、善作善成。

三七、有追求就会有希望

现实中，饥饿的人因追求温饱而辛勤耕耘，贫穷的人因追求富有而努力拼搏，战乱的人因追求安宁而英勇奋战……追求折射对人生的思考，反映对未来的希望。人正是因为有了追求，活着才有希望，人生也才会不断地攀升，社会也才会不断地进步。追求与希望是一对孪生姐妹，伴随着人的一生。但凡成功的人，都是一个有追求、有希望的人。一个人倘若没有追求，就没有希望和目标，活着也就没有什么价值。

希望源于追求，追求点燃希望。英国作家卡莱尔说："没有追求的人很快就会消沉。哪怕只有不足挂齿的追求也总比没有要好。"人有了追求，人生才会更加精彩纷呈。当然，有追求不是什么都追求，必须要有取舍，要警惕沽名钓誉、追名逐利、餐腥啄腐的不良追求。然而现实中，有的干部没有追求，不管对工作、生活抑或人生，都没有目标、没有希望、没有动力，得过且过，浑浑噩噩，"今朝有酒今朝醉"；有的虽有追求，但世界观、人生观、价值观扭曲，热衷于搞"自我设计"，醉心于"晋升路线图"，把心思用在了"歪门邪道"上；有的有追求但受不住磨难，稍许遭遇一点困难和挫折，就心灰意冷、失望绝望，满怀"心死泪干恨无期"的幽怨；等等。领导干部理当有正确的追求，唯有这样，做人做事才有方向、有希望、有动力。

追求一辈子，不是一阵子。苏联作家萨帕林娜说："只有不断地追求探索，永远不满足已取得的成绩的人，生活才是美好的、有价值的。"唯有追求让人永不止步，唯有希望让人永葆活力。追求是人生的永恒主题，只有进行时，没有完成时。一时的追求或许能够让人收获一两次成功，但要想一辈子都活得精彩，就要以永不懈怠的姿态去追求。要走出舒适区，"温水煮青蛙"式的安逸绝不是希望的温床，只会让人慢慢懈怠，失去追求的动力；要杜绝妄想，追求不是无源之水，希望亦不是无本之木，脱离实际的追求和希望，只能是“客里空”；要相信未来，学会在绝望中追求，在追求中坚守希望，追求不到也不失望，始终相信明天会更好；要行动起来，心动不如行动，追求不是空洞的而是具体的、实际的，只有付出实际行动，才能让希望成真。

人民对美好生活的向往，就是领导干部的追求。做人不仅要有追求，而且应该有崇高的追求，远离低俗的追求，在追求中不断实现人生价值。正如习近平总书记所说：“人民对美好生活的向往，就是我们的奋斗目标。”领导干部最大的价值，就是要在为民服务的追求中做好“三种人”。要“净”，始终做能干事又干净的“忠诚人”，树牢正确的政绩观和权力观，时刻谨记肩上的责任和使命，自觉抵制各种风险和诱惑，心系群众疾苦，认真为民办事；要“敬”，始终做勤奋敬业、恪尽职守的“领航人”，以真挚的群众立场、赤诚的家国情怀、担当的时代精神，努力为党和人民的事业做出新的更大贡献；要“精”，始终做在研究状态下工作的“内行人”，不断加强求知学习，练就一身“钢筋铁骨”，精通分管的业务，提高认识问题、分析问题、解决问题的能力和水平。

三八、简单生活中才有生命的原汁原味

生活原本很简单，不应把它复杂化。简单生活是一种淡泊名利、

地位、权力、财富等的生活方式，追求简单生活的人真实、坦诚、自然而不做作。生活简单，不是要求禁欲，而是要懂得取舍，讲求生活适度，这是一种大智慧，也是一种大境界。人只有简简单单地生活，才能返璞归真、享受生命，活得有滋有味。

生命的乐趣在于简单。英国作家约翰·卢伯克说：“人生的乐趣，就是要让生活和心灵回归简单、自然。”生活简单让人轻松快乐，想法简单让人宁静平和。然而，简单生活的麻烦，就在于很难做到简单。人总是喜欢做“加法”，而不喜欢做“减法”，最终陷于无尽的烦恼和痛苦之中。比如，有的人贪心太强，得陇望蜀、欲壑难填；有的人功利心太强，追名逐利、餐腥啄腐；有的人心思复杂，庸人自扰、自寻烦恼；等等。一个人如果被名利、金钱、美色等外在的东西所困扰，就会忘记最应该拥有的是丰富的内心生活，而不是以功名利禄为借口的一味忙碌奔波。人生在世，纵有广厦万千，睡觉不过一床安身；纵有山珍海味，吃饭不过一日三餐。领导干部只有少了名利的牵绊，心灵才有活泼自在的空间；只有不为外物所累，才能更容易接近生命的本质，细细品尝生命的本真本源。

做一个简简单单的人。简单是做人的本色。简单不是痴傻、愚昧、无知，而是保有一颗清澈、透明、善良、感恩的心，看清世事纷扰，看破名利纠葛，看淡金钱财富，自然本真、坦然处世。做一个简单的人，就是要回归自然，不伪装、不做作、不折腾，有心但没有心机，聪明但不精明，真诚做人，踏实做事，本真自然地生活，做一个与自然、与社会、与他人和谐相安的人；就是要看淡名利，不放弃、不争夺、不懒惰，“见素抱朴，少私寡欲”，擦去眼前的浮名功利，恪守平常平淡之心，守好自己的幸福，做好自己的事情，享受最大的快乐；就是要懂得取舍，不固执、不算计、不计较，明白“鱼和熊掌不可兼得”的道理，学会在喧嚣的世界里选择和放下，追求自己该追求的，让奔波不安的灵魂得到诗意般的栖居。领导干部应当做一个简简单单的人。

简单生活不是简单活着。简单地生活，不是苦行僧般的清苦生活，而是不以财富、名利、地位为追求的平淡清雅的生活，是一种乐观自然的生活状态；而简单地活着，就真的只是活着，没有奋斗目标，得过且过，不思进取，是一种消极悲观的生活态度。人要简单地生活，但也要活得有尊严、有价值、有意义。特别是领导干部，对个人生活要简单，但对党和人民的事业不能简单应付、敷衍了事、无所作为。领导干部要保持积极进取的心态，树立正确的权力观，看淡个人名利，不管是进是退，都始终保持初心不变，以平常乐观、积极进取之心，尽心尽力办好人民群众的每一件事；要立足岗位实际，做好每一件简单的事，做好每一件平凡的事，真正把群众的细小事、简单事、平凡事做好，实现自己的人生价值。

三九、态度左右行为

美国西点军校有一句很经典的话：“态度决定一切。”什么是态度？态度就是人们在自身道德观和价值观的基础上，对人、物、事情及其他客体比较持久的认知、评价、情感和行为的倾向。态度是一种心理状态，行为是一种外在表现。态度不仅可以影响一个人的行为，而且也可以决定一个人的生活方式。态度有积极的，也有消极的。人与人之间态度不同，其行为和结果也会不同。

有什么样的态度，就有什么样的行为。态度就像是一面镜子，最能反映一个人的行为。英国哲学家赫伯特·塞缪尔说："世界如一面镜子：皱眉视之，它也皱眉看你；笑着对它，它也笑着看你。"一个人有什么样的态度，就会有什么样的行为和追求，就会有什么样的人生和成就。积极的人与消极的人态度不同，自然收获的结果也会不同。就像沙漠中的两个人面对半杯水，消极的人会说："我们完蛋了，只有半杯水了。"而积极的人会说："真好，我们还有半杯水啊。"两个人正是因为态度不同以致结果不同，积极的人因为坚守希望，最终走出了沙漠，而消极的人却最终死在了沙漠里。一个态度积极乐观的人，其人生旅途充满阳光和雨露，"自信人生二百年，会当水击三千里"，活得高远、豪气、壮烈；而一个态度消极悲观的人，其人生旅途充满迷雾和荆棘，"掩泪悲千古""莫向天涯去"，活得惨淡、黯然、失色。领导干部只有保持良好的人生态度，才能用态度影响人、带动人、凝聚人，把态度转化为干事创业的向心力、凝聚力、领导力。

心态决定状态，状态决定成败。俗话说，心态决定态度，态度决定状态，状态决定行为，行为决定成败。一个人的成败，很大程度上取决于他持有什么样的心态、处于什么样的状态。一个状态良好的人，一般都具有阳光的生活态度，以奋发有为的工作姿态去干事，这样的人往往容易取得成功。反之，心态不好的人，状态也会不佳，总会消极懈怠、不思进取、心不在焉、怨天尤人，不可能把事做好。习近平总书记强调："良好的精神状态，是做好一切工作的重要前提。"领导者如果能保持良好状态，不仅能激发工作的积极性，焕发自身内在潜能，而且还会影响下属和团队的精神面貌，从而提高工作的效率和成效。领导干部要始终保持坚持不懈的学习状态，在学习中提升自己、完善自我、增强自信；要始终保持开心愉悦的生活状态，坚信太阳每天都是新的，感恩身边的每个人，开心对待生活的每一天；要始终保持奋进的工作姿态，把心思放在干事创业上，全身心投入工作，不抱怨、不计较，吃苦耐劳、甘于奉献，不断展现和汇聚正能量。

四〇、优秀不是一种行为，而是一种习惯

古希腊先哲亚里士多德曾说："我们每一个人都是由自己一再重复的行为所铸造的。因而优秀不是一种行为，而是一种习惯。"优秀是一种持续的行为状态。只有把追求优秀的行为变为习惯，才能把优秀固化为习惯。领导干部要把优秀变成良好的习惯。

积千累万，不如养个好习惯。这是我国著名教育家叶圣陶先生的一句名言。英国哲人查尔斯里德说："播下一个行动，收获一种习惯；播下一种习惯，收获一种性格；播下一种性格，收获一种命

运。”习惯伴随人的一生，也影响人的一生。心理学研究表明，一个人一天的行为，大约只有5%是属于非习惯性的，而剩下95%的行为都是习惯性的。习惯的力量无时不在、无处不在，就像一只无形的巨手，推着人们不由自主行动。习惯有好习惯和坏习惯之分，好习惯会引导人向好的方向前进，而坏习惯则会诱惑人向坏的方向发展，甚至会毁掉一个人的一生。拥有良好习惯的人，人生都不会太差。很多人之所以难以获得成功，难以成为一个优秀的人，固然有知识、能力、才华等因素影响，但很重要的一条就是没有良好习惯。只有拥有良好的习惯，人生才能不断进步、收获成功。

优秀的习惯成就优秀的人生。古希腊先哲亚里士多德说：“优秀是一种习惯。”习惯优秀的人，才能成就优秀的人生。习惯的力量是巨大的，习惯左右行为，行为决定成败。英国哲学家培根说：“习惯真是一种顽强而巨大的力量，它可以主宰人生。”美国作家爱默生也曾说：“习惯不是最好的仆人，便是最坏的主人。”一个人只有养成优秀的习惯，才能做习惯的主人而非仆人，也才能真正主宰好自己的人生。然而现实中，有的干部没有好的学习习惯，看书学习没有三分钟热度，三天打鱼两天晒网；有的没有好的工作习惯，习惯于拖拖拉拉、虎头蛇尾、急功近利、追求“高大上”等，严重影响工作推进；有的没有好的生活习惯，没有健康的生活习惯，满身“江湖气”、整天“烟酒气”，作风不检点、兴趣不高雅，往往因此滑向了腐败的深渊。好习惯成就大未来。就领导干部而言，养成良好的习惯，不仅有益于自己，也有益于他人，更有益于社会。

少成若天性，习惯成自然。英国法律史学家梅茵说：“习惯是一条巨缆，我们每天编结其中一根线，到最后我们完全无法弄断它。”习惯一旦养成，就会“日用而不自觉”，在不知不觉中影响人的行为。好习惯往往要求人要高度自律，而坏习惯最容易放纵自己。俗话说，学好三年，学坏三天。好习惯的养成并非一日之功，必须终身努力，不断修炼，逐步养成。养成优秀习惯，对任何人都很重要，对领导干部亦是如此。养成优秀习惯需要用好“三样法宝”：决心、坚持、勇气，即：要有彻底改变现状的决心，找准自身致命弱点，瞄准目标，痛下决心改正；要有死扛到底的坚持，按照习惯养成“21 天法则”，从小习惯开始，持之以恒，刻意养成；要有勇往直前的勇气，风雨无阻，战胜困难，严格自律，直至遇到最好的自己。

四一、心灵没有枷锁，才会拥有真正的快乐

一个人要幸福，首要的就是身体无疾病，最重要的是思想没烦恼。有的学者提出，“心胜则兴，心败则衰”。心灵很大程度决定着人们对人生的感受、直面世界的态度和对自己命运的把握。人生的痛苦和快乐都源自内心。面对生活的进退得失，如果心灵戴着枷锁负重前行，就会牢骚满腹、患得患失。唯有解开“抱怨、攀比、计较”的枷锁，才能收获快乐和幸福。

牢骚太盛防肠断，风物长宜放眼量。《荀子》云：“怨人者穷，怨天者无识。”天天牢骚满腹、怨天尤人只会让人情绪低落、身心俱

疲。人生之路有坦途也有坎坷，有平川也有险滩，有直道也有岔口，必然会遇到各种成长的烦恼、矛盾的碰撞、利益的冲突，如果整日生活在抱怨之中，横挑鼻子竖挑眼，不仅心浮气躁、伤害身心，而且破坏团结、影响事业。心不安则事无成，心沉气定才能深谋远虑。作为领导干部，不仅要把视野放远、把心态放平，豁达从容不抱怨，还要不畏其难、不厌其烦，在自我磨炼和修养中摆脱急躁，撇去浮躁，克服焦躁。

祸莫大于不知足，咎莫大于欲得。爱攀比，是人的天性。不同的比较能反映出不同的修养。比作为、比担当、比贡献是共产党人追求的精神境界，能让人看到差距、找到不足；而比职务高低、比名利多少、比物质享受，则会让人为名所累、为利所缚、为欲所惑。刘少奇同志在《论共产党员的修养》中说，“吃苦在前，享受在后，不同别人计较享受的优劣，而同别人比较革命工作的多少和艰苦奋斗的精神”。官本平常人，应有平常心。对于每一名领导干部而言，都应当摆正位置、端正心态，认清自己能够干什么、应该干什么，找准比较的坐标系，比忠诚，做到心中有党；比敬业，做到心中有责；比奉献，做到心中有民；比廉洁，做到心中有戒，通过正确的比，比出刚正之气，卸载名利之累，化解得失之忧。

心底无私天地宽，人若忘我品自高。习近平总书记指出，“我们共产党人讲奉献，就要有一颗为党为人民矢志奋斗的心，有了这颗心，就会‘痛并快乐着’，再怎么艰苦也是美的、再怎么付出也是甜的，就不会患得患失。”党章明确：“我们党除了工人阶级和最广大人民群众的利益，没有自己特殊的利益。”共产党人的“忘我”不仅仅是体现为心中无私，更是体现在为人民服务中不计苦乐、任劳任怨。领导干部是人民的公仆，必须始终把党和人民利益放在第一位，自觉做到履行职责为公，行使权力为民，不为私欲所动，不为私情所困，不为私利所惑，以“忘我”之境践“为民”初心。

四二、遇见有趣的自己，才是人生中最大的礼物

有位作家曾说，“趣味是感受这个世界美好的前提”，“人生，遇见些有趣的事就算成功”。有趣的人是生活的“开心果”，有趣的话是关系的“黏合剂”，有趣的事是人生的“快乐源”。每个人都希望在人生中不断遇见更好的自己，遇见有趣的自己。做有趣的人、说有趣的话、干有趣的事，心中就会沐浴阳光，对生活充满热爱，对工作忘情投入，对困难豁达乐观，对事业孜孜追求，这无疑是人生赐给自己最大的礼物。

做一个生活有趣的人。俗话说，“人无癖，便无趣”。一个有趣的人，一定要有健康的兴趣爱好。健康积极的兴趣爱好既是丰富生活色彩的调色盘，又是提高个人魅力的增味剂。领导干部在工作之余培养自己的兴趣爱好，不仅能让心里充满阳光、身心愉悦，而且更有助于增强自身修养、激发工作活力。在接受国外媒体专访时，习近平总书记曾介绍自己阅读、看电影、旅游、散步的兴趣爱好。

领导干部不能既不懂生活，又疏于生活。在工作之余，培养健康的兴趣爱好，在闲暇休息时自得其乐，人生则会既有意义又有意思，丰富多彩、妙趣横生。

做一个说话有趣的人。莎士比亚说，“幽默和风趣是智慧的闪现”。幽默的背后是感情、是思想、是知识、是境界，也是一种领导艺术。1929 年，毛泽东同志在为红四军干部制定的《教授法》中就明确规定：“说话要有趣味。”凡是与毛泽东同志交谈过的人，都为其幽默风趣的语言所折服。幽默好比温润细雨，好比潺潺流水，好比融融春风，孕育着人与人之间愉快、祥和的气氛；幽默好比化学反应中的酸碱中和，常常可以化干戈为玉帛，使剑拔弩张的双方相视一笑，握手言和。领导干部担负着发动群众、宣传群众、教育群众的任务，不仅要以事说理、以理服人，也要以恰到好处的幽默拉近距离、活跃气氛、获得信任。领导干部不妨多一些幽默，少一些照本宣科，既让群众放下包袱、敞开心扉，又能使人印象深刻、心领神会，从而汇聚起干事创业的强大力量。

做一个工作有趣的人。敬业是美德，乐业是境界。把兴趣当工作只是本能，把工作当兴趣才是本事。领导干部对待工作不仅要尽职尽责，更要增强工作的神圣感、使命感，在履行职责中收获工作带来的快乐和愉悦。全国优秀共产党员、“时代楷模”廖俊波同志从刚刚工作当中学教师时开始，就是个“工作狂”。为什么他能对工作保持如此高的热情？奥秘就在他常说的那句“工作是快乐的”。据他的同事们回忆，哪怕干到深夜，只要他在就是欢声笑语一片，“廖俊波有一种魔力，能把‘要我干’变成‘我要干’”。对领导干部而言，工作不仅是我们生活的手段，更是我们实现人生理想的方式。把工作当事业，把事业当乐趣，把有限的人生精力投入到无限的事业中去，这样的工作才意义深远，这样的人生追求才有价值。

四三、用知识武装自己

习近平总书记指出，“各级党政干部不管在哪个岗位，都必须具备基本的知识体系”，“我们的干部是复合型干部，有些知识是基础性的，都得掌握，不可偏废，然后再术业有专攻”。如果领导干部不加强知识储备、提高学习能力，面对新情况新变化新问题“老办法”不管用，“新办法”不会用，“硬办法”不敢用，“软办法”不顶用，就会在矛盾面前束手无策、在困难面前无能为力。据研究，18 世纪以前，知识更新速度为 90 年左右翻一番；20 世纪 90 年代以来，知识更新加速到 3—5 年翻一番。近 50 年来，人类社会创造的知识比过去 3000 年的总和还要多。知识爆炸的信息时代，知识更新速度之快令人触目惊心。领导干部要构建丰富的知识体系，既要及时跟进学习党的创新理论，也要饱览中外历史，还要掌握最新的科技人文知识。

马克思主义理论是“看家本领”。习近平总书记指出，“一个政党要走在时代前列，一刻也离不开理论指导；一个领导干部要做好本职工作，一刻也离不开理论学习”，“领导干部特别是高级干部要把系统掌握马克思主义基本理论作为看家本领”。加强理论学习是领导干部发挥创造力、增强凝聚力、提高战斗力的坚实基础，也是提高执政能力和执政水平的客观需要和有力保障。习近平新时代中国特色社会主义思想是21世纪马克思主义，是马克思主义中国化的最新成果，是中国共产党人的精神食粮，是我们改造主客观世界的强大思想武器。领导干部必须深入学习党的创新理论特别是习近平新时代中国特色社会主义思想，把“学”和“做”贯通起来，把“知”与“行”有机结合起来，及时跟进学、反复深入学、融会贯通学，不断增强“四个意识”、坚定“四个自信”、做到“两个维护”。

历史是最好的老师。历史是一个民族一个国家形成、发展及其盛衰兴亡的记录，是前人各种知识、经验和智慧的总汇。中华文明上下五千年，源远流长，博大精深，蕴含着丰富的内涵和底蕴，是领导干部的百科全书。习近平总书记指出，“历史是最好的教科书，也是最好的清醒剂”，“领导干部不管处在哪个层次和岗位，都应该读点历史”。只有勿忘昨天的苦难辉煌，才能无愧今天的使命担当，不负明天的伟大梦想。党史、新中国史，是中国共产党自诞生以来领导中国人民为了实现中国梦的探索史、奋斗史、创业史和发展史。领导干部要把历史特别是党史、新中国史、改革开放史、社会主义发展史作为必修课，深刻认识我们党先进的政治属性、崇高的政治理想、高尚的政治追求、纯洁的政治品质，传承红色基因，坚定理想信念，不断深化对共产党执政规律、社会主义建设规律、人类社会发展规律的理解和把握，不断增强坚定不移地走新时代中国特色社会主义道路的政治自觉、理论自觉和行动自觉。

观天文，以察时变；观人文，以化天下。人类世界是二元构成的，一个是看得见的物质世界，一个是看不见的心灵世界，通常人们将改变物质世界的方法叫科学技术，将改变心灵世界的方法叫人文。没有科技的国家，一打就垮；没有人文的民族，不打自垮。习近平总书记指出，“一个国家的发展水平，既取决于自然科学发展水平，也取决于哲学社会科学发展水平”，“一个没有发达的自然科学的国家不可能走在世界前列，一个没有繁荣的哲学社会科学的国家也不可能走在世界前列”。科学人文素养教育是领导干部正心修身、涵养文化的重要内容，也是领导干部坚定文化自信，切实担负起培根铸魂时代使命的重要保障。做好领导工作，既需要科学精神，也需要人文素养。领导干部要广泛涉猎经济、法律、科技、文化、管理、国际和信息网络等方面的知识，不断在加快知识更新、优化知识结构、拓宽眼界视野中建起“最强大脑”，补足“能力短板”、克服“本领恐慌”。

四四、在社会上要胜利的方法永远只有一个，那就是实力

习近平总书记指出，“手中有粮、心中不慌在任何时候都是真理”。实力就是竞争力。自古以来，无论是发展还是竞争，获得胜利的办法只有实力。俗话说，“空袋子难以直立”。人也一样，成功从

来都不是偶然的产物，腹中空空、投机取巧永远不可能拥有胜利的底气。倘若一个人既无能力，也不努力，永远都是“手中无粮”，那么就很难在社会上立足。

有能力才有实力。习近平总书记指出，“我们党既要政治过硬，也要本领高强，全党同志特别是各级领导干部，都要有本领不够的危机感，都要努力增强本领，都要一刻不停地增强本领”。能力是实力的重要基础，是获得胜利的客观保证。无论是取得进步，还是获得成功，既要有想干愿干积极干的意愿，又要有能干会干善于干的本领。应对重大挑战、抵御重大风险、克服重大阻力、解决重大矛盾，空凭一腔热血，没有“两把刷子”是不行的。领导干部只有全力增强“八种本领”，全面提升领导能力和领导水平，才能拥有攻坚克难的“硬实力”。

实力源于努力。习近平总书记指出：“个人必须努力，这是干部成长的内因，也是决定性因素。”努力是获得实力的主观自觉，只有不断努力才能增强实力。陶行知在《自立歌》中写道：“滴自己的汗，吃自己的饭，自己的事儿自己干；靠人、靠天、靠祖上，不算是好汉。”一个人的成长进步，个人努力至关重要。不努力，再高的禀赋、再聪明的才智也是枉然；不努力，再好的机会、再高的平台都会浪费。领导干部一生能够为党和人民工作的时间很短，只有以时不我待、只争朝夕的精神努力前行，才能有所收获、有所成就，才能不负韶华、不负人民。

定力也是实力。习近平总书记指出：“古往今来，凡是成就大业的人，都是能够管住自己的人。”并要求领导干部要“增强政治定力、纪律定力、道德定力、抵腐定力”。“笔底伏波三千丈，胸中藏甲百万兵。”定力是努力的“方向舵”，是能力的“保险杠”，是实力的“压舱石”。有了定力，才能源源不断积蓄实力，才能源源不断发挥出实力。一个人如果在具备努力、能力的同时，拥有过硬的定力，就能炼就“金刚不坏之身”，就能在风浪考验面前无所畏惧，在困难逆境时矢志不渝，就能“任凭风浪起，稳坐钓鱼船”。

四五、只有千锤百炼，才能成为好钢

明代于谦在《石灰吟》中写道，“千锤万凿出深山，烈火焚烧若等闲”。石灰石因为有千万次敲击锤打和烈火的焚烧，方能成形；铁矿石因为有千百次淬火铸炼，才会熔铸成好钢。干部成长，就如炼铁成钢。炼钢需要脱杂、去气、淬火，干部成长需要去娇气、去傲气、去浮气，反复淬炼锻打。“不经一番寒彻骨，怎得梅花扑鼻香。”世界上最美的风景只能属于那些敢于攀爬的、登高望远的人。唯有在直面困难、迎接挑战中千磨万击，才能获得经验的沉淀、品德的淬炼和能力的提升。

不经历风雨，长不成大树。习近平总书记指出，“速生树材质疏松，是做不了扁担的，做了就会把扁担挑翻”，“干部成长无捷径可走，经风雨、见世面才能壮筋骨、长才干。要做起而行之的行动者，不做坐而论道的清谈客；当攻坚克难的奋斗者，不当怕见风雨的泥菩萨，在摸爬滚打中增长才干，在层层历练中积累经验”。习近平总书记是这样说的，也是这样做的，当年作为“年龄最小、去的地方最艰苦、插队时间最长”的下乡知青，正是凭着勇于在艰难困苦境遇中磨砺的精神，实现了意志的锤炼、精神的升华、能力的提升、人生的成长。陆羽在《茶经》中也说，茶“多年生谓之老，生长于悬崖烂石之上谓之崖，千百年来自由生长谓之野。野者上，园者次”，“上者生烂石，中者生砾壤，下者生黄土”。倘若把人的成长比喻成茶树生长过程的话，同样也只有在“烂石”中生长起来的才是最佳的。领导干部只有到逆境挫折中去砥砺，到“山穷水尽疑无路”的环境中搏杀，到艰苦地区、吃劲岗位、基层一线中磨砺，成长成才方能水到渠成。

刀需石上磨，人要事中练。习近平总书记强调，“领导干部要经受严格的思想淬炼、政治历练、实践锻炼，在复杂严峻的斗争中经风雨、见世面、壮筋骨，真正锻造成为烈火真金”。社会是在矛盾运动中前进的，有矛盾就会有斗争。明代大儒王阳明讲：“人须在事上磨炼，做功夫，乃有益。”人的能力本领不是从天上掉下来的，也不仅仅是从书本里得来的。书本教给我们的是理论和方法，要有真本领，具备真才能，既要读好有字之书，也要读好无字之书，只有通过日复一日、年复一年的斗争历练和一事未平、一事又起的实践磨砺，只有多经事、多干事，才能练就担大事、解难事、干成事的真本领。领导干部要自觉从思想上磨炼自己，以“能吃天下第一等苦”的勇气和魄力，积极投身到困难矛盾最多的地方去，不断锤炼党性修养，砥砺政治品格，筑牢为民情怀，真正弄懂“为了谁、依靠谁、我是谁”；要自觉从行动上磨炼自己，以“敢教日月换新天”的决心和气概，投身改革开放最前沿、产业项目建设第一线，让自己脚踏实地接“地气”，干事创业有“底气”，开拓创新长“灵气”。

四六、自我设限最容易杀死自己的潜能

自我设限是心理学术语，是指个体针对可能到来的失败威胁，在心里事先设计障碍的一种防卫行为。自我设限就像自己“画地为牢”，会限制人的潜能，容易让人甘于平庸。有人说，世界上最可怕的并非失败，而是思想上自我设限抑制了成功。美国心理学之父威廉·詹姆斯在《人的能量》一书中指出：“普通人只发挥了其潜在智能的 10%。”据研究发现，常人的大脑只开发了不到 10%，而像爱因斯坦那样伟大的科学家也只开发了 13%。这就意味着，绝大多数人还有 90% 的潜能处在沉睡状态。人的精力是有限的，但人的潜能是无限的。人生只要不自我设限，敢于有梦、勇于追梦，一切皆有可能。

天生我材必有用，做一个勇敢的追梦人。俗话说，“有志不在年高，无志空长百岁”。敢想才能敢做，敢做才能成功。青春不是任性和冲动，而是敢于追梦的勇气和对生活的热爱；成熟不代表圆滑和世故，而是历经岁月、阅遍世事后，仍能坚守初心、追逐梦想。人生因梦想而伟大，因筑梦而踏实。习近平总书记指出，“我们都在努

力奔跑，我们都是追梦人”。中国杂交水稻之父袁隆平，即使早已过了退休年龄，但依然坚持科研，谈到杂交水稻，他还有两个梦想：一个是“追求高产没有封顶”，另一个是“禾下乘凉梦”。有了梦想，就有了动力。无论什么年纪，心有羁绊、思有顾忌，瞻前顾后、畏首畏尾都难以打开局面、解决问题，只有始终保持追逐梦想的激情和勇气，放开手脚、冲破束缚，才能激发起成功的潜力和动力。

生命不是要超越别人，而是超越自己。人生的最大敌人就是自己。最艰难的成功不是战胜别人，而是超越自己。比过去的自己优秀才算优秀。《老子》云：“知人者智，自知者明，胜人者力，自胜者强。”自我超越、自我革命是始终保持前进状态的催化剂和动力源。超越自己的过程，就是打破教条、自我革命的过程，就是打破上限、自我突破的过程。领导干部实现自我超越，就要敢于和善于突破自我设限，敢于和善于否定自己，时刻保持谦虚谨慎、戒骄戒躁、永不满足的心态，保持内在的创造性张力。

四七、失败的时候不要忘记还有未来

俗话说，失败不是终点，而是成功的起点。人生总是伴随着成功和失败，或与成功如期相约，或与失败不期而遇，当你停止尝试时，就是失败的时候。只有坚持用全面、辩证、长远的眼光看待失败，才能从失败中增强信心、坚定信心、看到未来。

失败是成功的垫脚石。俗话说，失败是成功之母。没有失败的量变，就难有成功的质变。几年前，中山大学朱熹平教授因彻底证明国际数学界百年重大难题——庞加莱猜想备受关注。当有人问朱熹平成功秘诀时，他说："把失败看成常态，把成功当作偶然。"人生不如意事十有八九。生活中，失败之事常有，失败之时常遇，失败之人常见。每一个成功的巍峨都是由无数次的失败垫起来的，每一个成功的进步都是由每一次失败后的奋起推着向前的。正视失败就是要承认失败存在的客观性和必然性，坦然地接受失败，从容地面对失败。学习与失败打交道，是走向成功的一门必修课。

比失败更可怕的是害怕失败。失败不可怕，可怕的是在失败时感到失望和绝望。面对失败，弱者的选择是逃避，害怕再次失败而一蹶不振；勇者的选择则是承受，不断跌倒又不断爬起傲然前行。20 世纪 50 年代，遭遇破产的 65 岁的美国人山德士频频穿梭于美国各个城市，给饭店的老板表演炸鸡以兜售秘方。可整整两年都没有做成一单生意。在历经 1009 次拒绝后，没有放弃的山德士终于在第 1010 次谈妥了第一单生意。此后，山德士炸鸡大获成功，连锁店遍及世界，成为世界最著名的炸鸡快餐店——肯德基。暂时的失败不叫失败，叫"在成功的路上"。对于所有成功的人来说，失败本身不是失败，只是换个方向前进。一个人站起来的次数能够比跌倒的次数多一次，他便是一个强者。

失败的隔壁就是成功。成功不能空凭梦想和希望，而要靠努力和实践。著名的谷歌公司有一种独特的"失败聚会"，如果有人出现了错误，团队就会聚会庆祝收获的失误和失败。负责人解释，他们通过聚会展示失败，就可以帮助员工从失败中获得经验、汲取教训。《左传》云：“人谁无过，过而能改，善莫大焉。”干事难免会出错，关键要看善不善于总结反思，能不能及时改正错误。作为领导干部，应自觉把从失败中汲取教训的过程视为检验和提升能力与素质的过程，善于把教训转化为加强党性锻炼、创新推动工作的宝贵财富和不竭动力，勇做时代的劲草真金，不辜负组织和群众的重托。

四八、生存，就是逆流而上的行为

习近平总书记指出，“在任何时候，做任何工作，都会有矛盾、有困难”，“干工作就是同矛盾和困难作斗争”。顺境与逆境既是对立的，也是统一的。生活的道路上，有成功的喜悦，也会有困难和压力，无论顺境逆境，无论得意失意，都是生活的风景、人生的财富。晚清王永彬著《围炉夜话》云：“饱暖人所共羡，然使享一生饱暖，而气昏志惰，岂足有为？饥寒人所不甘，然必带几分饥寒，则神紧骨坚，乃能任事。”相比顺境，逆境更能锤炼人的品质、磨砺人的意志、增长人的才干。要想有作为，就要逆流而上，在实践中“增益其所不能”。

逆境是检验人的试金石。面对逆境，懦者尽尝烦恼，度日如年；畏者胆怯不前，随波逐流；唯有志者自强不息，逆流而上。苦难是人生最宝贵的财富，也是检验人的最好试金石。一个人不能在逆境中磨炼、在苦难中成长，就永远不可能成熟成才。习近平总书记指出，“大事难事看担当，逆境顺境看襟度”。逆境能磨炼人的意志，锤炼人的性格，考验人的毅力，激发人的潜能。只有经过逆境淬炼的人，才能成为“真金”。

惟其艰难，方显勇毅。《荀子》云：“良农不为水旱不耕，良贾不为折阅不市”。困难多、矛盾多是时代前进中的一种特征，是事物发展的客观规律。解决困难、解决矛盾，“逆流而上”也是生活中必须面对的共同问题。辩证地看，矛盾和问题就是发展的另一面。把矛盾、问题解决了，事物就必然进入到一个更新更高的层次和水平，这就是提升。从某种意义上说，领导工作就是一个不断解决问题、攻坚克难的过程，工作成绩的好坏往往体现在解决问题的多少。随波逐流、躲难避难，就是放弃发展的机会；逆流而上、担难解难，发展的步子就越快越大。领导干部要在工作生活中敢于“逆流而上”，不为失败找借口，只为成功找方法，在困难中看到希望，在无望中创造可能，在可能中办成事办大事。

做敢于斗争的“战士”，不做爱惜羽毛的“绅士”。习近平总书记指出，“中华民族历史上经历过很多磨难，但从来没有被压垮过，而是愈挫愈勇，不断在磨难中成长、从磨难中奋起”，领导干部“要做敢于斗争善于斗争的战士”。从百年沉沦到百年辉煌，从东亚病夫到东方巨龙，一部中国近代历史，就是一部苦难史、觉醒史、探索史、崛起史。和平的年代没有硝烟，但是没有硝烟的战场同样考验着每一个人。狭路相逢勇者胜。领导干部要加强斗争历练，增强斗争本领，永葆斗争精神，不在困难面前低头、不在挑战面前退缩，战风斗雨、披荆斩棘，做敢于斗争、勇于胜利的表率。

四九、人生短暂如朝露，只争朝夕须抓紧

曹操在《短歌行》中写道：“对酒当歌，人生几何？譬如朝露，去日苦多。”感叹人生短促、时光飞逝，好比早晨的露水，逝去的日子实在太多了。每个人的生命是有限的、宝贵的，应该珍惜每一分每一秒，用知识、智慧、实干、奉献来实现人生的价值。一个领导干部的政治生命也是有限的，要在岗一分钟，战斗六十秒，在为党和人民的事业奋斗中实现更大价值。

逝者如斯夫，不舍昼夜。人生的成败、输赢，不取决于昨天，也不取决于明天，而取决于可以把握的今天。爱迪生说，“人生太短，要干的事太多，我要争分夺秒”。光明的未来，不从现在做起，就是黄粱一梦。每一天都是新的开始，每一秒都是新的起点。对于每一个人，最重要的时间就是现在，最重要的事情就是从现在开始。每一个不努力的日子就是对生命的辜负。做人只有活在当前、活在现在，朝乾夕惕、分秒必争，立足于此时此地的人生思考问题，把握好现在的时间、现在的人、现在的事，无论面对的是上坡路还是下坡路，无论是“阳光道”还是“独木桥”，都俯视脚下、谨小慎微，把每一步都走正、走稳、走好，才能在回首往事时，“不因虚度年华而悔恨，也不因碌碌无为而羞耻”。

只争朝夕，不负韶华。每一代人都要走好自己的长征路。今天的长征，就是要实现“两个一百年”奋斗目标，实现中华民族伟大复兴的中国梦。今天的长征同当年的红军长征相比，同改革开放以来我们已经走过的新长征之路相比，虽然在环境、条件、任务、力量等方面有一些差异甚至有很大不同，但都是具有开创性、艰巨性、复杂性的事业。习近平总书记指出，“实现伟大的理想，没有平坦的大道可走。我们还有许多‘雪山’、‘草地’需要跨越，还有许多‘娄山关’、‘腊子口’需要征服，一切贪图安逸、不愿继续艰苦奋斗的想法都是要不得的，一切骄傲自满、不愿继续开拓前进的想法都是要不得的”。领导干部要以“朝受命、夕饮冰，昼无为、夜难寐”的责任感和使命感，强化等不起、坐不住、慢不得的紧迫感，遇到困难不退缩、遇到挫折不懈怠、遇到危险不犹豫，抓住现在、争分夺秒、艰苦奋斗，以永不懈怠的精神状态和一往无前的奋斗姿态，勇做时代的弄潮儿。

五〇、人在屋檐下，一定要低头

俗话说，“人在屋檐下，不得不低头”。在屋檐下行走，抬头难免就要撞头；而要避免撞头，就要学会低头。恩格斯说，“为了顾全主要的事情，在次要的问题上作出让步”。对领导干部而言，低头不是在困难挑战面前的妥协，不是面对重大考验时无原则的忍让，更不是为了钱权卑躬屈膝的附和，而是审时度势后，顾全大局的取舍、维护团结的退让和以退为进的从容。

低头是大处着眼，不就小节。唯物辩证法认为，在大局和局部这对矛盾中，大局居于主导地位，对局部起着决定、支配、制约和协调作用。大局高于局部，统帅局部，对局部的发展变化起着主要的决定性作用。有了大局就有局部。对领导干部而言，低头，就是审时度势、顾全大局，就是舍弃“小局”，成全“大局”。不顾客观实际，顾小我舍大局、顾小益损大利，势必会给个人和事业带来灾难性后果。习近平总书记指出，“顾全大局是成熟领导干部的重要标志”。领导干部责任重于泰山，必须在大局面前自觉“低头”，切实做到正确认识大局，自觉服从大局，坚决维护大局。

低头是求同存异，以“同”为先。习近平总书记指出，“懂团结是真聪明，会团结是真本领”，“那些‘孤家寡人’、包打天下的‘超人’，是不能长久的。只有靠‘众人拾柴’和‘三个臭皮匠’之力，靠大家帮衬，工作才能做好”。讲团结，就是要求领导班子成员在大局下求同存异。只有“异”中求“同”、“同”中存“异”，才能实现共赢。不从实际出发，过分地求“同”排“异”，或者过分强调自己之“异”而排其他之“同”，都会产生不良后果。领导干部担当着一个地方、一个部门抓方向、议大事、谋全局之责，凡事从大局出发，不计较细枝末节，才能拿得起、放得下，从容自如、攻坚克难。要宽容大度，得理也让人，保持从谏如流的胸襟和求同存异的气度，营造团结协作、群策群力、同舟共济的工作局面。

低头是以迂为直，以退为进。孙子曰，“军事之难者，以迂为直”，“先知迂直之计者胜”。事物是前进性和曲折性、上升性与反复性的统一。这就要求领导干部在思想方法和工作方法上避免直线式和循环论。退是为了更好地进。适度退让，在许多场合都不失为一种争取主动、扭转时局的上策。20世纪60年代初，我国经济遭遇严重困难，周恩来等中央领导同志提出“调整、巩固、充实、提高”八字方针，主动搞有计划的“马鞍形”，让经济渡过了难关。在周恩来同志的领导实践中，即使面对再大的难题，他总会以迂为直，退中求进，变被动为主动。领导干部只有既知进退，又善进退，才能运筹帷幄，妥善解决矛盾，使事物朝着有利于实现自己的预期目标的方向发展，才能变“山重水复疑无路”为“柳暗花明又一村”。

五一、成功需要等待，不想等待的最好办法就是在等待时认真地准备着

《国语·越语》写道：“时不至，不可强生；事不究，不可强成。自若以处，以度天下，待其来者而正之，因时之所宜而定之。”万物生长都有时令，事物发展都有规律，都是一个量变到质变的过程。对于做人做事也一样，要取得成绩，量变的积累不够、时间不到，急也没有用，必须学会等待。而等待不能消极地空等，只有充分做好准备工作、扎实打好基础，才能在时机成熟时牢牢抓住机遇、把事做成。

瓜熟才能蒂落，厚积才能薄发。古人常用“瓜熟蒂落”“水到渠成”来劝诫人们要注重积累，耐心等待条件成熟。《老子》里讲：“合抱之木，生于毫末；九层之台，起于垒土。”《庄子》里讲：“水之积也不厚，则其负大舟也无力。”没有涓涓细流就难有江河大海。世上任何事情都没有速成的捷径。从古至今，凡立功名于世者，无不是从小处做起、从实事干起，把功夫下在平常，积微成著、厚积薄发。十月怀胎，一朝分娩。领导干部的党性修养、道德水平、能力素质，不会随着党龄的增长而自然提高，也不会随着职务的升迁而自然提高，只有不断地积累知识、积累经验、积累能力，多当几回“热锅上的蚂蚁”、多经历几件让人挠头的事，在“疾风暴雨”中、在“无声无息”中，不断进行自我完善、自我提高，才能更坚强、更有实力、更立得住。如果心浮气躁、急功近利，不顾个人成长规律和事物发展规律拔苗助长、不注重积累急于求成，反而会一事无成。

没有准备的等待就是在等待失败。毛泽东同志曾说，“不打无把握之仗，每战都应力求有准备”。有备有方，才能攻无不克，胜利属于有准备的人。领导工作和行军打仗是一个道理，只有随时做好准备，做足思想、能力、经验等各方面的积累，才能把握机遇，取得成功。然而现实中，有的干部在思想上准备不足，对日常积累和准备工作不当一回事，“当一天和尚撞一天钟”，得过且过，吃了今天的饭就不想明天的粮，以“今朝有酒今朝醉，明日愁来明日忧”的态度应付工作；有的在能力上准备不足，不注重学习积累，丝毫没有“本领不足”的危机感，靠老本吃饭，能力素质跟不上工作形势的发展变化；有的在实践上准备不足，不注重经验积累和总结反思，不愿意到基层一线、矛盾聚焦的地方历练，因循守旧、固守经验，遇到问题就照搬照抄，旧瓶装新酒，常常不管用、不适用，甚至适得其反。领导干部不论是个人成长还是干事创业，不是等有机会了才去准备，而是有准备了才能抓住机会。唯有如此，即使碰到大风大浪，也能“任凭风浪起，稳坐钓鱼台”。

机遇只会眷顾有准备的人。习近平总书记指出，“不能只热衷于做‘质变’的突破工作，而要注重做‘量变’的积累工作”。这种积累，就是在等待中认真做好准备。领导干部要做好最充分的准备，不打无准备之仗。注重在学习中积累，加强理论武装，练就过硬本领，自觉用习近平新时代中国特色社会主义思想武装头脑、指导实践、推动工作。注重在实践中积累，自觉到最艰苦最艰险的基层一线、困难一线、问题一线“墩墩苗”，磨炼自己、提升自己，不断在个人努力与组织培养中积蓄能量、循序渐进、久久为功。注重把握时机和节点，按规律办事，审时度势、抓住机遇，凡事比别人多想一点、多做一点、多坚持一点，最终赢得主动、赢得优势、赢得未来。

五二、一分预防胜似十分治疗

辛弃疾的《美芹十论》里有这样一句话：“事未至而预图，则处之常有余；事既至而后计，则应之常不足。”意思是事情未发生就预先考虑周到，处理之策常常会自如有余；事到临头才开始谋划，应对之策常常会显得考虑不周。做任何事情，处理任何问题，都不可能完全按照自己的想象进行，会出现难以预料的情况，只有预判在先、预防在前，才能科学筹划、有效实施、抵御风险，领导工作也不例外。

不怕一万，就怕万一。网络上经常能看到这样一句话："你永远不会知道意外和明天哪个先来。"社会上存在着很多不确定的风险因素，或是天灾，或是人祸，风险无处不在、无时不有，任何人都无法提前预知。风险和问题大都是突然出现的，不会给予我们充足的时间去做准备或思考。这就是在告诫人们，即使一件事情发生的概率不大，却又有发生的可能性，就必须做好防范。古人云，"宜未雨而绸缪，毋临渴而掘井"。只有下足平时功夫，多思应对之策，提前做好准备，凡事都能走一步看三步，才能不慌不乱、从容面对，有惊无险、化险为夷，把问题风险造成的损失降到最低。

凡事预则立，不预则废。习近平总书记指出，"面对波谲云诡的国际形势、复杂敏感的周边环境、艰巨繁重的改革发展稳定任务，我们必须始终保持高度警惕，既要高度警惕'黑天鹅'事件，也要防范'灰犀牛'事件"。新时代面临新挑战新风险，看不到风险，认识不到风险，就做不好领导工作。领导水平的高低，很重要的一点就在于能否防患于未然，增强预见力。然而现实中，有的干部不重视工作的预见性，一味抱着"船到桥头自然直，车到山前必有路"的想法，靠拍脑袋临时起意，遇到紧急状况就惊慌失措、手忙脚乱，甚至做出错误的决策贻误工作；有的提前防范做得不充分，心存侥幸，任何预防措施只是做做样子，敷衍了事，应付工作，真正遇到急难险重的情况就暴露出本领不足、经验缺乏的问题，束手无策，后悔莫及。“平时不烧香，临时抱佛脚。”这些都是对工作极其不负责任的表现，随时会给工作埋下隐患，经不起风浪考验。领导干部想问题、办事情唯有增强前瞻性和预见性，未雨绸缪、精心规划，全面提升对各类风险的感知力、洞察力、预判力、把控力，防微虑远，遇到紧急状况时，才能对事情的进程和趋势了然于心，对可能发生的情况和面临的问题心中有数，确保各项事业在安全稳定的环境下推进。

图之于未萌，虑之于未有。习近平总书记强调，“凡事从最坏处准备，努力争取最好的结果，做到有备无患、遇事不慌，牢牢把握主动权”，“既要有防范风险的先手，也要有应对和化解风险挑战的高招；既要打好防范和抵御风险的有准备之战，也要打好化险为夷、转危为机的战略主动战”。有备无患的关键在于“备”，不仅要看到逆境下的“险”，还要警惕顺境中的“危”。领导干部要坚持底线思维，增强忧患意识，对党和人民事业始终保持思想上的清醒和政治上的敏锐，始终保持如临深渊、如履薄冰的警醒，绝不能盲目乐观、麻痹大意，消极懈怠、回避矛盾，切实增强工作的科学性、预见性、主动性。要提高防范和化解风险的能力，用好马克思主义唯物辩证法这个“放大镜”和“显微镜”，登高望远、见微知著，练就“草摇叶响知鹿过，松风一起知虎来”“一叶易色而知天下秋”的本领，尽可能把工作中各种可能的情况想全想透，把各项措施制定得周详完善，积极主动为党和人民事业御风险、迎挑战、攻难关、解难题。

五三、对惩罚的恐惧是避免错误的最好清醒剂

古人云："凡善怕者，必身有所正，言有所规，行有所止，偶有逾矩，亦不出大格。"这种"怕"，是对道德、法律等惩罚的敬畏。邓小平同志曾说，"共产党员谨小慎微不好，胆子太大了也不好，一怕党、二怕群众、三怕民主党派，总是好一些"。凡事因敬生畏，因畏致敬。领导干部用"怕"来约束自己，谨言慎行，就是要怀有敬畏之心，敬畏组织、敬畏人民、敬畏权力、敬畏法纪，一心为公、执政为民。

组织是最大的靠山。习近平总书记强调，领导干部"遇到问题要找组织、依靠组织，不得欺骗组织、对抗组织"。组织是核心、是基础、是最大的靠山，任何干部的成长进步都离不开组织的教育、培养、信任和关怀。没有组织，就没有干部的一切，任何干部在组织面前都是渺小的；没有组织，就没有施展才华的平台，纵有天大本事也毫无用武之地。离开组织这个靠山，个人进步就是无源之水、无本之木。身为新时代领导干部，必须时刻想到自己是组织的一员，时刻不忘自己应尽的义务和责任，任何时候都决不能无视组织、凌驾于组织之上。领导干部要敬畏组织，增强对组织的归属感，敬畏组织的教育和培养，敬畏组织的信任和监督，敬畏组织的纪律和规矩，自觉做到思想上认同组织、政治上依靠组织、工作上服从组织、

感情上信赖组织，把敬畏之心转化为兢兢业业、忠于职守、义无反顾的工作动力。

人民是永远的上级。古人云，“政之所兴在顺民心，政之所废在逆民心”。我们党来自人民、植根人民、服务人民。习近平总书记指出：“人民是历史的创造者，群众是真正的英雄。人民群众是我们的力量源泉。”一切为了人民，一切依靠人民是我们党不断夺取胜利的根本保证，是党从小到大、从弱变强、从革命党到执政党转变的决定性因素，离开了人民，我们党就会一事无成。人民是主人，领导干部永远是公仆，必须始终把人民作为上级，牢记手中的权力是人民赋予的，敬畏人民的历史主体地位，全心全意为人民服务，一切为了人民、一切依靠人民，毫不懈怠地运用权力去为人民谋利益，诚恳接受人民群众监督。

权力姓公不姓私。习近平总书记指出，要“以正确的权力观用权，把人民群众满意作为行使权力的根本标准，常怀敬畏之心、戒惧之意，自觉接受监督”。腐败总是发生在掌权者失去敬畏之心的地方。没有敬畏，权力就会不受约束，就会出现专权、滥权、弄权。领导干部手握人民赋予的公权，要敬畏权力，严修身、严用权、严律己，谋事实、创业实、做人实，真正做到公正用权、依法用权、为民用权、廉洁用权，永葆共产党人拒腐蚀、永不沾的政治本色。

法纪面前没有特权。马克思曾说，“我们现在必须绝对保持党的纪律，否则将一事无成”。法律面前人人平等，纪律面前没有特权，遵纪守法是领导干部从政的底线，也是安身立命的最基本要求、最基本职责和最基本素养。习近平总书记指出，“领导干部要把对法治的尊崇、对法律的敬畏转化成思维方式和行为方式，做到在法治之下、而不是法治之外、更不是法治之上想问题、作决策、办事情。党纪国法不能变成‘橡皮筋’、‘稻草人’，违纪违法都要受到追究”。领导干部要敬畏法纪，追求理想信念高线，不碰党纪红线，不踩法律底线，自觉用党章和党规党纪约束自己的言行，严格按党的纪律规矩办事，任何时候都不搞特权。

五四、灵魂赋予尊严，血性赢得光荣

灵魂与血性永远是军人的脊梁、胜利的刀锋。不仅军人要有灵魂和血性，每个人也都应有灵魂有血性。只有拒绝那种无尊严的保命哲学，永远保持对正义的追求、对平等的向往、对除恶的担当，才能从精神上真正站立起来。领导干部必须是有灵魂、有血性的人。

灵魂需要信仰，有信仰才有尊严。塞缪尔曾说：“信仰是个人奋斗的精神标本，高贵情操的良知堡垒。”高尔基曾说：“智慧是做事用的，对于灵魂说来，靠的是信仰！”信仰是一种内在的精神指引，是铸就个体灵魂的“冶炼厂”。信仰也是灵魂的抗菌剂，没有信仰，灵魂会在欲望中堕落。人树立了崇高信仰，灵魂就有了归宿，人生就有了追求，生命就充满了力量，就能为着信仰矢志奋斗，无论成败都能赢得别人尊重，生命就有了尊严；而没有信仰的生命是没有目标的，没有意义的。共产党既是一个组织体系，又是一种信仰体系。中国共产党是靠马克思主义这一共同信仰凝聚起来的政治组织，是信仰铸就了共产党人的钢筋铁骨。领导干部必须始终坚守马克思主义信仰不动摇，坚守共产党人的精神家园，切实解决好世界观、人生观、价值观问题，筑牢坚守信仰的铜墙铁壁，练就共产党人的钢筋铁骨，矢志不渝为党和人民事业而奋斗。

血性在战斗中淬炼，敢于斗争才能赢得光荣。古人云，“求将之道，在有良心，有血性，有勇气，有智略”。有血性的人能为人格的不污、人民的幸福、国家的独立、民族的解放而奋勇斗争。只有每个人都有血性、有担当，才会使整个民族的精神内核蓄满能量，才会让中华民族永远强盛不衰。作为共产党人，无数革命先辈用生命和鲜血告诉我们，血性是“只要红军胜利，区区一个朱德又何惜”的视死如归，是抗美援朝志愿军“雄赳赳气昂昂，跨过鸭绿江”的大义凛然，是冷云等八名东北抗日联军女战士弹尽粮绝毅然投江的不屈不挠，是一代又一代的共产党人“逢山开路、遇水架桥、杀出一条血路来”的敢于亮剑……血性赢得了荣光，血性换来了和平。习近平总书记指出：“血性就是战斗精神，核心是一不怕苦，二不怕死的精神。”作为一名领导干部，要自觉弘扬战斗精神，增强斗争意志，提升斗争本领，始终做到面对大是大非敢于亮剑，面对矛盾敢于迎难而上，面对危机敢于挺身而出，面对失误敢于承担责任，面对歪风邪气敢于坚决斗争，在新时代的长征路上披荆斩棘、砥砺前行。

五五、自信，才不会迷信

心理学中有一种罗森塔尔效应，也叫期望效应，主要是说一个人若相信自己，不断暗示自己能成功，提高对自己的要求，那其成功的可能性会变得非常大。看似不可能的事情，不见得真的不可能，关键在于你是否有自信去做。毛泽东同志有句名言："自信人生二百年，会当水击三千里。"展现了强大自信带来的无比豪迈。领导干部无论什么时候、无论面对什么样的境遇，都应有这样的自信。

自信者不迷信，迷信者不自信。迷信源于自己的不自信。正因为没有自信，他们做人做事没有主见、没有立场，遭遇问题、困难、挫折时不相信自己，而是迷信经验、迷信权威、迷信"大众"，甚至迷信鬼神，人云亦云，偏听偏信，随波逐流。自信，既是精神动力，也是能力体现。当前，随着科技日新月异、经济快速发展，有的人不注重学习提高，素质能力渐渐不适应时代发展，遇事难以做出正确的判断和选择，做人做事总是抱着"宁可信其有不可信其无"的心态，模棱两可、似是而非，战战兢兢、左右摇摆，最后陷入恶性循环，变得更加"迷信"，而不是靠自己去改变、去进步。做人做事首先就应建立自信，并不断学习、勤于思考，不断自我完善、自我提高，这样才能紧紧把握住自己的命运。

人之所以能，是相信能。萧伯纳说："有信心的人，可以化渺小为伟大，化平庸为神奇。”自信是对自己的无比信任，是成功的必要条件。自信的人，无论做什么事都是信心满满、意气风发、果断刚毅，能够激发出强大心理动力，不会被问题、困难、危险所阻碍吓倒，所有的不利条件都将成为促使其不断上升的台阶，变不可能为可能，化困境为机遇，做出意想不到的成绩。而缺乏自信的人，再好的机遇摆在面前，也会在“我怕”“我不行”“我不适合”等怀疑和顾虑中丧失。世上许多事不是能不能而是敢不敢。正如拿破仑所言，“自信就是‘不可能’这毒素的解药”。作为领导干部，应该有“人所能负的责任，我必能负；人所不能负的责任，我亦能负”的自信心，“如此，你才能磨炼自己，求得更多的知识，进入更高的境界”，才能直面矛盾、抢抓机遇，为官有为、干出实绩。

自信过度就是自负。自信是人生的精神脊梁，是立世的基础、做事的动力、成事的保证。只有自信的人才能够对别人具有最大的信任。但自信要适度，否则就成了自负。真理往前跨一步便是谬误。有的干部取得了一点成功，掌握了一点权力，便自以为了不起，骄傲自满，自高自大，恃才傲物，目空一切。过度自信的结果最终只能导致自我的失败，走向歧途。领导干部要有自信，自觉增强“四个自信”，坚定不移走好中国特色社会主义道路，不忘初心、牢记使命，为党和人民事业不懈奋斗；自觉增强人生自信，对未来充满希望，加强学习、加强历练，鼓足干劲、力争上游，让自己在前进的道路上充满无限力量。要自信而不自负，审时度势，科学地分析自己，既不过高地看待自己的长处和成绩，也不贬低自己的能力，胜不骄、败不馁，信心满满地走好从政每一步。

五六、强求完美是自卑与不自信的怪胎

心理学研究发现，自卑感强的人一般有以下几种性格：小心、内向、孤独、偏见和完美主义。自卑的人一般知道自己的不足，但不愿承认，想通过追求完美主义予以弥补，往往喜欢吹毛求疵、求全责备、苛求于人，没有包容之心。反之，自信的人往往对美好的事物有着孜孜不倦的追求，但绝不会强求，具备包容万物的心胸。领导干部要增强信心，修炼强大内心，学会包容欠缺，接纳不完美。

金无足赤，人无完人。俄国著名哲学家车尔尼雪夫斯基说：“既然太阳上也有黑点，人世间的事情就更不可能没有缺陷。”在这个世界上，从来没有十全十美的东西，缺憾总是在所难免。正如苏轼在《水调歌头》里写的，“人有悲欢离合，月有阴晴圆缺，此事古难全”。“此事古难全”中就蕴含着一种“缺憾性”的哲学思想，启发人们正确认识和对待工作、生活中的缺憾性，使人有希望、有追求、有动力、有方向。有人说，“太完美了不是人生”。其实缺憾本身就是构成完美的一部分，一个人如果看不到缺憾，那么他也就无法领悟到弥补缺憾的快乐。艺术创作中有一种常用的手法叫作“留白”，为使整个作品画面、章法更为协调精美而有意留下相应的空白，留有想象的空间，反而取得了“以无胜有”的效果，具有很高的审美价值。同样，人生也要有一点“留白”，才会更加精彩。

没有十全十美的完美。一位哲人曾说，包容并不是姑息错误和不足，而是一种自信和勇敢。任何事物均有其不完美之处，每个人都有其不足的地方。人们可以通过自己的努力，尽可能地把事情办得更完备、更完善、更完美，却绝不可能达到百分之百的完备、完善、完美。这不仅因为人类对客观事物的认识和把握能力都受客观条件的制约，还因为所有事物都有它的两面性。作为领导干部，要面对纷繁复杂的外部环境，要处理大大小小的事务，要与形形色色的人群打交道，凡事想做到极致、面面俱到是可以理解的，但事情不一定总会按照自己设想的方向发展，工作也不会一帆风顺，应当客观地对待人生、对待别人、对待正在从事的工作，本着“不求绝对完美，但求尽力而为”的思想去对待自己的工作。不要对自己和他人他事太苛刻，要有一颗强大的包容之心，能够容人、容事、容言。过度的“挑刺”“挑骨头”，反而暴露出的是一种畏惧和担忧，是缺乏信心、底气、勇气的表现，往往会失去很多原本可以把握的机会。

臻于至善，追求卓越。《菜根谭》有言：“君子宁居无不居有，宁处缺不处完。”曾国藩深知“日中则昃，月盈则亏”的道理，他最崇尚的一句话就是“花未全开月未圆”，并给自己的书斋起名“求阙斋”。他解释道：“求阙于他事，而求全于堂上也。”“花未全开”“月未圆”都是一种不完满的状态，表明仍有上升的空间和趋势，激发人向上向善。事物总是在劣势中包含着优势，在危机中隐藏着机遇，在成绩中存在着不足，在差距中蕴含着潜力。领导干部要正确认识自我，摆正自己的位置，学会接受现实，接受自己的不完美，客观冷静地分析他人之长，明辨己身之短，学会扬长避短、取长补短，从而获得心神愉悦的成就感和满足感。要不断追求卓越，始终保持“山高人为峰”的昂扬斗志和“不择细流”“不拒细壤”的务实态度，不断提高对自己的标准和要求，坚持自我完善、自我提高，在不懈的努力中遇见更好的自己。

五七、突破心理障碍，才能超越自己

心理障碍是指由于生理、心理或社会原因而导致的心理异常或行为异常，一般特征为精神压抑痛苦、社会功能下降，易患精神类疾病。当前社会竞争激烈，若想赢得竞争，不被他人超越，就必须先超越自己，突破各方面的成长障碍。人最难战胜的是自己的内心。实现自我超越，仅仅提升自身能力还远远不够。试想，若一个人惧怕困难和挑战，被心中的“鸿沟”阻挡了前进的道路，即使拥有再出众的能力，也只是水中月、镜中花。畏惧挑战比挑战本身更可怕。想要实现对自己的全面超越，必须克服畏惧心理，勇于突破心理障碍，才能自如应对各种压力挑战的严峻考验，有效化解尖锐矛盾和棘手问题，从容驾驭复杂多变的工作局面。

没有过不去的坎，只有过不去的心。前进的道路上总是布满了荆棘和坎坷，但难以逾越的往往不是坎坷而是人的内心，只有心中的懦弱才会使人丧失战胜困难的勇气。“人人自有定盘针，万化根源总在心。”纵观古今，凡是有一定成就的人，都具备勇往直前、无所畏惧的决心和毅力。司马迁在经历重大挫折后，努力克服身心痛苦，忍辱负重、专注写作，最终著成“史家之绝唱”；邓小平同志一生跌宕起伏，在每次被“打倒”后，都能豁达乐观、沉着坚韧，对未来充满希望，终能擘画出“改革开放的壮丽蓝图”。在新的时代环境下，领导干部需要比常人承受更大的工作、社会、生活压力，内心过于脆弱不仅会损害身心健康，还会影响家庭幸福，甚至耽误党的事业。必须加强内心修炼，始终秉持积极向上、乐观从容的心态，面对挫折压力能够泰然处之，才能不惑于心、不困于情、不乱于行，在推进伟大事业中完成自我超越，实现人生价值。

练就强大内心，方能成就卓越。内心强大，是人的一种心理素质，也是一种胸怀和潜力。一个内心强大的人，无论面对多少挫折和困难，都能始终自信乐观、心静如水、意志如磐、目标如一、步履坚定，轻松突破一个个心理障碍，完成对自我的不断超越，最终成就卓越的人生。要保持一种得之泰然、失之淡然，不以物喜、不以己悲的心态，从容不迫、敢作敢为，激情满怀、奋勇当先，面对困难挺得住，面对挫折不气馁，学会抗压、减压、释压，始终向前向上向善。要锻造成熟的心理素质，涵养内心力量，面对繁重工作、突发事件时，要处变不惊、镇定冷静，做到“任凭风吹浪打，我自岿然不动”。要正确对待个人进退留转，不计较一时得失、一事成败、一职高低，不管世事如何变化，始终坚守做人的操守和从政的道德，真正做到“内安于心，外安于目”，永不苟且。

五八、健康也是竞争力

竞争力是人与人之间在竞争时所展现的综合能力。竞争力强的人在某些方面具备过人的能力，可即便能力再强，若身体不健康，总是病恹恹的，也难以施展“功力”，难以将正确的思想、科学的思维、雄伟的计划付诸实践。因此，健康的身体才是一切能力的基础，也是竞争力。个人如此，国家亦如此。面对席卷全球的新冠肺炎疫情，我们党把人民群众的生命安全和身体健康放在第一位，坚决遏制疫情扩散蔓延，疫情后经济恢复迅速，国家竞争力依旧强劲。小到家庭和个人，大到国家和民族，只有真正重视健康、拥有健康，才有资本去实现理想抱负，创造无限可能。

健康是第一，更是唯一。古希腊著名哲学家赫拉克利特说：“如果没有健康，智慧就无法表露，文化就无法施展，力量就无法战斗，知识就无法利用。”对于任何人而言，健康是“1”，财富、智慧、事业是跟在后面的“0”，有了健康，后面的“0”才有意义。但往往人们却本末倒置，把财富、地位、名声放在人生的第一位，透支健康去换取所谓“光鲜亮丽的生活”，这样做无异于杀鸡取卵、竭泽而渔，把“1”搞垮，其他的“0”也就没有意义了。身体健康是人生中最珍贵的财富，只有拥有健康才会有幸福人生、美满家庭，也才能投身伟大事业，必须时时刻刻倍加珍惜。

没有健康，就没有一切。习近平总书记指出，健康是促进人的全面发展的必然要求，是经济社会发展的基础条件，是民族昌盛和国家富强的重要标志，也是广大人民群众的共同追求。没有全民的健康，也就没有全民的小康。身体是革命的本钱。领导干部承担着事业、社会和家庭的多重责任，没有健康，一切都无从谈起。要提高健康意识，保持良好的生活习惯，调整作息，早睡早起，合理搭配饮食，灵活安排自己的休息时间。要选择科学的锻炼方法，坚持“因人而异、适时适度”的原则，通过张弛有度、酣畅淋漓的运动，舒缓工作压力，练就强健体魄，提高身体免疫力。身体有疾病切莫不管不顾、讳疾忌医，也要及时向组织报告。

既要身体健康，也要心理健康。传统意义上的健康一般为身体健康，心理健康问题则容易被忽视。当前一些干部因为心理负担过重而出现了焦虑、抑郁、攀比、浮躁、狭隘、贪恋等问题，甚至精神严重崩溃，出现自杀倾向。因此，“健身”和“健心”不可偏废，必须两手抓两手硬。要学会自我调适，时常给自己的内心“把脉”，正确面对工作、生活、人际关系等多方面的压力，及时清扫情绪垃圾，时刻呈现出最好的精神状态。要努力提升人生的格局境界，力戒名利上的攀比之心，摒弃私心杂念，根除“红眼病”和“妒忌症”，保持知足达观、豁达大度的心态，才能活得踏踏实实，活得快快乐乐。

五九、没有输过的人，赢不久

人生之路漫长，但机会稍纵即逝。人人都想把握机会，铆足全力去争取每一次胜利，“想赢怕输”无可厚非，但若钻入“只能赢不能输”的牛角尖中走不出来，则会导致心态失衡，以至于做人做事不择手段、不留余地。俗话说，没输过的人，常常会输得一塌糊涂；没摔过跤的人，跌倒了往往爬不起来。若一个人从未输过，总是一帆风顺、一路高歌，就容易麻痹大意，被胜利冲昏了头脑；或产生“越赢越怕输”的心理，在接下来的行动中小心翼翼、缩手缩脚，并且由于缺乏输的教训作为经验补充，种种原因都将导致失败接踵而至。失败乃成功之母，输是赢的开始。只要做到凡事尽力、问心无愧，就不必畏惧任何失败，在失败的基础上从容地追求成功，才能走得更远、赢得更久。

有输有赢，人之常情。输和赢在唯物辩证法中呈对立统一的关系，互相矛盾却又相互依存。人生如棋局，只要有赢的一方，就必然有输的一方。但人们却常说，失败不值一提，只有成功才有价值和意义，殊不知，胜败乃兵家常事。纵观古今中外，没有永远的赢，也没有无限的输。成吉思汗、拿破仑、李自成等被世人谓为“常胜将军”，却难以避免失败；诺贝尔、爱迪生等虽经历过重重失败，最终也能到达成功的彼岸。人生输赢平常事。只有树立正确的成败观，着眼于全局理性看待输赢，才能在成功中进步，在失败中成长。

如果输不起，一定赢不了。输能给赢提供“养分”，成功所需要的经验、毅力、勇气、智慧等关键因素，都需要在失败中获得。对领导干部而言，有好胜心是推动党的事业、提升个人能力的必要条件，但干事创业本就是“摸着石头过河”，有不少激流险湾、暗礁险滩，先行先试必然会经历失败，如果输不起，经受不住失败的打击，从而意志消沉、自我放弃，又如何能带领广大干部群众在深水区奋楫？输得了一时，才赢得了万世。输得起的人，才能在失败来临时不慌不乱、沉着应对、知耻后勇，及时汲取经验教训，使自己少走弯路、避免挫折，努力将失败转化为成功的起点。

败而不怨，胜而不骄。若想赢得长久，无论先前经历了输还是赢，及时调整心态最重要，唯有保持胜不骄败不馁，方能真正立于不败之地。要用发展的眼光看待一时的输，具备坦然接受挫折失败的勇气、宠辱不惊的心态和不畏困难愈挫愈勇的胆识，逢山开路、遇河架桥，以不达目的决不罢休的精神勇往直前。胜利固然令人欢欣鼓舞，但被胜利蒙蔽了双眼，被骄傲自满的情绪所控制，就只能走向失败的深渊。要将胜利留在昨天，以如履薄冰的心态面对未来，战战兢兢、如临深渊地对待职务和权力，牢记“九牛一毫莫自夸，骄傲自满必翻车”，在成功面前要做到不骄不躁、慎独慎行，细思想、勤琢磨、深耕作，为夺取新的胜利做足准备。

六〇、自卑的人，往往也很自负

自卑是一个人在和他人比较时，由于低估自己而产生的悲伤、失落等负面情绪和心理状态。自负则与之相反，自负之人常常高估自己，骄傲自大、自以为是。每个人都有或多或少的自卑感，适当的自卑感可以促使人产生改变现状的动力，但一个人若过于自卑，内心的自我保护机制就开始发挥作用，为隐藏内心深处的自卑与不安，反过来吹嘘夸耀自己的优点，甚至一味贬低他人，从而给人以无比自负的感觉。心态影响认知，认知决定行为。领导干部责任重大，心态不良易导致决策偏航，必须坚决摒弃自卑和自负，以积极健康的心态推动工作、指导实践，才能在从政路上行稳致远。

人最重要的就是正确认识自己。自卑与自负看似是两种截然不同的心理状态，但究其根源，都是由于自我认知偏差所造成的。人贵有自知之明，正确的自我认知对人格的形成、发展、改进起着积极作用。要能看清自己，既不妄自菲薄，也不妄自尊大，对自己的能力、水平、特长必须有清晰的了解和定位。要经常反躬自省，不断反思自己的思想状况、言行举止，省察自己的情、欲、念等，从而正视自我、发挥优势、弥补劣势。

不要自卑，要自谦。人人都有自己的闪光点，都有自己独特的一面，不能总是盯着自己的缺点，陷入自卑情绪中无法自拔，长他人志气灭自己威风。当发现其他人比你强时，与其黯然神伤、灰心丧气、自暴自弃，不如谦虚谨慎、正视差距、奋起直追。要谦逊做事、低调为人，“三人行必有我师焉”，学会向能者求教，向智者取经，以谦恭的姿态拜师学艺，以虚怀若谷、海纳百川的气度和雅量接纳新事物、新知识，不断补齐短板、完善自我。

不要自负，要自信。作家爱默生曾说：“自信是英雄的本质，自负是愚人的特征。”信心比黄金更重要。自信是一种健康的心理状态，有自信的人能战胜自我、消除自卑、摆脱烦恼，但若过度自信、盲目自信，则会掉入自负的陷阱，走入愚昧的境地。要戒骄戒躁不自负，在取得成绩时，多想自己的问题和不足，多一些谦虚少一点骄横，多一些潜心实干少一点急功近利，牢记“人外有人，天外有天”，时刻保持“空杯心态”。要从容不迫永自信，学会修炼“自信心”，善于欣赏自己，自我暗示、自我激励，不断增强自信“资本”，在理论学习中长智慧，在实践锻炼中长才干，当集学识、见识和胆识于一身时，自信也就不请自来了。

第二辑　做事篇

六一、身在万物中，心在万物上

习近平总书记指出，“‘本’在人心，内心净化、志向高远便力量无穷”。人活在物质世界之中，也活在精神世界之中，既有物质需要也有精神需要，物质和精神对每个人都不可或缺。物质是基础，只有物质得到保障，人才有建设自己精神家园的基础；精神是灵魂，没有精神即使物质再富有，生活都会缺少幸福的色彩。物质是可灭的，精神却是永恒的。

心为物役，道所不载。人活着，总是要有点精神的。人超越动物的地方在于除了肉体存在还有一个心灵的世界。一个人要生存和生活，追求基本的物质需要是自然的、正常的、必需的；但是，如果对物质利益的追求变成了唯一的动力，把追求物质生活特别是肉体生活的享受当成了唯一目标，就会使人失去精神、丧失灵魂，失去生活的乐趣和做人的价值及意义。只有致力于高雅、高尚、摆脱物欲的精神追求，才能获得更深刻的人生体验，展示人生价值，显示出人的尊严和高贵。周恩来同志曾说：“生活关分两种：物质生活和精神生活。物质生活方面，我们领导干部应该知足常乐，要觉得自己的物质待遇够了，甚至于过了，觉得少一点好，人家分给我们的多了就应该居之不安……精神生活方面，我们应该把整个身心放在共产主义事业上，以人民的疾苦为忧，以世界的前途为念。这样，我们的政治责任感就会加强，精神境界就会高尚。”有精神追求的人才是最幸福的人。领导干部为官从政，在物质方面要懂知止，始终保持高尚的精神追求，时刻谨记生命之舟承载不了太多的奢欲，千万不要让外物奴役了自己的心灵。

不忘初心，敬终如始。“天下之难持者莫如心，天下之易染者莫如欲。”心有所向，身必有所行；心有所守，行必为示范。初心是激励一代代中国共产党人前赴后继、英勇奋斗的精神动力。对于领导干部来说，要使自己的内心不为物役、永不蒙尘，就必须始终坚定理想信念宗旨，坚定对初心的执着追求，坚守共产党人的崇高精神家园。不能胜寸心，安能胜苍穹。习近平总书记指出：“一个人也好，一个政党也好，最难得的就是历经沧桑而初心不改、饱经风霜而本色依旧”，“初心不会自然保质保鲜，稍不注意就可能蒙尘褪色，久不滋养就会干涸枯萎，很容易走着走着就忘记了为什么要出发、要到哪里去，很容易走散了、走丢了”。领导干部一定要以党的创新理论滋养初心、引领使命，从党的非凡历史中找寻初心、激励使命，在严肃党内政治生活中锤炼初心、体悟使命，经常进行思想政治体检，同党中央要求“对标”，拿党章党规“扫描”，用人民群众新期待“透视”，同先辈先烈、先进典型“对照”，不断叩问初心、守护初心，不断建设精神家园，“心不动于微利之诱，目不眩于五色之惑”，做到身处万物而不被物役、心有所往而初心不改，永远忠诚于党、忠诚于党的信仰、忠诚于党的宗旨、忠诚于党的事业。

六二、不应做的事不做，做也做不成的事不做

每个人工作生活中，每天都会遇到纷繁复杂的事情，而有些事情是违反客观规律、脱离实际的，注定徒劳无功，甚至还会酿成灾难；有些事情是违背原则、违背道义、违背良知的，做了就要出问题。领导干部做事一定要认真把事情分清楚，有所为有所不为。

凡事皆有规矩，做事当有理性。“智者不为非其事，廉者不求非其有。”知道自己该做什么、不能做什么，该追求什么、应舍去什么，并认认真真地践行，既是一种做人的自知自律、做事的底线要求，更是一种智慧和境界。凡事有方寸，事事有规矩。我们生活的世界，约束无处不在、无时不有。任何一件事情都有目标、方向、标准、原则和要求等的约束限制，超过了这个范围就是不该做之事。只有自觉以这些约束和限制为准绳，做该做之事，才能行事有度、事有所成，如果行为越过了界限，就要误事、坏事、毁事，必将受到严惩。古人说：“畏则不敢肆而德以成，无畏则从其所欲而及于祸。”领导干部做事，一定要心存敬畏、遵规守矩，分清哪些是责任使然、当仁不让、理所应当，哪些是“老虎尾巴”坚决不能摸，切实把该做之事做好、应尽职责尽到位。

强扭的瓜不甜，强求的事难成。俗话说，有多大脚穿多大鞋，有多大锅下多少米。做任何事情，只有坚持一切从实际出发，实事求是，想问题作决策定措施才能始终符合客观规律、符合群众期待、

符合组织要求，也才能真正做出实效、创出实绩。凡事过于强求，即使出发点再好，也会由于条件不具备而难以做成，不仅于人于己都累，还会损伤自信心。如果本来出发点就不对，那就可能带来灾祸了。古人说，“逆天而行，乃自取败亡也”。违背规律做事，好高骛远做事，背离群众做事，等等，注定做了也做不成，白费人力物力财力不说，还要损害党和政府公信力，贻误党和人民事业。领导干部干事创业必须始终头脑清醒，切忌头脑发热。

按本色做人，按角色做事。习近平总书记强调，干部要“按本色做人、按角色办事”。做人坚持应有的本色，人则真诚可爱；做事找准自己的角色，事则圆满漂亮，这是为人处事的基本要求。唱京剧，生旦净末丑齐心发力，各自扮演好自己的角色，才能唱出一台好戏。同样，领导干部干事创业，也必须坚持本色，找准角色。要始终坚守本色，时刻以共产党人的标准严格要求自己，严格遵守党章党纪党规和国家法律，自觉按党性原则办事，切实做到党中央提倡的坚决响应、党中央决定的坚决照办、党中央禁止的坚决不做。要按角色办事，无论在什么岗位、担任什么职务，都要弄明白自己该干什么、不该干什么，切实做到在位不缺位、到位不越位、尽责不越权，不多事、不误事、不坏事。

六三、做正确的事，正确做事，恰到好处

做任何事情，都要讲究方式方法。方向正确是前提，方法正确

是路径，把握火候是关键。方向正确就不会南辕北辙，方法对就不会事与愿违，火候准就不会“过”与“不及”。领导干部干事创业，只有掌握了正确的方向，选择好正确的方法，把握好力度，才能真正做出实效、干出实绩。

做事不由东，累死也无功。一位哲人说过，“有目标的人在奔跑，没目标的人在流浪，因为不知道要走到哪里”。方向引领行动。任何时候，找准目标、标定方向都是做好事情的第一步。就如划船，只有校准航向后再行船，才有可能到达成功的彼岸。如果一开始方向就错了，就会与“彼岸”渐行渐远甚至背道而驰，迷失在茫茫大海里。俗话说：“方向不对，努力白费。”干事创业路上经常有岔路、弯道、沟堑和险阻，如果看不清是非、分不清对错、辨不明正道和歧途，必然要偏了方向，轻则走了弯路、冤枉路，重则就要跌倒摔跤甚至坠崖遇险。方向涉及根本、关系全局、决定长远。领导干部做事情，要善于从纷繁复杂的现象中洞察事物发展趋势，从而作出正确的判断、找准正确之事、确定正确方向，切实增强工作的前瞻性、预见性、主动性。

方向正确后，方法便为王。毛泽东同志曾把完成任务比作是“过河”，把方法比作是“桥”和“船”，不解决“桥”或“船”的问题，“过河”就是一句空话。正确的方向必须要有正确的方法来保证，科学的思想方法和工作方法是提高工作质量、实现工作目标的重要工具和手段。方法得当事半功倍，方法失当事倍功半。做事情特别是做领导工作，只有熟练掌握马克思主义的科学世界观和方法论，善于运用马克思主义的立场观点方法来认识问题、分析问题、解决问题，才能抓住重点、抓住关键，才能统筹兼顾、灵活施策，及时发现和纠正思想认识上的偏差、决策中的失误、工作中的不足，真正使工作更加符合客观规律、符合时代要求、符合人民愿望，避免陷入“能力不强被急死，办法不多被愁死，水平不高被骂死”的尴尬境地。

工作要适度，切不可失度。德国古典哲学家黑格尔曾说：“凡一切人世间的事物，财富、荣誉、权力，甚至快乐和痛苦都有其确定的尺度，超过了这个尺度，就会招致毁灭。”干工作同样要注意分寸、掌握火候、把握好“度”，这是重要的工作原则和领导艺术。人们经常说：“物极必反，过犹不及。”任何事情即使方向、方法都正确，还要注重把握好工作进程中的“度”，只有这样，才能做到恰如其分、恰到好处。即使方向定得准、方法用得对，如果“度”没有掌握好，也不能达到理想的效果。领导干部干事创业，要注重把握好稳和进、立和破、虚和实、标和本、近和远等的“度”，做任何工作既不能操之过急，也不能无动于衷；既能举重若轻，也能举轻若重；既能狠抓重点，也能兼顾一般，切实使工作游刃有余、准确到位。

六四、生命有保存期限，想做的事该趁早去做

所有的商品都有保存期，保存期就是有效期。人的生命也如商品的保存期限一样是有限的，而人生最大遗憾，莫过于走近生命终

点时，想做的事情没有做或者没有做完。人生如此，为官从政亦然。领导干部为政在岗、为党工作的时间更是有限的，只有只争朝夕、不负韶华，抓紧做事、造福百姓，才不会“白了头，空悲切”。

白日何短短，百年苦易满。明代诗人钱福的《明日歌》说，“明日复明日，明日何其多。我生待明日，万事成蹉跎。世人若被明日累，春去秋来老将至”。深刻启示人们，生命短暂，应倍加珍惜，切莫蹉跎。世界上没有“万岁”，须臾之间就是白首之年。生命是唯一的也是短暂的，每个人的生命都只有区区数十载，就算长寿也不过百年。即使按一百年计算，少年阶段在成长，老年阶段在养老，青壮年阶段可以工作还有一半时间在吃饭睡觉，真正用来学习和工作的时间就更少了。如果不抓紧工作、不抓紧做事、不造福社会，而是让生命白白流逝，这样的人生就毫无价值、毫无意义，自己也必将因虚度年华而悔恨，因碌碌无为而羞耻。领导干部的生命，不仅属于个人，更属于组织、属于群众，不仅承载着个人价值，更承载着群众期盼，更应该珍惜生命，努力为党工作。

早起的鸟儿，才有虫吃。珍惜生命，就要万事赶早。老人言：“凡事赶早不赶晚。”立志要赶早、求学要赶早、自立要赶早，做什么事情都应赶早。做事情赶了早，往往就能抢占先机、抓住机遇、拔得头筹，而如果赶了晚，就只能“吃别人的剩饭”，趋于被动、随波逐流。而且，赶了早，即使走错了路也还有机会掉头，哪怕跌了跤也还有力量站起来，万事都会有更多的选择和机会。自有天下事，及时则必成。领导干部要多为党和人民立新功、创新业，更好更多地实现人生价值，就要增强“赶”的意识，克服“拖”的思想，想做的事情、应做的事情、能做的事情就当趁早做、抓紧做。正所谓：“一万年太久，只争朝夕。”当然，“趁早”也要坚持一切从实际出发，绝不能急功近利、拔苗助长。

人无法改变生命的长度，却能拓展生命的厚度。列夫·托尔斯泰说：“人生的价值，并不用时间，而是用深度去衡量。”雷锋同志说：“人的生命是有限的，可是为人民服务是无限的，我要把有限的生命投入到无限的为人民服务之中去。”领导干部的第一身份是党员，在入党的第一天就宣誓要“为共产主义奋斗终身，随时准备为党和人民牺牲一切”。习近平总书记指出：“一个领导干部，在位的时间是有限的，在一个地方工作的时间更有限。我们每一个领导干部都要以‘只争朝夕’的精神，倍加珍惜在位的时间，充分利用这有限的时间，多为群众办实事、办好事。”身在领导岗位，就应当珍惜为党工作、为人民奉献的机会，趁早做事、抓紧做事，努力为党和人民事业添砖加瓦；就应当“为共产主义奋斗终身”，为人民服务一生，真正把有限的生命投入到无限的为人民服务中去，让自己的短暂人生过得充实而饱满、富有价值和意义。

六五、选择之前不犹豫，选择之后不后悔

《左传》有云：“弈者举棋不定，不胜其耦。”意指下棋的人如果拿着棋子主意不定，就不可能战胜对方。做任何事情，都要能拿定

主意，只有主意定了，才能坚定目标、瞄准方向、下定决心，而后才可能把事做好做成。如果遇事就心慌，拿不定主意，前怕狼后怕虎，必定会思想分散、顾此失彼，就难以集中精力，必然错失良机、贻误事业。要拿得定主意，就必须具备善于决断的能力、敢打胜仗的信心和坚毅执着的定力。

当断不断，反受其乱。法国哲学家布利丹讲过一个寓言：一头饥饿至极的毛驴站在两捆完全相同的草料中间，可是它却始终犹豫不决，不知道应该先吃哪一捆才好，结果活活被饿死，这就是管理学上著名的“布利丹效应”。干事创业经常面临着选择，战略上是进是退、目标上是上是下、措施上是左是右常常就在一念之间，而这一念之间往往就决定了事情是对是错、是好是坏、是成是败。选择太重要，也正因为其重要，选择之前就会经常出现举棋不定、难以抉择的情况，这也是人之常情，关键是要能迅速审时度势、作出调整，快速决断、利落行动，不能为各种矛盾现象所困、被事物牵着鼻子走，陷入“布利丹效应”。特别是作为领导者，面对各种隐患矛盾、复杂问题时，更要具备在充分听取各方意见的基础上，善于决断、当机立断、敢于拍板的能力和魄力。

频频回头的人，走不了远路。对作出的决策，要保持自信。做任何事都是要有点自信的，只有首先有了坚定的信心，才会有积极的心态、昂扬的状态和充沛的动力，才不会畏首畏尾、顾虑彷徨。如果自己心里都没有底气，自己都不相信自己，遇到情况必定惊慌失措，即使定了主意也会打退堂鼓，不出问题就不错了，还谈什么做成事。萧伯纳说：“有信心的人，可以化渺小为伟大，化平庸为神奇。”信心比黄金更重要。特别对领导者而言，信心还是一种无声的引领，领导干部有信心，干部群众就能信心百倍，就能更好地凝聚意志、汇聚力量，从而更好地推动工作开展。领导干部干事创业，作出了选择，定下了决策，就要增强信心，遇到任何难题都以一种“只要精神不滑坡，方法总比困难多”的心态去积极面对，坚信“有志者事竟成”。

自信尤重要，定力不可少。把事情做好还要有定见、有定力。凡事一旦主意定了，只有始终保持坚定定力，瞄准目标、全力以赴、一以贯之、一抓到底，才能夺取最终胜利。俗话说，点子出“花”，必遭实祸；朝令夕改，一事无成。如果听到一点议论就怀疑顾虑，遇到一点问题就反复折腾，遭到一点挫折就全盘否定，面临一点风险就改了主意，那注定什么事情都干不了、干不长、干不成。领导干部干事创业，对看准了的事要坚定执着、敢于坚持，面对复杂矛盾、困难问题能够迎难而上，经历挫折、遭遇坎坷时能够百折不挠，承受压力时能够咬紧牙关，而不能被外界因素迷惑轻易否定初衷。当然，定力不是定势，执着不是固执，这样才能确保事业更好地向着正确方向前进。

六六、做人要惜时，做事要守时

时间是构成生命材料、干事创业的稀缺资源，无处不在却又无影无踪，无法蓄积，无法取代，更无法失而复得。一寸光阴一寸金，寸金难买寸光阴。时间的节约是世上最大的节约。时间太过宝贵，领导干部做人做事都必须有时间观念，自觉珍惜时间、遵守时间。

不教一日闲过。一切梦想的花开，都离不开时间的浇灌；一切事业的结果，都离不开时间的孕育；一切人生的成长，都离不开时间的滋养。对于医生，时间就是生命；对于商人，时间就是金钱；对于学者，时间就是知识；对于干部来说，时间就是人民幸福。时间是公平的、唯一的。每个人的一天都是 24 小时，一小时都是 60 分钟，完全均等，不会多也不会少。时间又是最偏私的。同样的时间，掌握在不同人的手里，能做多少事、作出多大贡献却大不相同。鲁迅先生曾说："时间，每天得到的都是二十四小时，可是一天的时间给勤勉的人带来智慧和力量，给懒散的人只能留下一片悔恨。"如果把人的一生抑或干事创业的过程看成是一场电影，那么这场电影每刻都在现场直播，每秒都在滚动播放，既没有暂停键，更没有后退键，不能把"每一帧"的时间用好，剧情就是一片空白。每一个人都应拧紧时间"水龙头"，充分用好每一分每一秒，绝不能让时间白白地"跑冒滴漏"。

合理安排时间就是节约时间。有人说："时间，抓起来就是黄金，抓不起来就是流水。"指缝很宽，时间太瘦，稍不注意时光就会偷偷溜走。英国哲学家培根曾说："合理安排时间，就等于节约时间。"做任何工作都应加强时间管理，把长计划、短安排结合起来，科学制订时间计划，妥善作出时间安排，切实提高时间利用率。对时间的管理是最重要的管理，时间管理的实质其实是对自己的管理。

特别是对于领导工作来说，涉及的工作面广，做好一件事情往往需要协调多部门、多行业、多层级相互配合，更要注重加强对各方面工作时间的统筹，科学制订长远计划，合理评估和确定工作总时间、阶段时间，并严格按照时间节点抓好工作落实和督促检查。同时，还要盯住关键问题、主要矛盾，加强分析研判、工作指导，防止工作拖延，切实把工作进度牢牢把握在自己的手里，唯有这样做工作才能把握节奏、有条不紊，发挥时间的最大潜力，不叫一日空过、不让一分一秒浪费。

守时是无形的承诺。习近平总书记强调："到2020年现行标准下的农村贫困人口全部脱贫，是党中央向全国人民作出的郑重承诺，必须如期实现，没有任何退路和弹性。"这充分体现了我们共产党人恪守承诺、遵守时间约定的担当。我们党一路走来，也正是这样地取信于民，才得到了人民群众衷心的支持和拥护。古人都有"君无戏言"的认识，作为党的领导干部更应增强守时的观念，言必信、行必果，对组织立下的军令状、责任书必须按时兑现，对干部群众承诺的话、答应的事也必须按时实现。

六七、守时是对别人的尊重

浪费自己的时间，就是浪费自己的生命；浪费别人的时间，就是侵害别人的生命。尊重别人，就要尊重别人对时间的所有权和支配权，不要随意占用别人的时间。如果什么事都只考虑自己的时间，对别人的时间权益不管不顾，不仅是对别人不尊重，更是对人的伤害。

守时是修养也是美德。不信不立，不诚不行。守时就是诚实守信的体现。自从发明了钟表以来，守时就逐渐成了文明生活的要求，无论公事、私事都得有时间的安排。鬼谷子曾说："贤者守时，不肖者守命。"做事守时，就是遵守承诺，不仅是一个习惯养成问题，还反映着一个人起码的工作态度、职业操守，体现着一个人起码的素质、修养和品德。不守时就是一种信用缺失，就是一种无礼傲慢，一次不守时，在群众心中的形象就要打了折扣。领导干部不守时绝不能当成小事，因为它不仅关系个人信用、影响个人形象，更关系着党和政府的公信力。

浪费他人时间等同于谋财害命。鲁迅曾说："无端地浪费他人的时间，无异于谋财害命。"时间是每个人拥有的不可再生的宝贵财富，一旦浪费了，就再也追不回来。浪费了别人的时间，就是侵占了别人的财富。有的人习惯把不守时当成一件小事，办事让别人早来几分钟，开会自己迟到几分钟，安排事喜欢拖上几分钟，出席活动故意耽误几分钟，而且这些人总有千万条理由来搪塞等待他们的人，"工作太忙了""路上堵车了"，等等。看似关系不大，实则是以一个人的时间浪费了所有人的时间。守时，反映着一个人待人处事的态度，对于领导干部更是体现着党性作风，哪怕是迟到几分钟，也是对人的蔑视，坚决不可取、必须要杜绝。

守时守约守信从我做起。诚信是领导干部的责任底线和必须坚持的政治操守。身为领导干部不仅要在守时上以身作则，更要自觉在守约、守信上当好表率，切实做到规定的时间严格遵守、答应的约定认真履行、做人的信义坚决恪守，始终做一个一言九鼎、一诺千金的人。要严格按时间规定谋事，按时间要求做事，按时间约定办事，按时间节点成事，既认真遵守自己的时间，也绝不浪费别人的时间。要守约，作出的承诺、答应的事情要认认真真做好记录，扎扎实实抓好落实，努力达到最好的效果，如果遇到特殊情况，不能按时履约，要能及时说明，寻求谅解，绝不能口惠而实不至。要守信，谋事要实、创业要实、做人要实，始终实实在在、恪守诚信，有一说一、有二说二，不搞会上讲一套、会下做一套，不论什么时候、什么事情，都心口如一、言行一致。

六八、做好手中的事，珍惜眼前的人

《论语·微子》有言，“往者不可谏，来者犹可追”。人生的成败、输赢，不取决于昨天，也不取决于明天，而取决于可以把握的今天。当下的时间最宝贵，手中的事情最重要，眼前的人最值得珍惜。任何时候，都要立足于此时此地的人生。做人做事，只有不纠结过往，不忧心未来，做好正在做的事，珍惜好眼前的人，才能把握好人生，不留下遗憾。

想着千万事，不如做好当前事。怀念过去，必须珍惜当下；为了未来，更要把握当下。美国企业家洛克菲勒曾说：“人生最大的目标是做好手中现在的事。”人的一生有许许多多事情要做，但最聪明的做法是首先做好手中的事情。任何时候都只有从现在开始，从当下做起，说到做到、力争最好，真正把当下的每一项工作、每一件事情做到位，才能集腋成裘、聚沙成塔。如果不能牢牢把当下抓在手里，曾经的汗水和付出也会在麻痹和懈怠中付诸东流；如果不扎扎实实做好当下，势必就要为明天留下历史的欠账。做人做事，昔日已不可重现，明天还未到来，手中的事才最重要、最真实、最现实、最能把握，与其怀念过往的一切，不如做好现在的事情；与其企慕未来的愿景，不如解决好现在的问题。领导干部干事创业，必须抓紧当下、把握现在、做好手中事。

缘只是相遇，分才是一生相守。人的一生都离不开亲人关爱、爱人支持、高人指点、贵人扶持、友人相助，有的人可以相守一生，有的人却过客匆匆，而你永远不知道他们会在什么时候离你而去。网络媒体上，“子欲养而亲不待”的主题永远让人为之动容；周星驰的电影台词“曾经有一份真挚的感情摆在我面前，我没有珍惜，当我失去她的时候，我才后悔莫及”被人广为传颂，都是因为它们触动了人心里那根最柔弱的感情之弦，都是因为每个人身上都有责任未尽、感情难补之憾。对父母亲人是这样，对领导、同事、朋友等也是这样，在芸芸众生中能够相遇相知就是一种缘分、一份情感，而且自己也在结伴而行中接受着别人对自己的付出，要珍惜、要感恩、要回报就要从现在做起。人生没有如果，也最怕等待，等着我有时间了、有能力……等等，等来的只会是悔恨。领导干部一定要懂得珍惜、懂得感恩，好好珍视眼前亲人、爱人、领导、师长、同事、朋友、群众，因为他们是关心支持着你的人，也是自己不能愧对的人。

希望不可磨灭，务必珍惜现在。李大钊同志曾说过："我以为世间最可宝贵的就是'今'，最易丧失的也是'今'，因为他最容易丧失，所以更觉得他可以宝贵。"人生最大的苦恼，莫过于想得到和已失去。人们常说，"得不到的，总是心里最好的"。而想得到的东西，永远蕴藏在今天的努力里。领导干部一定要活在当下，珍惜好现在的时间、现在的事情、现在的人。要抓紧时间珍惜眼前的人，对亲人多爱护、多陪伴、多体谅、多尽责，对同事多关心、多帮助、多支持，对朋友多交流、多鼓励、多理解，对帮助过自己的人多感恩、多报恩，切莫留下遗憾。

六九、能力永远和曾经的付出成正比

习近平总书记强调，"好干部不会自然而然产生。成长为一个好干部，一靠自身努力，二靠组织培养"，"个人必须努力，这是干部成长的内因，也是决定性因素"。领导干部能力的提升，个人努力必然是决定性因素，越努力，越付出，提升得越快越高。

天上不会掉馅饼，一分耕耘一分收获。一滴汗珠万粒粮，万粒汗珠谷满仓。世界上从来没有不劳而获的事情，有付出才会有回报，停止了耕耘也就远离了收获，这是基本常识。俗话说，靠山山会倒，靠人人会跑。幸福从来不会从天而降，上天只助自助之人。人生的一切收获、一切成长、一切提高，都是干出来的、苦出来的、熬出来的，只能是牺牲奉献、无私付出、流血流汗取得的，唯有像“老黄牛”一样心无旁骛、勤恳踏实地耕作，才能有所收获、得到进步。

勤能补拙是良训，一分辛苦一分才干。有个著名的“10000 小时定律”，就是说要成为某一领域或某一方面工作的专家，至少需要花 10000 小时的时间练习。这就告诉我们，人的能力是练出来的，是一个量变到质变的过程。《孟子》云：“故天将降大任于斯人也，必先苦其心志，劳其筋骨，饿其体肤，空乏其身，行拂乱其所为，所以动心忍性，增益其所不能。”领导干部的才干也不可能凭空产生，更不会随着年龄增长、职务升高自然提升，唯一的途径也只能是在学习实践中刻苦努力。习近平总书记指出：“知识和经验犹如雄鹰之双翼，只有经风雨、见世面，才能飞得更高、飞得更远。”领导干部唯有“书山有路勤为径，学海无涯苦作舟”地勤学苦练，在学习和实践中与时俱进加快知识更新，不断完善和扩充自己的知识体系，才能使自己的能力素质与岗位职责相匹配，更好地承担起新时代新使命。

吃得苦中苦，练得强中强。没有一番寒彻骨，哪来梅花扑鼻香。习近平总书记指出，领导干部学习要“有耐得住‘昨夜西风凋碧树’的清冷和‘独上高楼’的寂寞”，“要勤奋努力，刻苦钻研，舍得付出，百折不挠，下真功夫、苦功夫、细功夫”。领导干部能力本领是否高强，关系着党的事业，关系着人民幸福，必须将其作为一种强烈责任和使命要求，切实增强“本领恐慌”意识，付出一番刻苦、勤苦、艰苦的努力。要在学习上下苦功夫，耐得住寂寞，受得了清苦，坚持在研究状态下工作，以“板凳坐得十年冷”“读书破万卷”的执着，静下心来认真学习、刻苦钻研，深学透悟党的创新理论，全面掌握做好领导工作必需的各方面知识。要在实践上下苦功夫，主动到条件艰苦、困难大、矛盾多的地方去接受淬炼和检验，多到改革发展主战场、维护稳定第一线、服务群众最前沿砥砺品质、提高本领，不断在破解难题中积累经验、丰富自己、总结提高。

七〇、没有金刚钻，不揽瓷器活

我国有一门古老的民间手艺叫“锔瓷”，就是用金属“锔子”把打碎的瓷器再修复起来的技术。金刚钻便是锔瓷的必备工具，缺了金刚钻，修复瓷器是不可能的。干事业也如同锔瓷，只有手持“金刚钻”，才能把事情做成、做好。习近平总书记强调：“无论是干事创业还是攻坚克难，不仅需要宽肩膀，也需要铁肩膀；不仅需要政治过硬，也需要本领高强。”领导干部欲揽“瓷器活”，必须有“金刚钻”。

有多大能耐干多大事。习近平总书记指出，很多同志有做好工作的真诚愿望，也有干劲，但由于缺乏本领，结果是虽然做了工作，有时候也很辛苦，不是不对路子，就是事与愿违，甚至搞出一些南辕北辙的事情来。常言道，软肩膀挑不起硬担子。事业要发展、难关要攻克、风险要防范，必然要求领导干部在干事创业上得有“几把刷子”才行。如果去挑自己挑不动的重担，到头来不仅自己会被压垮，对党和人民的事业也会造成损害。

专业人方能做好专业事。事贵以专，不专则不能。形象地说，党和人民的各项事业、领导工作的各项任务就好比“瓷器活”，干部的专业化能力就好比“金刚钻”，专业化能力的强弱，直接关系党中央决策部署能否落地见效，直接关系领导工作能否有序有效推进。习近平总书记指出，“领导工作要有专业思维、专业素养、专业方法”，“各级领导干部要加快知识更新、加强实践锻炼，使专业素养和工作能力跟上时代节拍，避免少知而迷、无知而乱，努力成为做好工作的行家里手”。进入新时代，党和人民事业各领域工作的专业化、专门化、精细化程度越来越高，对干部的能力素质提出了更高要求，领导干部如果只是泛泛知道其中一些概念和要求，而不注重构建与之相适应的知识体系，知其然不知其所以然，做事就会缺乏专业水准。领导干部必须毫不停歇地增强能力、磨砺本领，努力把自己锤炼成为一个“专业人”，这样才能真正做好党和人民交给的“专业事”。

绳短不能汲深井，浅水难以负大舟。习近平总书记强调，“与今天我们党和国家事业发展的要求相比，我们的本领有适应的一面，也有不适应的一面。特别是随着形势和任务不断发展，我们适应的一面正在下降，不适应的一面正在上升”，“党和国家事业越发展，对领导干部的能力要求必然越高”。当领导干部必须有能力资本，而且职务越高担子越重，与之相适应的本领也必须越强。本领不是一劳永逸、一蹴而就的，必须持续升级、不断扩容。领导干部职务越高，越要强化本领恐慌感和本领危机感，以时不我待的精神，一刻不停地掌握新知识、熟悉新领域、开拓新视野、锤炼新本领，自觉投身乡村振兴第一线、经济建设主战场、改革开放最前沿和艰苦边远地区去经风雨、见世面、壮筋骨、长才干，不断补足知识空白、经验盲区、能力弱项，使自身能力素质与所担任的岗位职责相匹配，决不能凭经验、吃老本。

七一、凡事都有客观规律，要遵从敬畏

列宁曾说：“规律是现象中持久的东西。”规律是事物运动过程中固有的本质的必然的和反复出现的联系。规律是客观的、不以人的意志为转移，它贯穿事物发展始终，决定事物发展趋向，既不能被创造，也不能被消灭。把握规律就能因势利导、借力发力，获得真理的强大力量；而违背规律、逆势而为，就会站到真理的对立面，最终被抛弃。领导干部应当始终对规律怀有遵从敬畏之心，遵循它、顺应它、掌握运用它。

万物有道，敬畏自然。“道生一，一生二，二生三，三生万物。”“道”

即规律，是宇宙万物生存及发展的途径，世界万物均受规律约束。马克思主义哲学告诉我们，规律的客观性是宇宙间一切规律所具有的普遍特性。无论是否认识到、是否承认规律的存在，规律都蕴含在客观事物中，无处不在、无时不起作用。可以说，没有什么比规律更强大。要认识和把握客观规律，就必须充分发挥人的主观能动性，并且这种主观能动性的发挥必须建立在尊重客观规律的基础上。敬畏自然规律就如顺水行舟，违背自然规律则似拔苗助长。不知道规律、不承认规律、凌驾于规律之上，不等于规律不起作用，更不等于没有规律，“掩耳盗铃”只会受到规律的惩罚。

一切从实际出发，自觉按规律办事。一切从实际出发是马克思主义的根本原则，是中国共产党思想路线的核心内容。毛泽东同志曾指出，实事求是的“求是”就是以“实事”为基础，研究事物发展的规律。习近平总书记强调：“要坚持一切从实际出发，按照客观规律办事。”领导干部遵从敬畏规律，就必须坚持一切从实际出发，不唯上、不唯书、只唯实。求实，就要坚持从本地区、本部门、本单位实际情况出发，从群众中来、到群众中去，经常性深入基层、深入群众、深入实际开展调查研究，从而找准问题、听到实话、察到实情、获得真知，决不能拍脑袋、瞎指挥、乱决策。要务实，始终立足实际，发扬真抓实干、求真务实的工作作风，一步一个脚印地开展工作，既不弄虚作假，也不好高骛远，动真的、来实的，拿出实实在在、有效管用的办法措施，以实心行实政、以实政求实效，坚决杜绝形式主义。

七二、目标统驭一切

目标就是我们想要达到的境地、渴望实现的理想、心中向往的“诗和远方”。“取法其上，得乎其中；取法其中，得乎其下；取法其下，法不得也。”目标引领方向、汇聚力量，统领和驾驭着人们的一切行动，也很大程度决定着最后会取得什么样的结果。领导工作的过程，其实就是一个制定目标、实现目标，再制定目标、再实现目标，如此循环往复的过程。领导干部做任何事情，都要善于用目标统驭一切，以目标倒逼工作进度、评价工作成果、检验工作成效。

目标是前进的方向。没有目标而工作，恰如没有罗盘而航行。管理学上很注重“共同愿景”，即组织中人们共同的愿望、理想或目标。有了“共同愿景”，就能够统一人们的思想和行动，使大家心往一处想、劲往一处使、拧成一股绳，从而实现个人目标和组织目标的统一。唐僧师徒“西天取经”就是一个很好的例子，唐僧是个好“领导”，但他的“取经团队”成员要么野性难驯、要么好吃懒做、要么老实木讷，然而在“西天取经”这个“共同愿景”的统驭下，他们互相取长补短、协同作战，一路向西，取到了“真经”。这启示我们，一个组织、一个集体、一个干部，无论做什么事，如果没有明确的目标，就会失去前进的方向。领导工作纷繁复杂，树立一个清晰的、共同的目标，就能以“目标”团结队伍、凝聚力量，以目标引领思想的统一、行动的一致，促使大家想方设法克服困难和挫折，步调一致地沿着正确方向前进。

目标是成功的动力。目标不仅是奋斗的方向，而且是一种向着成功持续迈进的自我鞭策。世界潜能大师博恩·崔西说："成功等于目标，其他都是这句话的注解。"实现一个目标，就等于得到一个成功。有目标才有动力，一个伟大目标能够充分挖掘人身上无穷的潜力，促使我们保持动力，向着成功不懈努力。爱因斯坦曾说："在一个崇高的目标支持下，不停地工作，即使慢，也终将会获得成功。"彼得·德鲁克认为，"如果一个领域没有目标，这个领域的工作必然被忽视。"没有目标哪来动力？没有动力怎会成功？目标是领导活动的一个基本要素，有了目标才能认清使命与责任，才知道要干什么、怎么干、干到什么程度，使领导工作更加稳健、更有节奏、更可持续地推进。领导干部必须不断强化目标导向，始终保持为了实现目标而不懈奋斗的强劲动力，始终围绕目标来思考、谋划、推进工作，咬定目标不放松，从而真正把目标变为美好现实。

目标是幸福的归宿。习近平总书记指出，"我们党在不同历史时期，总是根据人民意愿和事业发展需要，提出富有感召力的奋斗目标，团结带领人民为之奋斗"，"中国共产党是为中国人民谋幸福的政党"，"人民对美好生活的向往，就是我们的奋斗目标"。进入新时代，人民对美好生活的向往就是统驭我们一切工作的目标。唯有始终牢记这个目标、坚定奔向这个目标、不断靠近这个目标，我们的一切工作才有价值、有意义，也才能为实现"两个一百年"奋斗目标、中华民族伟大复兴中国梦以及共产主义这个"最终奋斗目标"

奠定坚实基础。领导干部作为人民的“公仆”“勤务员”，吃百姓饭、穿百姓衣，所有工作目标都是为人民谋幸福，谋思路、定政策，干事业、抓发展，必须始终把实现好、发展好、维护好最广大人民根本利益作为根本出发点和落脚点，一切为了人民、为了人民的一切，为实现人民的美好生活向往而不懈奋斗。

七三、没有目标和方向，努力和勇气是不够的

目标和方向主导和贯穿着一个人做事的始终，明确的目标可以避免在途中迷失自我，正确的方向可以避免不必要的曲折和弯路。做事如果没有明确的目标和正确的方向，再怎么努力付出、再怎么坚强勇敢，终将白白浪费大量的时间和精力，也难逃失败的结局。领导干部做事不仅要目标清方向明，而且需要不懈地努力和敢于前行的勇气。

没有方向糊涂迷茫，没有目标碌碌无获。做人做事，站在什么位置不重要，重要的是“去往哪里”。目标和方向是指路的明灯，无论一个国家、一个地方、一个部门还是一个领导干部，都面临选择什么样的目标和方向的问题。有目标有方向，路途再远也能到达；没目标没方向，近在咫尺也会错过。要把事情做成、做好，固然离不开努力和勇气，但前提是必须有目标有方向。唯有朝着正确的目标和方向，苦干实干大胆干、永不停滞走下去，一切的努力和勇气

才有意义。否则，就如同在黑暗中摸索，碰壁在所难免。心中有目标、有方向，才能够在努力和勇敢中创造卓有成效的业绩。

方向清目标明，越努力越幸运。人们常说，越努力，越幸运。诚然，越努力，往往越能够获得许多意想不到的惊喜，越有可能取得突出的业绩。但这还需要一个前提，就是努力必须是有目标有方向的。不能陷于见子打子的事务主义，不能只知埋头拉车、不知抬头看路，不分东西南北。努力不是瞎忙，也不是简单地重复。错误的努力只会南辕北辙，与成功背道而驰。领导干部做任何事情，事先都要静下心来，锁定目标、辨清方向、把握航向，而后付出最大的努力。

方向清目标明，越勇敢越速达。“红军不怕远征难，万水千山只等闲。”正是红军将士不怕任何艰难险阻、不惜牺牲一切的大无畏精神，才取得了二万五千里长征的伟大胜利。习近平总书记指出，“中华民族伟大复兴，绝不是轻轻松松、敲锣打鼓就能实现的”，“我们还有许多‘雪山’、‘草地’需要跨越，还有许多‘娄山关’、‘腊子口’需要征服”。俗话说，狭路相逢勇者胜。领导干部认清方向、明确目标后，不仅要努力，还必须不断修炼自己的勇气，这样才能以不畏艰难、敢作敢为、毫不畏惧的气魄奋进伟大事业。领导干部要有“大无畏”精神，敢于直面艰难困苦、敢于投身大风大浪、敢于应对风险挑战、敢于承担责任过失、敢于牺牲奉献自己，为了党和人民事业“赴百仞之谷而不惧”。要勇往直前，永不言败、越挫越勇、舍我其谁，敢于斗争、善于斗争，以“万折必东不回头”的勇毅，破桎梏、抓机遇、闯新路，越是艰险越向前，正如毛泽东同志所说的那样，“下定决心，不怕牺牲，排除万难，去争取胜利”。但有勇气决不是逞匹夫之勇，领导干部必须做到既有勇气又有谋略，努力使自己成为一个有勇有谋、敢战能胜的人。

七四、好战略要有好战术的支撑

战略是决定全局的策略，战术是贯彻落实策略或解决局部问题的方法和措施。战略是宏观、战术是微观，战略为战术奠定基础，战术为战略提供路径，两者相辅相成，不可分割，不可或缺，更不可偏废。宏观战略判断固然重要，但战术执行也不可小视，有了“好工笔”，才有“大写意”。

没有可行的战术，再好的战略都是空谈。战术为战略服务，确保战略意图能够实现。毛泽东同志曾说：“在战略上我们要藐视一切敌人，在战术上我们要重视一切敌人。”这就启示我们既要有宏观的战略部署，又要在一个个具体战术上倍加重视。可以说，战略的生命力在于战术的实施。有了好的战略，还必须辅之以切实可行的好战术，坚持从实际出发，把握不同地区、不同单位的特点，把战略细化分解成可执行、可操作的若干环节和具体任务，分类施策、精准施策，对各项工作的目标任务、组织方式、措施方法提出具体清晰的要求，形成可操作、能落实的办法，增强措施的针对性，让战略精准落地、取得实效。领导干部干事创业，既要懂宏观战略的谋划，也要会微观战术的实施，才能把一件件事情做好。

凡事既要有想法，更要有做法。有人说，世界上最遥远的距离，莫过于从“想到”到“达到”，因为它们中间隔着一个“做到”。想法是前提，做法是关键。领导干部不管做什么工作，既要有深思熟虑的想法，更要有科学有效的做法，二者缺一不可。习近平总书记指出，“有没有新面貌，有没有新气象，并不在于制定一打一打的新规划，喊出一个一个的新口号，而在于结合新的实际，用新的思路、新的举措，脚踏实地把既定的科学目标、好的工作蓝图变为现实。”坐而论道，不如起而行之；脑过千变，不如手干一遍。领导者缺乏执行力恰恰是导致失败的主要原因，现代社会更需要的是执行型的领导者，出思路、想办法、定政策只能解决第一步的“想法”问题，却不能解决具体的“做法”问题。领导干部必须修炼将思想化为行动、将行动变为结果的落实力，使想到、做到和达到相互统一、相得益彰。

七五、战略决定成败，细节保证不败

《中庸》有云，“致广大而尽精微”。意思是君子既要致力于达到广博深厚的境界，又要尽心于精细微妙的境界。在领导工作中，一个指挥有力、政令畅通的“中军帐”，除了要在战略上安排得当，细节上也要处理得当，这样才能把决定成败的关键因素牢牢抓在手中，同时也不忽视影响成败的其他方面因素。领导干部只有坚持战略和细节“两手抓”“两不误”“两促进”，才能始终牢牢掌握领导工作主动权，确保立于不败之地。

既善宏观决策，又善微观实施。宏观就是从全局角度认识和把握问题，谋大计、抓根本。微观就是关注细节，以小见大，强调点滴积累。领导干部只有处理好宏观与微观的关系，才能确保工作有序有效地推进。习近平总书记早在正定工作期间，就是“大事要抓，细节也要抓，宏观上有大的谋略，微观上也很注意细节”。“试登山岳高，方见草木微。”领导干部要重视宏观，提高两到三个层次看问题，善于从宏观上思考谋划工作。绳在细处断，冰在薄处裂。领导干部要从细微处入手，从小事做起，在落小落细落实上下功夫，一丝不苟、精益求精，于细微之处见风范、毫厘之优定乾坤，力求实现工作“零差错”。

既能高瞻远瞩，又能脚踏实地。高瞻远瞩解决的是“怎么看”的问题，脚踏实地解决的是“怎么办”的问题。打好任何一场“战役”，都必须既能够高瞻远瞩、胸怀全局，又能够脚踏实地、善作善成。领导干部做事情，就是要既能身在“最高层”登高望远、总揽全局，观大势、谋大局、抓大事，站在战略和全局的高度观察和处理问题，在制定政策时冷静观察、谨慎行事，谋定而后动，实现“中军帐运筹帷幄，一盘棋车马分明”；又能够站在“此山中”主动接地气、察实情、办实事，从实际出发谋划事业和工作，使点子、政策、方案符合实际情况、符合客观规律、符合科学精神，真正脚踏实地积尺寸之功。

既会大处着眼，又会小处着手。大处着眼是“世界观”，小处着手是“方法论”。好比修建一座大楼，“大处着眼”就是规划设计，要求从全局上搭好框架；小处着手则是一砖一瓦的修建，要求从局部一层一层往上建。领导工作也是这样，凡事只有从“大”和“小”两个方面去谋划，做到大事很清楚、小事不糊涂，才能真正把事做成、做好。要坚持抓大放小、以大兼小，善于从全局出发，对事关全局的重大问题进行战略思考，做到运筹帷幄之中、决胜千里之外。要坚持以小带大、小中见大，善于从局部入手，研究和解决具体实际问题，一桩一桩做事，一步一步前进，积小成为大成，积小胜为大胜。

七六、向昨天要经验，向今天要成果，向明天要动力

习近平总书记指出，“历史、现实、未来是相通的。历史是过去的现实，现实是未来的历史”，“历史不能选择，现在可以把握，未来可以开创”，“中国的昨天已经写在人类的史册上，中国的今天正在亿万人民手中创造，中国的明天必将更加美好”。每个人都是从昨天走到今天，也必然要从今天走向明天。唯有总结昨天的经验、耕耘今天的分秒、心怀明天的希望，才不愧对人生，才能创造一番卓有成效的业绩。

前事不忘后事之师。“以史为镜，可以知兴替。”历史是一面镜子，是最好的教科书，也是最好的清醒剂。习近平总书记强调：“一切向前走，都不能忘记走过的路；走得再远、走到再光辉的未来，也不能忘记走过的过去，不能忘记为什么出发。”昨天发生的事，不仅影响着现在，还会对未来产生深刻影响，所以人们常说：忘记历史意味着背叛，不知过去无以图将来。从昨天中，我们能够更好地认识过去、洞察世事、参透生活、认识自己。习近平总书记指出：“我们干事业不能忘本忘祖、忘记初心。”树不能断根，断根丢命；人不能忘本，忘本失魂。不忘来路，才能更好前行。领导干部做事情，只有善于“回到过去”总结经验、反思教训，好的继续发扬、不好的加以改进，努力做到不贰过，才能干出新成绩。

今天的努力就是明天的成功。习近平总书记说，“让我们只争朝夕，不负韶华”。昨天已然过去，明天仍未到来，只有当下才是最可贵的。领导工作中想完成的一切任务、达成的一切目标，若没有当下一步步打好的基础，终究是黄粱一梦。不珍惜当下，是对过去的亵渎，也是对未来的不负责。今天的事情今天做——这是再朴素不过的道理。领导干部要把握好当下的事、当下的时间、当下的人，立足于此时此地的人生想问题、办事情，始终人在岗上、事在心上，不轻视怠慢眼前和当下的工作，今日事今日毕，事不过夜案无积卷，用今天的每一个“小成果”，垒砌明天的“大成果”。

我们都是追梦人。一切事物都处在不断发展变化之中，都有一个即将到来的“未来”。未来的意义在于不曾被经历，它带给我们无尽的启发、无限的可能、无穷的动力。无论是失败还是胜利、成绩还是不足、伤悲还是快乐，都只代表过去，不代表未来。美好蓝图激发斗志，光明前景鼓舞人心。对未来的期许、追求和向往，永远是激励我们奋勇前行的动力。习近平总书记说：“我们都在努力奔跑，我们都是追梦人。”李白曾有诗云：“长风破浪会有时，直挂云帆济沧海。”再远的地方，只要有梦，就会到达。领导干部要善于着眼长远谋事，不管哪一项工作，都要结合实际制定清晰的目标、科学的规划；要善于着眼长远干事，任何事情都要从有利于事业长远发展的角度“撸起袖子加油干”，在坚持不懈地奋斗中开创未来、赢得未来。

七七、危和机总是同生并存的，克服了危即是机

“危”和“机”相伴相生，共存于同一事物中，是一个矛盾统一体，两者不是孤立静止的，而是相互包含、在一定条件下可以相互转化的。习近平总书记多次强调，“我们一定要有危机意识”。领导干部只有善于克服危机带来的负面影响，正确总结应对危机的经验教训，才能不断创造新的发展机遇。

危机是化了装的机会。事物发展都是前进性和曲折性的统一，做事不可能总是一帆风顺，难免会遇到这样那样的危机。在常规思维中，危机就意味着大问题、大陷阱、大麻烦。危机或大或小、或隐或现，倘若被错误地研判或应对，都将产生巨大负面影响。矛盾

的对立统一性原理告诉我们，矛盾的对立面之间在一定条件下可以相互依存、相互转化。其实，危机并不那么可怕，“失之东隅”而后有可能“收之桑榆”，“山重水复疑无路”之后又会“柳暗花明又一村”。拿破仑说过：“最困难之时，也就是离成功不远之日。”英国前首相丘吉尔也有句话：“千万不要放过一次危机！”“祸兮福之所倚，福兮祸之所伏。”对领导干部而言，每一次危机都是一场大考，既是对危机处理能力的考验，也是对机遇把握能力的检验。

不知危机就是最大的危机。“生于忧患，死于安乐。”哈佛商学院教授理查德·帕斯卡尔说过：“没有危机感，就是你面临着的最大危机。”一个人不知危机，就容易在贪享安逸中丧失警惕，危险不断逼近也全然不知，最后只得面临“温水煮青蛙”被无情淘汰的结局。墨菲定律也告诉我们，危机无处不在，工作和生活中我们没有危机感恰恰说明正处在危机之中；有了危机感，便可以避免危机。工作生活中总会遇到一些或大或小的危机。危机其实不可怕，不知危机才可怕。“君子安而不忘危，存而不忘亡，治而不忘乱。”领导干部做事情一定要有危机意识，这样才能在面对未知事物时，带给自己更多的安全感。

在危机中育新机，于变局中开新局。“智者虑事，虽处利地，必思所以害；虽处害地，必思所以利。”明者防祸于未萌，智者图患于将来。习近平总书记强调，面对危机“要深入分析，全面权衡，准确识变、科学应变、主动求变，善于从眼前的危机、眼前的困难中捕捉和创造机遇”。这就要求领导干部必须不断提升危中寻机、化危为机的能力，在变局中努力开创新的局面。要努力避免危机，增强预见性，善于观大势、谋全局，在“治平之事”中看到“不测之忧”，在一帆风顺时就始终如履薄冰，努力把危机化解在产生之前。要敢于应对危机，发扬斗争精神、增强斗争本领，危机来临时保持战略定力，处变不惊、从容应对。要善于化危为机，充分发挥主观能动性，激发“办法总比困难多”的信心斗志，在变局中精准把握机遇、牢牢抓住机遇，从而化险为夷、浴火重生。

七八、没有足够的器量，便没有做大事的规模

器量原指器皿的容量大小，通常被用来比喻一个人的格局、胸襟等。“大丈夫当以天下为己任，真英雄欲为万世开太平。”有大器量者志存高远、包容万物，遇到大事能够从容淡定、处变不惊去应对，往往能够把事做成、把事做好。欲做大事，就得有大器量。领导干部要干出党和人民满意的事业，必须不断涵养大器量。

饼再大也大不过烙它的锅。如果事业是饼，器量就是烙饼的锅。一个人器量的大小，决定着他事业的大小。麻雀永远飞不到青云之上，因为它只盯着地面的稻谷；雄鹰之所以能够自由在峰顶翱翔，因为它的眼里装满了山河大地。器量大者以修身治国平天下为己任，自然“笔底伏波三千丈，胸中藏甲百万兵”。毛泽东同志的文章、诗词大气磅礴、豪放洒脱，“天下者我们的天下，国家者我们的国家，社会者我们的社会，我们不说谁说？我们不干谁干？”，“怅寥廓，

问苍茫大地，谁主沉浮”，无不展现他的大器量。他在湖南第一师范写的作文，老师杨昌济看后就曾发出了“此等文章，来日必成大器”的感叹。心怀“国之大者”，方能风雨无阻向前行。推进党和人民的伟大事业，需要领导干部拥有大器量，做到虔诚而执着、至信而深厚，一心为民、心怀天下。

做多大的事情就要有多大的器量。螃蟹打洞，不过甲壳大小；鹏之翼若垂天之云，扶摇而上者九万里。一个人有多大的器量，往往影响乃至决定其能走多远、行多稳，能干多大的事、挑多重的担。器量大者，格局大、胸襟宽。曾国藩曾说：“谋大事者，首重格局。”格局大、胸襟宽，才能有“不畏浮云遮望眼，只缘身在最高层”的眼界，才能有“先天下之忧而忧，后天下之乐而乐”的情怀，事业的舞台就会广阔无垠。领导干部要涵养大格局，始终不忘初心、牢记使命，胸怀两个大局，始终以党为重、以国为重、以民为重，把个人的追求融入党和人民的事业中，在为人民谋幸福、为民族谋复兴的大业中实现个人价值；要修炼宽广胸襟，以真理武装头脑，加强党性修养，升华思想境界，永葆公仆本色，把对党忠诚、为党分忧、为党尽责、为民造福作为根本政治担当，一心一意为党和人民做事。

七九、书籍备而不读，等于废纸

书籍是人类进步的阶梯。伟大书籍承载着人类创造的知识和智慧，默默无闻地传承着人类的精神和文明。意大利著名作家卡尔维诺说："一页书的价值在于它被翻到的时候。"书是用来读的，如果有书不读，是一种毫无意义的资源占有，是对社会精神食粮的浪费，更是对书籍的轻蔑和对知识的亵渎。习近平总书记强调，要"真正把读书学习当成一种生活态度、一种工作责任、一种精神追求"。当干部就要认真读书。

书籍不是用来装点门面的。有个故事说，清代有个富翁，家中藏书万卷，但极少读书，还经常把书搬出来晾晒卖弄。一天蒲松龄经过，见富翁又在晒书，便脱下上衣躺在富翁家门前的上马石上，闭起眼睛晒太阳。富翁走过来问他在干什么，蒲松龄回答在晒书。富翁更觉奇怪，问书在哪里，蒲松龄拍拍肚子说："我的书都装在这里，有多少我也记不清啦。"逗得富翁羞愧而去。这启示我们，把书籍当作奢侈品和装饰品，以汗牛充栋的万卷藏书炫耀于世、附庸风雅的人，就算躺在书海之中，于其身心毫无益处。书籍的生命是被阅读唤醒的。有书不读，书籍再多，也只是废纸一堆。书籍是一位学识渊博的智者，你以什么样的态度对待它，它就会以什么样的态度对待你。你漠视它、冷落它，它也会不理你；你喜爱它、翻阅它，它一定会倾心你，从来不会让你失望而归。对待书籍最好的态度就是阅读它。开卷才会有益。那些口头上宣称爱读书的，而实际上根本没有把书放在心上，只能算是"叶公好龙"。书籍应成为我们的"日用品""营养品"，而不是我们的"装饰品""艺术品"。

不做"书橱"当"书虫"。阅读是获取精神食粮的重要途径，买书藏书不如读书。"书虫"啃书，把知识转化为自己的一部分；"书橱”储书，只能让书籍不蒙尘。书应该“活在肚皮”里，而不是“死在书橱”里。马克思曾说，书是我的奴隶，应该服从我的意志，供我使用。书对他来说是知识的工具，而不是装饰品。他很少注意书的形式、装订以及纸张和印刷的美丽，在他的书里到处可以看到折角、用铅笔画过的横线和记号。马克思学问博大精深，靠的就是博览群书，把书籍里的知识转化为自己的。每一本书都像一扇门，你想去哪里，都由你自己决定，打开任意一扇门，你都会有所收获。人们凡是能够想到的不足，阅读都能为你“弥补”；凡是能够憧憬的美好，阅读都能为你“提供”；凡是能够期待的欢乐，阅读都能为你“呈奉”。打开书本，就是给自己一个丰富自己、提高自己、超越自己的机会。领导干部应当把读书学习作为工作生活的重要组成部分，多坐书桌、少坐酒桌，又备又读、多备多读、勤备勤读，爱读书、读好书、善读书。

八〇、学与思不可偏废

《思辨录》说：“悟处皆出于思，无思无由得悟。思处皆缘于学，不学则无可思。”学是思的基础，思是学的深化，学愈博而思愈远，思之困则学必勤，学与思相互依存、相辅相成、辩证统一，必须做到学思并重、交修并进，二者不可废一。

学而不思则罔，思而不学则殆。钱穆说：“仅学不思，将失去了自己；仅思不学，亦是把自己封闭孤立了。”一味死读书，而不认真思考，就不能理解书本的意思，甚至被书牵着鼻子走，越学越糊涂；胡思乱想，而不读书学习，就会疑窦丛生、陷入困境。学习的过程，就是我们不断同外界“交换能量”，快速获取知识和思想，吸取智慧和能量，获得经验和教训的过程。现代社会发展瞬息万变，新观念新技术新知识层出不穷，学习的步伐、思想的脚步稍一迟滞，知识就会老化，思想就会僵化，能力就会退化，必须持续学习，“学不可以已”。然而，光有学习没有思考或者思考得不深刻，学习就很浅薄，对自己没多大益处。程子说：“能穷所以然，是第一等学人。”《孟子》曰：“心之官则思。思则得之，不思则不得也。”思考是学习的深化，是认知的必然，是把书读活的关键。不善于思考、不勤加思考，书本上的东西就不能为己所有、为我所用，就始终是死的、是别人的，读书再多也不可能读精、读好、读出效果。

坚持在研究状态下工作。每接触一项工作，都要潜心研究，透过现象看本质，掌握其内在规律，再按照规律开展工作。研究状态是温故而知新、学新知新、开拓创新的过程。通过对原有知识的再学习、再认识、再提高，通过对新思想、新观念、新知识的接受、吸纳、跟新，进而实现新的创造，就能够推动工作再上新台阶。研究状态是总结提升、理性思维、探寻规律的过程。通过深入实际了解事物的本来面貌，把平时零碎、肤浅、表面的感性认识，上升为全面、系统、本质的理性认识，进而掌握工作特点、把握工作规律、作出正确决策。领导干部在研究状态下工作，就要边学习边思考，做到学思融合。须博学，既要向书本学习，也要向实践学习；既要向人民群众学习，也要向领导和专家学者学习、向一切有益的经验学习，勤奋学习、终身学习。须深思，勤于思考、善于思考，冷静思考、理性思考，戒浮、戒躁、戒骄，谋深、谋远、谋大，运筹帷幄之中，决胜千里之外。

八一、凡行公事，须深谋远虑

公事关系到千家万户的切身利益，桩桩件件都是大事，须严肃对待、慎重处理，出不得半点纰漏。习近平总书记强调："任何一项事业，都需要远近兼顾、深谋远虑。"对领导干部而言，公事就是老百姓的事，老百姓的事就是天下最大的事，必须深谋远虑。

公事无小事。"治国有常，而利民为本。"老百姓是天，老百姓是地，老百姓的事都不是小事。为官一任，造福一方。干公事，就是干老百姓的事，讲求谨慎和万无一失，必须计划周密、考虑长远。中国共产党把为民办事、为民造福作为最重要的政绩，把为老百姓做了多少好事实事作为检验政绩的重要标准。"先谋后事者昌，先事后谋者亡。"要把公事干好，就得深谋远虑。只有提前把各种困难、问题、不足都考虑清楚，做好防范和应对预案，才能干一事成一事，不断满足人民日益增长的美好生活需要。

老百姓的事就是天大的事。老百姓关心的是"幼有所育、学有所教、劳有所得、病有所医、老有所养、弱有所扶"，都是工作生活学习中点点滴滴的操心事、烦心事、揪心事。只有想老百姓所想，急老百姓所急，奔着问题去，对着问题改，实实在在解决老百姓关心的现实问题，为老百姓办实事、解难事，做到件件有着落、事事有回应，才能增强老百姓的获得感、幸福感、安全感。只有老百姓认可了、满意了，我们的工作才算做好了。领导干部要多与老百姓拉家常、问冷暖、听心声，倾听人民的呼声，回应人民的期待，该办的事坚决办，决不能拖；能办的事马上办，决不能等；难办的事想方设法办，决不能畏；需要协调的事合力办，决不能推，以钉钉子精神落细落小落实。

只为百姓福祉计长远。凡事预则立，不预则废。《荀子·大略》云："先事虑事，先患虑患。"《论语正义》说："虑之不远，其忧即至。"事先有计划和准备，提前做好预案，才能胸有成竹、不慌不忙。如果做事靠拍脑袋临时起意，"脚踩西瓜皮，滑到哪里算哪里"，或是头脑发热、冲动蛮干、轻举妄动、草率行事，往往误事坏事。中国特色社会主义进入新时代，我国社会主要矛盾已经转化为人民日益增长的美好生活需要和不平衡不充分的发展之间的矛盾。面对老百姓不断变化、不断提高的需求，领导干部要着眼长远、提前谋划，想老百姓之未想，急老百姓之未急，向前一步做工作，变被动为主动，于无声处润民心。

八二、隔行如隔山，隔行不隔理

每个行业、领域、专业都有其自身的特殊性，各有各的门道，不是内行人就不懂这些门道。但它们都有共同规律可循，找到了共同规律，就找到了解决问题的基本思路和方法，就能一通百通、融会贯通。领导干部担任的职务越高，掌控的范围越大，对知识与能力的要求也越高，仅仅做某一领域的行家里手是不够的，必须走出局限性、把握规律性，由“专才”成长为“通才”。

术业有专攻，但万变不离其宗。任何现实存在的事物都是共性和个性的有机统一，共性寓于个性之中，没有离开个性的共性，也没有离开共性的个性。“隔行如隔山”，强调的是事物的个性；“隔行不隔理”，强调的是事物的共性。路有千条，理只一条。领导干部是块砖，哪里需要哪里搬，无论从事什么工作，掌握其中之道最重要。只要善于通过从事一项项工作、干好一件件事情，深钻其中的门道，从个性中把握共性，举一反三、触类旁通，就能提高认识事物、驾驭事物的能力。

外行看热闹，内行看门道。外行看事情只看外表、看热闹。内行看事情看本质、看方法。内行与外行的本质区别，不在于是否从事某一行业，而在于是否把握该行业的规律。有的干部工作几十年，还是两眼一抹黑、说不出所以然；有的只有干过的才会干，没干过的不会干，换了工作就束手无策；有的告诉怎么干才会干，没有告诉就不会干；等等。习近平总书记强调，各级领导干部要“努力成为做好工作的行家里手”。要看清门道，最重要的是掌握马克思主义科学的世界观和方法论，理解把握科学的思想方法和工作方法，找到不同行业、领域、专业的共同规律。

既要当“专家”，也要当“杂家”。“专家”强调的是知识的深度、独特的视角，“杂家”强调的是知识的广度、开阔的眼界。有深度没广度，就会拘于一域；有广度没深度，就会浮在面上。干一行、爱一行、钻一行、精一行，专业的人做专业的事，才能精益求精、臻于至善。但过分强调专业化，又容易被框框套套所束缚，思路想法难免相对局限。只有善于借鉴不同行业、领域、专业的经验，才能打开思路、有所突破、有所创新。习近平总书记强调：“一个优秀的政治家不能只懂某一门知识，而应是一个大‘杂家’”，“这些‘杂家’虽然不专，但他们站得高，看得远，把握住大势，所以才能领导诸多专家”。领导干部既要精通本职工作，有“金刚钻”的专长；又要广泛学习各行各业的知识，有“万金油”的妙用。

八三、不抱不切实际的幻想

一个人有点幻想没有错，有时还能起到积极的作用。然而，如果抱着不切实际的幻想，脑子里都是没有道理、没有根据的想象、看法或信念，就只是一个“空想家”。爱默生说：“在幻想中生活的人就像醉汉，双手颤抖，软弱无力，无所事事。”领导干部应当追逐梦想，切莫想入非非、胡思乱想。

不切实际的幻想就是空想。幻想很丰满，现实很骨感。幻想的世界比现实世界更美好。在幻想的世界里，自己可以成为世界的主宰，事事如心所愿；而在现实世界中，自己只是芸芸众生之一，能决定的事太少。但是，人终究是活在现实中的，幻想只是调剂，现实才是生活。也门谚语说：“幻想就像瓦缸一样容易碎。”虚无缥缈的幻想只会让我们与现实格格不入，在现实中处处碰壁，在错误的想法、错误的做法上越滑越远。

变幻想为梦想。梦想，是对未来事物的美好想象和希望，是人们在实践过程中形成的、有实现可能性的、对未来社会和自身发展的向往和追求，是人们的世界观、人生观和价值观在奋斗目标上的集中体现。现实是梦想的基础，脱离现实而谈梦想，就是不切实际的幻想。战争年代，一大批青年冲破重重阻力，从四面八方涌向心中的革命圣地——延安。他们一到抗大，毛泽东同志就对他们说：“幻想得很好，把延安看作天堂，这样想就错了。延安不是天堂，也不是地狱，是人间。”有梦想就有希望、就有机会、就有力量，胸怀什么样的梦想，往往就有什么样的人生。领导干部的梦想不仅是“个人梦”，也连着“中国梦”。只有明白了为什么奔跑、为谁奔跑，才能在奔跑中拥抱梦想、成就梦想。

努力奋斗让梦想成真。习近平总书记强调“伟大梦想不是等出来、喊出来的，而是拼出来、干出来的”。只有奋斗才能让梦想照进现实。没有奋斗的梦想不过是镜花水月，是无法企及的彼岸。叶剑英致女儿叶楚梅的信中说：“不要好高骛远，幻想多而实干少。”幸福不会从天而降，梦想不会自动成真。美好的梦想，终究要靠奋斗才能实现。新时代是每一个奋斗者都能够梦想成真的时代。领导干部要敢于有梦、勇于追梦、勤于圆梦，扎实奋斗不松劲，以实干赢得未来。

八四、着手去做，比苦想完美方案重要得多

没有最好，只有更好。完美之策只是理想状态，任何方案不可能十全十美。“烂开始原则”认为，烂开始比不开始强，不必强求一开始就做到完美，先做起来，边做边完善。苦想完美的方案只会让自己原地不动，动手去做才能推动工作。

方案再完美，不落实也不美。《为学》一文中有个故事，两个和尚都想去南海一游，结果“僧富者不能至而贫者至焉”，原因是穷和尚仅靠着一个钵、一个水瓶、两条腿就出发了，而当一年后，穷和尚从南海回来，富和尚还在为建造大船、备齐粮食想办法。这个故事启示我们，再完美的方案，没有落实就成了一纸空文。马克思曾说：“一步实际行动比一打纲领更重要。”习近平总书记指出：“崇尚实干、狠抓落实是我反复强调的。如果不沉下心来抓落实，再好的目标，再好的蓝图，也只是镜中花、水中月。”做任何事，不要把所有时间都用在设计完美方案上，想得差不多，就要着手去做。即使方案不是很完美，一旦经过民主决策、科学决策，就要坚决抓好落实，在落实中不断完善。

行动是最美的方案。“与其坐而论道，不如起而行之。”只有把方案变为具体行动，才能化为实际效果。纸上谈兵、虚谈废务，落不到实处，就是假把式。当前改革进入深水区，许多工作在开展前

“百家争鸣”，多研讨一下、多论证几次总是好的。但是，如果陷入没完没了的争论，囿于畏首畏尾的徘徊，就会白白错过改革的节点、贻误发展的良机。路是走出来的，事是干出来的，与其争论千遍，不如尝试一次。习近平总书记强调，“要做起而行之的行动者，不做坐而论道的清谈客”。领导干部不仅是事业的谋划者，更是落实的行动者。少些坐而论道，多些干而论道。必须牢记空谈误国、实干兴邦的道理，强化等不起的紧迫感、慢不得的危机感、坐不住的责任感，逢山开路、遇水架桥，大胆闯大胆试，敢为天下先。

八五、不迈出第一步，便永远无法走出第二步

道路是一步一个脚印走出来的，事业是一点一滴干出来的。“千里之行，始于足下”，“不积跬步，无以至千里”，迈出第一步最关键、最重要，起好步才能开好局，剩下的就是坚定不移一往无前。

良好的开端是成功的一半，精彩的开局是胜利的关键。“君子慎始，差若毫厘，谬以千里。”起步关乎整体，开局事关全局。步起稳了，再往后会乘势而上；头开好了，接下来会事半功倍。做任何事情，如果开始的方向搞准了、思路搞对了、方法找对了、步子迈稳了，就为下一步打下了坚实的基础，也才能顺利抵达目的地。如果一开始就把路走错了、走偏了，以后要纠正就很难，甚至永远到不了终点。领导干部做事情，有一个良好的开端、有一个精彩的开局

十分重要，如果“第一步”没能迈开，或者走得不稳、走得不好，剩下的“路”就很难走下去。初战力求胜。必须慎始慎初，迈好“第一步”、跑好“第一棒”、开好“第一局”。

万事开头难，敢开就不难。开头的一步显得比较困难，是因为不了解情况、没掌握规律，导致无从下手、不知所措。只要鼓起勇气、克服困难，硬着头皮迈出第一步，开了头后面的路就会变得清晰起来、好走起来。医生有第一次开方下药，教师有第一次登台授课，律师有第一次出庭辩护，人人都有第一次，再难也要迈出第一步。邓小平同志曾说：“看准了的，就大胆地试，大胆地闯。没有一点闯的精神，没有一点‘冒’的精神，没有一股气呀，劲呀，就走不出一条好路，走不出一条新路，就干不出新的事业。”习近平总书记强调：“不断去探索，不断去奋斗，不断去克服困难，使我们走上实现新阶段新目标的新道路。”所当乘者势也，不可失者时也。事业是干出来的，机遇是拼出来的。领导干部要直面挑战、迎难而上，大胆地试、大胆地闯，敢于开新局、谋新篇。

倾力深挖一口井，自有清泉涌出日。《荀子·劝学》篇说：“蚓无爪牙之利、筋骨之强，上食埃土，下饮黄泉，用心一也。”永不止步，才能不断进步；勇往直前，才能步步向前。现在越来越多的人喜欢跑马拉松，就是为了通过一往无前、永不止步的奔跑，不断挑战自我、超越极限，遇见更好更优秀的自己。毛泽东同志曾说：“一件事不做则已，做则必须做到底，做到最后胜利。”习近平总书记强调：“我们需要的是锲而不舍的韧劲，而不需要‘三天打鱼，两天晒网’的散漫。”开弓没有回头箭。领导干部定下来要做的事，就要以滴水穿石的精神、老牛爬坡的耐性、“不破楼兰终不还”的决心，持之以恒、久久为功，直至把事做成。

八六、沟通的核心是达成共识而不是通知

沟通是人们分享交流信息、思想和感情的过程，主要目的是在增进了解、建立互信的基础上达成共识。形成共识是为了更好地共为。可见，沟通不是广而告之，想要别人做什么、不做什么，需要讲究方法艺术。领导干部具备良好的沟通能力，是工作顺利、事业成功的助推器，也是重要的领导方法和工作方法。

沟通是人与人心灵的桥梁。天下事都是谈出来的。有管理学者研究表明，工作中70%的错误都是由于不善于沟通造成的。不同的人由于知识、阅历、认知、理想目标、价值取向、行为方式等方面的差异，必然对事情看法认知不同，如果要思想统一、达成共识，就需要沟通作为桥梁。有人曾这样描述：“沟通是一杯醇香的热茶，一阵和风细雨，赶走人们心中的阴霾，温暖心灵。”沟通可以敞开心灵、拉近距离、达成理解，可以疏通障碍、消除误解、化解矛盾，是连接人与人之间感情的桥梁，是心灵交流的媒介。工作中，领导干部需要与上下级、与人民群众、与友邻单位、与社会组织等不同的组织或个人打交道，这些过程都是沟通的过程，只有具备较强的沟通能力，才会赢得更多的理解、信任和支持，最终形成工作合力，

增强干事创业的凝聚力、战斗力。

共识共为是沟通交流的最美硕果。习近平总书记指出："人心是最大的政治，共识是奋进的动力。"共识是共为的前提。达成共识就是一切沟通的价值意义所在。其心不一，其行各异。理念是行动的先导。一个单位做任何事情，只有大家的思想统一了，才能实现行动统一、步调一致。否则必将是各吹各的号、各唱各的调，一盘散沙，不堪一击。所以，如何做好沟通工作，把大家的思想认识统一起来，把工作热情调动起来，把力量汇聚起来，这是领导者必须重视解决的问题。领导干部不管是抓班子带队伍，还是干事业谋发展，都要用好用活沟通这一手段，相互尊重，以诚相见，换位思考，求同存异，不断画出最大同心圆，寻求最大公约数，切实把更多人的思想行动统一起来，真正同心、同德、同向、同行干事创业。

沟通需要讲究艺术。有一位哲人曾说："没有沟通能力的人，就像陆地上的船，永远到不了人生的大海。"一些人也很积极主动地与人沟通，但经常达不到预期效果，问题就是出在缺乏沟通艺术。明者善因势而为、随势而动。提高沟通艺术，需要因势因时因地因人不断调整变化沟通方法。领导干部提高沟通艺术，关键是要善于表达，讲究说话技巧，把握说话方式，言简意赅，准确表达，该说的说好说透，不该说的不说，切实让对方知情达意；要善于倾听，多听对方的想法、立场、底线，多听对方的困难、问题，切实把对方的情况了解准、了解透；要善于换位思考，将心比心、设身处地地了解对方情况，主动站到对方立场上思考问题，多产生共鸣，多给予理解；还要善于总结，从分歧中寻找共同点、共赢点，求同存异，寻求最大公约数，提出互惠互利的方案；等等。

八七、合作的基础在于共赢

合作，即共同协作、共同做事，是人们之间为了共同目的，相互配合、相互促进的过程。一个人与他人合作，是凝聚更大干事创业力量的需要。如何与他人合作好？这其中有个人品质、处事能力、交往感情等方面的考量，但最基础考量在于互利共赢，没有利益共赢的合作很难做到，就是合作了也无法持久。领导工作谈合作、商合作，只有懂得并坚持“共赢”原则，才能更好地推动合作。

一人拾柴火不旺，众人拾柴火焰高。天时不如地利，地利不如人和。一个人本事再大，也不可能包打天下，只有善于与人合作，把身边的人凝聚起来，才能汇聚强大的力量。“能用众力，则无敌于天下矣；能用众智，则无畏于圣人矣。”合作能发挥每个人的优势，集思广益，取长补短；合作能团结每一分力量，众志成城、万众一心。合作是智者的选择，需要格局、胸怀、付出。一个领导班子如果同船不同向、划桨不给力，这样的班子战斗力必定不强。一滴水只有放进大海里才不会干涸。领导干部要摒弃个人英雄主义、零和游戏的狭隘思维，积极推动合作、参与合作，切实营造合作干事创业的氛围。

你美我美才是真的美。人与人不会无缘无故走在一起。走在一起的，有可能因共同的兴趣爱好，有可能因共同的理想、目标和价值追求，有可能因共同的物质诉求，这些“共同点”就是黏合剂、润滑剂，这才是合作的基础。习近平总书记指出：“包容普惠、互利共赢才是越走越宽的人间正道。”只有坚持共赢思维，双方都有好处、都有利益，合作才会顺利、持久。利独吞，则友散；福独享，则无亲。合作不是“吃独食”，有了“蛋糕”，就要有福同享、有利同沾。领导干部谈合作，就要坚持合作共赢理念，坚持双赢、多赢、共赢，推动双方利益分配趋于合理化、共利化，各美其美，美人之美，美美与共，共同发展。

八八、事成于和睦，力量生于团结

习近平同志在《之江新语》中写道：“团结就是力量，人和才能政通，同志之间、上下级之间以及部门之间以‘人和’为乐，以团结为贵，以协作为重，是事业成功的关键。”再强大的个人都不如一个团结的组织。一个组织内部，只有相处融洽、关系和谐，齐心协力、团结向上，才能形成强大的干事创业力量，真正把事业干成干好。领导干部追求和谐、崇尚团结，既是抓班子、带队伍要抓住的关键，也是团结凝聚队伍干事创业的前提。

同心山成玉，协力土变金。毛泽东同志曾说：“团结一致，同心同德，任何强大的敌人，任何困难的环境，都会向我们投降的。”无论干什么事，最关键的是人心，最难得的也是人心。心齐则有序，心齐则有力，心齐则有效。一个团队能否所向披靡，靠的不是一个人单打独斗，需要全体成员心往一处想、劲往一处使，风雨同舟，共为共进。习近平总书记指出，“一个手掌，摊开是‘多个指头’，握紧是‘一个拳头’。班子的团结就好比‘指头’与‘拳头’的关系”，“只有靠‘众人拾柴’和‘三个臭皮匠’之力，工作才能做好”。整体永远大于个体，任何个人都离不开团队，没有团队的力量，“孤家寡人”是打不了天下的。当领导干部就必须把讲团结作为最基本要求，当作个人政治素质和思想境界来坚持，自觉营造心齐气顺、和谐融洽的工作环境，最大限度调动一切积极因素，团结一切可以团结的力量，为事业不断发展创造有利条件。

和谐促进团结，团结凝聚力量。邓小平同志曾经说过，一个班子，即使个人素质弱一点，但只要团结，在整体上就是一个强班子；相反，班子成员个人素质很好，如果不团结，整体上就会变成一个弱班子、软班子。一个班子只有和谐团结，才会有力量，才会有凝聚力、战斗力。如果相互争斗、相互倾轧、相互排挤，如果各唱各的调、各吹各的号、各管各“家”，把关系搞得很恶劣、环境搞得很复杂，是不可能形成合作共事、团结干事的氛围的。习近平总书记指出，“乐在人和”，“要‘和’才能‘合’”。和谐是团结的基础，如果不和谐或者不够和谐，就不会有团结。一个领导班子要实现团结协作、团结共事，前提是大家都努力追求和睦、和善、和顺的同志关系、工作环境。团结和谐是最根本、最持续、最无限的力量，是成就事业、创造奇迹的关键。懂团结是真聪明，会团结是真本领。领导干部要坚持以事业凝聚人，理清工作方向，明确工作目标，完善激励奖惩机制，以事业留住人、团结人，在为党和人民事业共同奋斗中团结好同志。要善于以感情团结人，坚持严管厚爱相结合，工作上帮助、生活上关心，多帮助疏解困惑，多帮助解决困难，容人容言容事，在关心关爱中团结同志。要以人格魅力团结人，加强道德品质修养，加强科学理论武装，学习运用科学思维方法和工作方法，以真理的力量、人格的力量赢得干部群众的拥护和支持。

和谐不是“和稀泥”，团结不是“结团”。习近平总书记强调，“党内绝不允许搞团团伙伙、结党营私，搞了就是违反政治纪律”，“一团和气、好好先生、你好我好大家好，这不是团结，而是涣散，也是一种麻痹”。领导干部绝对不允许搞拉帮结派、团团伙伙，拉起小山头，结成小团伙、小派系；也不允许“和稀泥”，无原则、唯求和气、曲意逢迎。领导干部不“和稀泥”，就要敢于坚持原则、善于担当、勇于斗争，分得清是非曲直，大是大非面前敢于斗争，面对歪风邪气敢于坚决斗争，积极弘扬正气，传递正能量。做“和气人”，不做“软骨人”；做“老实人”，不做“老好人”。不“结团”，就要坚定政治立场、根本原则，讲纪律、讲规矩、讲原则，坚持在斗争中争取团结、在斗争中谋求合作、在斗争中争取共赢，遵守组织程序，服从组织决定，不搞非组织活动，不能把本来正常的亲朋好友、上下级等关系变成攀附利用、充斥庸俗味的名利场，坚决避免“山头主义”“圈子文化”“码头文化”。

八九、固执往往是盘踞心灵的愚昧根源

固执是一种坚持成见、不懂变通的心理现象。美国心理学家莱昂·费斯汀格认为，固执是由认知失调导致的，原因是自己决定行动以后，遇到与自己的认知、情感或价值观等冲突后引起的一种心理状态。固执的人总认为自己是对的，听不进别人的意见，执迷不悟，认死理、一根筋。领导干部如果固执，就会失去应有的理性，头脑就会不清醒，固执己见，独断专行，很不利于个人成长和事业发展。

固执是低水平的片面认知。固执的人尤其不理性、不理智，表现得偏执、偏激、傲慢，思想僵化、墨守成规，经常是“不撞南墙不回头”“不见棺材不掉泪”。越无知的人越固执。一个人知识水平、认知能力越低，其认识判断事物的思维、视野、看法就越单一、越狭窄，看问题通常很主观、很片面。而见识越广、认知水平越高的人，思想越开放、视野越广阔，自然看待问题也越全面、越客观、越公正。领导干部不能永远活在自己的世界里，不能刚愎自用、固执己见；不能思想僵化，防止被习惯思维和主观偏见束缚而造成认知固化、墨守成规；不能丧失理性和理智，不能丧失正常的认识、理解、思考和判断决断能力，避免辨不清是非对错。

要执着不要固执，要理性不要任性。“肩扛千斤谓之责，背负万石谓之任。”领导干部作为党和人民事业的领导者、组织者、推动者，其工作的思想方法和工作方法是否科学，直接关乎一个地方的发展、一方百姓的福祉。要执着，始终对事业保持一种信念、一种坚韧，发扬“钉钉子”精神，“咬定青山不放松”，以一往情深、一往无前的不懈追求状态，持续奋斗，不懈努力；要理性，树立正确的世界观、人生观、价值观和事业观、利益观、地位观、权力观，坚持运用马克思主义科学思想方法和工作方法研究解决问题，既不固执行事也不任性用权，不断提高理性思维和理性行为能力。

九〇、磨刀不误砍柴工

常言道：“居安思危，思则有备，有备无患。”不管做什么事情，事前进行充分准备、周密谋划和科学安排，不仅不耽搁做事的工夫，还能提高工作效率。凡事预则立，不预则废。领导干部要善于用全局和长远眼光把握事物发展的趋势和方向，客观辩证地思考和处理问题，谋定后动、有备而为，不仅能减少工作偏差失误，也能有效提高工作质效。

有备则无患，远虑解近忧。德国“铁血宰相”俾斯麦，做事前会做很长时间的准备，甚至在几年前就有所考虑，在充分估计事件的价值及变化情况后，再确定适当路线、制订周密计划，全力以赴去做，这种习惯让他取得巨大的成功。老话说，宁未雨绸缪，勿临渴掘井。不管做什么事，如果看问题、谋事业只盯住“眼前”，只看重“当下”，缺乏计划性和预见性，“临时抱佛脚”，当“无头苍蝇”，出现意外就会无招架之力、应对之策。实践反复证明，没有事先的计划和准备，盲目行动，就很难取得成功。领导干部做事前，必须要善于做足准备工作，既要有可行性研究，也要有不可行性研究，尤其是出台重大政策、决定重大事项之前，更需要提前研究、提前谋划、提前设计。

先谋后事者昌，先事后谋者亡。“兵马未动、粮草先行。”领导干部必须不打无把握之仗，不做无准备之事。要增强战略思维，认清形势、把握趋势、预判形势，既立足当前又着眼长远，对近期、中期，甚至长期的重大问题及未来发展趋势作出预见，切实提升工作的前瞻性、预见性。要周密谋划部署，坚持从实际出发，从高标准、严要求和可行性出发，通过深入调研、科学论证、统筹谋划和程序设计等综合性手段，反复权衡利弊得失，制定出高标准、严要求和接地气的时间表、路线图与责任清单。要增强忧患意识，注重“保底”“托底”“守底”，既要有防范风险的先手，也要有应对和化解风险挑战的高招，既要打好防范和抵御风险的有准备之战，也要打好化险为夷、转危为安的战略主动战。

九一、人到事中迷，就怕人不提

人们长期从事某一项工作，或者过于执迷于某事时，就会陷入事务主义，出现晕头转向、混混沌沌、分不清东西南北的情况。如果这时候有人提醒警示一下，或者开通开导几句，往往就能茅塞顿开、幡然醒悟，及时纠正过来、走出迷雾。领导干部亦非圣贤，也会出现迷茫、迷惑、迷惘的时候，也需要有人及时提醒警示、点拨开导。

当局者迷，旁观者清。邓小平同志曾指出：“我们忙于事务，不注意学习，容易陷入庸俗的事务主义中去。思想就容易庸俗化。”这就是告诫我们，如果陷入事务主义，就是自己看不清自己，自己不知道自己在干什么，很容易沉醉昏乱，失去辨识力、判断力，分不清对错，迷失了方向。工作中，一些干部工作“只顾低头拉车、不顾抬头走路”，整日忙忙碌碌、疲惫不堪；有的做事缺乏统筹谋划，没有长远规划，缺乏主动思考，疲于应付，忙而无功；有的思想僵化，思想不解放，观念老一套，思路跟不上，因循守旧，不敢创新突破，日复一日，重复昨天的“故事”，等等，都是陷入了事务主义，而不能及时走出来的体现。“不识庐山真面目，只缘身在此山中。”由于人们所处的位置不同，看问题眼光不同、视角各异，对客观事物的看法、认识也就不一样。“议事者身在事外，宜悉利害之事；任事者身居事中，当忘利害之虑。”领导干部要善于跳出自身看自身，提高两三个层次看问题，自觉接受旁人的提醒警示、点拨开导，积极从事务主义迷阵中幡然醒悟过来。

开门纳谏，乐于接受他律。“多闻者智，拒谏者塞。”一时一事的迷茫、迷惑、迷惘并不可怕，当陷入事务主义，执迷不悟、无法自拔时，只要能做到从谏如流，多听取各方面意见建议，就能走出

"迷阵"。领导干部要时刻保持开放心态主动听取意见建议，开阔胸襟、虚怀若谷，抛开面子、放下架子，坚持问政于民、问需于民、问计于民，虚心接受批评意见，了解自身存在问题。要善于在他律中保持清醒，增强政治敏锐性和鉴别力，对提出的批评意见、指出的问题，进行认真研究、分析、比对，择善而从，择是而改，及时从迷茫、迷惑、迷惘中清醒过来，摆脱出来。

九二、非常重要的事情当成紧急的事情去做

习近平总书记指出，"抓住重点带动面上工作，是唯物辩证法的要求"，"整体推进不是平均用力、齐头并进，而是要抓住主要矛盾和矛盾的主要方面，注重抓重要领域和关键环节"。领导工作中，事情必有轻重缓急之分，其中非常重要的事情就是要抓住重点关键，绝对不能马虎、不能松懈、不能拖沓。领导干部遇到非常重要的事，不退不拖、不等不靠，及时谋划推进，及时处理解决，是一项基本原则、一种工作方法和处事艺术。

尊重要事第一法则。美国前总统艾森豪威尔为了应对纷繁复杂的事物，发明了著名的"十字法则"，把需要做的事情分成重要紧急的、重要不紧急的、不重要紧急的、不重要不紧急的四个象限，强调第一时间要处理重要紧急的事。这就启示我们，要把非常重要的事情放在首要位置，第一时间来解决处理。非常重要的事情往往

关乎全局、关乎方向、关乎成败，是必须干好干出成效的，如果准备不充分、部署不周密、措施不得力，最终没能解决处理好，造成的影响往往很深远，造成的危害往往很巨大。领导干部必须把非常重要的事放在第一位，当机立断，果断出手处理，提前部署、提前研究，在争取更多时间中保证质量，在牢牢把握工作主动权中保证成效。

要事速办，马上就办。古人云："举网以纲，千目皆张；振裘持领，万毛自整。"非常重要的事情处理好了就能达到以点带面、整体推进的效果，更有力有效推动事业健康发展。领导干部遇到非常重要的事，要有速度，采取"热处理"的方式快速办理、速战速决，头脑冷静，及时把重要的事梳理分辨出来，迅速捕捉相关信息，第一时间抓住不放。要有力度，主动出击，积极进攻，行动到位，深入实际调查研究了解情况，措施得当得力，彻底解决问题不留后患。要有硬度，树立信心和决心，坚定意志，保持韧劲，不气馁、不灰心、不松劲、不退却，不达目的不罢休，不见成效不"收兵"。

九三、事以急败，思因缓得

事物的发展都有其客观规律，做任何事情如果违背客观规律，急于求成，急功近利，往往达不到效果，还适得其反。习近平总书记指出，"稳中求进工作总基调是治国理政的重要原则，也是做好工作的方法论”。做事情操之过急，则易出错、遭受失败。思考研究问题，也要深思熟虑后才能得到更好的思路。领导干部不管是研究谋划工作，还是具体组织推动工作，都要做到稳中求进、蹄疾步稳。

事急则乱，事缓则圆。人遇事如果慌慌张张、沉不住气，不能从容应对，不仅事情做不好，还会惹麻烦、出乱子。古人云：“仁人者正其道不谋其利，修其理不谋其功。”意为贤明之人做事，遵循事物发展的“道”和“理”，不违背客观规律，不急于求成。冷静状态下分析思考问题才能脉络清晰，从容状态下解决问题才能圆满。如果头脑发热、急功近利、急于求成，一味地追求速度，忽视客观规律，甚至逆其道而行之，很容易忙中出错、急中出事，反而会离目标越来越远。领导干部如果遇事不进行深入研判和长远考虑，心浮气躁、轻举妄动，就很容易把好事办砸、把实事办虚，弄得“满地鸡毛”。遇事沉着冷静、不急不躁方为成事良策。

蹄疾步稳，稳中求进。习近平总书记指出，稳是主基调，稳是大局，在稳的前提下要在关键领域有所进取，在把握好度的前提下奋发有为。领导干部做事必须淡定从容、不急不躁，步步为营、稳步推进。要沉着冷静，头脑不发热、遇事不慌张、办事不急躁，静下心来，稳住心神，再急的事也要有章法应对。要保持定力，审时度势，多想想前因后果，不冒失、不冒进，不胡干、不蛮干，深思熟虑后再作出判断和行动，不要慌慌张张作决定、糊里糊涂开始干。要稳中求进，发扬斗争精神，增强斗争本领，敢于冲破陈旧思想观念束缚，打破不合理的体制机制障碍，不断打通制约发展的“中梗阻”，推动事业不断上新台阶、取得新成效。

慎思方成事，三思而后行。《魏书·程骏传》有云："且攻难守易，则力悬百倍；不可不深思，不可不熟虑。"一次深思熟虑，胜过百次草率行动。老一辈革命家粟裕的常胜"秘诀"，就是事先对战略战术进行深思熟虑、周密运筹。领导干部养成思考的习惯，勤于思考、善于思考，思考得深、思考得全，思维就会越来越缜密，事业谋划才会更加周密稳妥。领导干部要善于思考谋划，思考研究前瞻性、战略性、全局性的问题，认真思考可能出现的风险困难矛盾，把握大局、洞察本质、看清趋势，拿出有效的应对处置办法；要进行比较分析，把利弊得失分析透彻，明辨是非，科学作出价值判断；要善于总结反思，既总结历史的经验，又总结别人的经验，把握规律，在思考研究中提出解决问题的办法措施，融会贯通、举一反三。

九四、按重要性办事，更能有效利用时间

习近平总书记指出，"当前，我国社会各种利益关系十分复杂，这就要求我们善于处理局部和全局、当前和长远、重点和非重点的关系，在权衡利弊中趋利避害、作出最为有利的战略抉择"。矛盾发展是不平衡的，任何事情都有轻重、主次之分。只有从诸多矛盾中抓住主要矛盾，从矛盾的诸多方面中抓住主要方面，才能更好地把握规律，提高效率，事半功倍。

将军赶路，不追小兔。习近平总书记指出，“面对改革的复杂形势和繁重任务，要牵住改革‘牛鼻子’，既抓重要领域、重要任务、重要试点，又抓关键主体、关键环节、关键节点”。抓重点、抓关键，既是工作理念，也是工作方法，更是取得成功的关键。古人打仗，习惯“射人先射马，擒贼先擒王”；农民耕田，懂得“牵牛要牵牛鼻子”；围棋博弈，明白“一子落而满盘活”。问题有大小，矛盾有主次，把握事物发展的主要矛盾，产生“牵一发而动全身”的效应，其他问题往往也就迎刃而解。“持其大纲，疏其节目，为政之上术也。”为政之要，在于务本。平均用力、一线平推，很多时候是抓住芝麻，丢了西瓜，不仅耽误了时间，也浪费了精力。领导干部主管一方、分管一域，工作千头万绪、复杂繁重，不能捡进篮子都是菜、眉毛胡子一把抓，必须把握先后主次，分清轻重缓急，把准对全局影响最大、最有决定意义的关键问题，牵住“牛鼻子”、找准“金钥匙”，精准发力、持续攻关、务求实效。

善用“十个指头弹钢琴”。习近平总书记指出，“统筹兼顾、综合平衡，突出重点、带动全局，有的时候要抓大放小、以大兼小，有的时候又要以小带大、小中见大，形象地说，就是要十个指头弹钢琴”。一首曲子，既有高音低音，也有节奏强弱。工作如曲谱，变化而有规律，丰富而有特点，必须十个指头都有动作。其技巧就在于根据曲谱的要求，合理把握手指的力度和在琴键上停留的时间，在每个时间点上弹出相应的音符。如果只是一个指头动，就弹不出好曲子。工作中，中心工作与其他工作紧密联系、相互影响。很多工作不是中心，但影响中心，如果不会“十指弹琴”，在繁重任务面前，不仅手忙脚乱而且还效率低下。必须强化辩证思维、系统思维、战略思维，处理好主与次、大与小、权与责的关系，搞好统筹兼顾和平衡协调，通过解决一个个实际问题，推进一项项具体工作，为实现全局目标任务创造有利条件。

五个指头没有力，握指成拳更有劲。集中力量，才能保证重点；集中资源，才能提高效率。习近平总书记强调，“我们最大的优势是我国社会主义制度能够集中力量办大事”。人、财、物是干事创业的三个基本要素。每个领导干部所处岗位不同，掌握的人、财、物资源也不尽均衡，想要抓好大事、办成大事，必须抓好资源调配整合，充分调动各方面的积极性、主动性和创造性，发挥各方协同、合力攻关的优势，把人力、财力、物力用在最需要的地方，最大限度地凝聚各方面的智慧和力量，实现权力资源的优化组合和整合提高，做到人尽其才、物尽其用。

九五、具体问题具体分析，万事不要想当然

习近平总书记强调：“学习掌握世界统一于物质、物质决定意识的原理，坚持从客观实际出发制定政策、推动工作。”俗话说，十个指头有长短，山中林木有高低。矛盾具有普遍性，无时不在，无处不有。矛盾又具有特殊性，各种事物的矛盾各有不同。只有坚持一切从实际出发，具体问题具体分析，才能找到解决问题的正确

方法。

一把钥匙开一把锁。毛泽东同志指出，“马克思主义的最本质的东西，马克思主义的活的灵魂，就在于具体地分析具体的情况”，强调要“看菜吃饭、量体裁衣”。这就告诉我们，在工作中要具体问题具体分析，对症下药、精准施策解决问题。如果不看对象“闭着眼睛捉麻雀”，不讲策略“手榴弹炸跳蚤”，结果必然是事倍功半。一切从实际出发，不是抽象的口号，不是空洞的道理，是实事求是的出发点和前提。领导干部要根据工作特点，在具体化、精准化、差异化上下功夫，把原则要求转化为可操作、能落实的办法，具体问题具体分析，因人因事而异，防止用不变的方法解决所有的问题。

入山问樵、入水问渔。习近平总书记指出：“要坚持具体问题具体分析，‘入山问樵、入水问渔’，一切以时间、地点、条件为转移，善于进行交换比较反复，善于把握工作的时度效。”事物都是现象和本质的统一，既没有不表现为现象的本质，也没有无本质的现象。了解事物的本质，需要融入其所处环境近距离观察研究，从现象入手去认识本质，运用理性思维去伪存真。领导工作说到底是一个从决策到落实的过程。做决策需要掌握实情，抓落实同样也需要心中有数。领导干部要主动沉下身子、放下架子，深入调查研究，不断把零散的、感性的、粗浅的认识系统化、理论化、深刻化，从而抓住事物的本质，找出内在的联系，得出正确结论。要坚持从实际出发谋划事业和工作，使决策、政策符合实际情况、符合客观规律、符合科学精神，不好高骛远，不脱离实际。

九六、趁精神饱满先解决问题

习近平总书记强调："良好的精神状态，是做好一切工作的重要前提。"人的精神有饱满和萎靡之分，精力也有充沛和衰竭之别。精神饱满，表现在外就是精力充沛、反应敏捷；表现在内就是积极向上、富有朝气。人的精神状态往往是解决问题、克服困难的关键。俗话说，气可鼓不可泄。无论是面对生活中的"绊脚石"，还是工作中的"拦路虎"，若能趁精神饱满时调动一切积极因素，集中精力、凝聚力量攻坚克难，问题就能迎刃而解。

神清气爽，办事"杠杠"。客观地说，人的精神状态也有好坏之分，有所起伏在所难免。只不过，有激情有担当的人往往能把"在状态"保持得很长，把"不在状态"压缩得很短。心理学家认为，人的大脑注意力是有限的，只有一次专注一件事情，才能在充满干扰的世界不浪费人生。好精神、好状态，只是干事创业、奋勇前行的前提，趁热打铁、集中精力地将好精神、好状态用在"刀刃上"才是攻坚克难、获得成功的保证。苹果公司创始人乔布斯说："人这辈子没办法做太多事情，所以每件事情都要做到精彩绝伦。"好精神、好状态，才有好形象、好姿态，才能适应新常态、提升新境界、迎接新挑战。领导干部只有学会趁热打铁，把有限的精力投入到攻坚克难中去，目标专一、精神专注，才能将工作做到极致、完美、精彩绝伦。

精神可鼓不可泄。“胜非其难也，持之者其难也。”毛泽东同志在《七律·人民解放军占领南京》中号召“宜将剩勇追穷寇，不可沽名学霸王”，要求“将革命进行到底”。古人云：“夫战，勇气也。一鼓作气，再而衰，三而竭。”足球比赛中，最后15分钟往往进球最多，原因就是防守松了劲儿。干工作亦是如此，很多工作不可能一蹴而就、毕其功于一役，如果不能一鼓作气、善作善成，再好的工作基础、再努力的工作过程都无济于事。行百里者半九十。干事业需要始终保持激情，越是接近目标，越应上紧发条，绝不能“一篙松劲”；越是抵近终点，越应坚持不懈，不能“鸣金收兵”。领导干部唯有在砥砺奋进中永葆奋斗姿态，才能攻坚克难御风向前。

九七、很多事情只是不同，并非是非

世界上的事物是多样的，因而事物的联系也是多样的。生活中，由于人们看问题的出发点不同，不同的人看待同一件事，可能看到的仅仅是事物的不同表象，并没有绝对的对和错。

横看成岭侧成峰，远近高低各不同。这句描写庐山秀丽奇峻风光的诗句，反映的是从不同的角度认识同一个事物，就会看到同一个事物的不同表象的道理。列宁说，本质决定现象，现象是本质的。任何事物都有本质和现象两个方面。本质是事物的内部联系，决定事物性质和发展趋向，是深藏的、相对稳定的、比较深刻；现象是事物的外部联系，是本质在各方面的外部表现，是表面的、多变的、丰富多彩的。本质和现象是对立统一关系。世界上不存在不表现为现象的本质，也没有离开本质而存在的现象。俗话说，仁者见仁，智者见智。人的认识具有主观性和差别性，看待同一个事物，往往会看到不同的现象。

耳听未必属实，眼见未必成真。现实世界中，绝对客观是不存在的，每个人的认知都有盲点。即使是亲眼看到的事物，也难免会因认知误差和理解偏差"一叶障目"，看不到事物的本质。对领导工作而言，对待问题本质的认识和看法不同，决策和执行的结果就大不一样。必须坚持凡事多问几个为什么，不能因为看问题角度的局限就只见树木、不见森林，更不能因为个人的好恶就妄下定论、以偏概全。只有深入研究，慎下定论，才能避免主观主义和片面性。

莫看江面平如镜，要看水底万丈深。习近平总书记强调，领导干部要"透过现象看本质，从零乱的现象中发现事物内部存在的必然联系，从客观事物存在和发展的规律出发，在实践中按照客观规律办事"。深刻的观察、深刻的判断、深刻的理解和深刻的结论，总是需要我们运用科学思维由表及里、透过现象看本质，认识客观事物的内在联系和本质属性。领导干部把握事物本质的能力，与个人知识、阅历、修养、视野、判断力等因素相关，只有充分掌握马克思主义的立场观点方法，从思想入手、从学习入手、从研究入手、从细节入手，对涉及的工作把握联系性，寻找规律性，探求必然性，才能透过现象看本质、从纷繁复杂的矛盾中抓住"牛鼻子"，提高工作洞察力。

九八、自觉对标对表，及时校准偏差

习近平总书记指出，“党的高级干部要自觉经常同党中央对表，校准自己的思想和行动”。“对表”一词既平实生动又寓意深远。钟表只有经常校对才能精准无误。同样，领导干部只有不断校准思想和行动的“指针”，人生之“表”才能“分秒不差”，从政才能正道直行，为官才能清廉有为，做人才能方正不邪。

脚步大小不重要，挪动方向最重要。方向是党生存发展第一位的问题，差之毫厘则谬以千里。我们党之所以从小到大、从弱到强、不断从胜利走向胜利，重要的一条就是全党上下有着很强的看齐意识，有了偏差就喊看齐、就自觉看齐。看齐，原意是指整队时，以指定人为标准排齐。一支队伍经常是不大整齐的，所以就要常常喊看齐，正如毛泽东同志指出的，“看齐是原则，有偏差是实际生活，有了偏差，就喊看齐”。习近平总书记讲过长征中的一个故事，红军过草地的时候，伙夫同志一起床，不问今天有没有米煮饭，却先问向南走还是向北走。这说明在红军队伍里，即便是一名炊事员，也懂得方向。方向比吃什么更重要。俗话讲，方向不对，努力白费。增强看齐意识，对领导干部来说，不是个人的小事，而是事关政治方向的大事；不是一般的品行要求，而是严格的党性要求。如果

“看不齐”“不看齐”，那么党思想上的统一、政治上的团结、行动上的一致就是空中楼阁，党的集中统一就难以保证，党的战斗力、凝聚力就会大大削弱。

经常看齐才能保持整齐。习近平总书记指出，“各级领导干部要有看齐意识，自觉向党中央看齐，向党的理论和路线方针政策看齐”。看齐是方法，整齐是目的，看齐要见行动，整齐要见效果。看齐的态度必须是严肃的、庄重的、绝对的，绝不能搞“自下而上层层看齐”、恭维逢迎的“假看齐”或有口无心的“虚看齐”。一定要坚定地以党中央为标杆，以习近平新时代中国特色社会主义思想为标杆，以党的路线方针政策为标杆，以党中央决策部署为标杆，把看齐落脚到自觉增强“四个意识”、坚定“四个自信”、做到“两个维护”上，全面贯彻党的基本理论、基本路线、基本方略，不折不扣贯彻落实党中央决策部署，始终与党中央心往一处想、智往一处谋、劲往一处使。

时时勤校正，航向不偏离。习近平总书记强调，领导干部要“提高政治站位，把准政治方向，坚定政治立场，明确政治态度、严守政治纪律，经常校正偏差，做到党中央提倡的坚决响应、党中央决定的坚决照办、党中央禁止的坚决杜绝”。古人云：“智者事事反求诸己，愚者处处外求于人。”自觉“校正偏差”的过程实则就是“自省”的过程。自觉“校正偏差”的意识越强，党性的锤炼就会越深，境界的提高就会越大。领导工作首先是政治工作，领导能力首要的是政治能力，对于领导干部而言，“对标找差”“校正偏差”不是被动地找任务指标，简单地比发展数据，而是要在思想上政治上行动上全方位向党中央看齐，做到表里如一、知行合一。要经常对照习近平新时代中国特色社会主义思想和党中央决策部署，对照党章党规，对照人民群众新期待，对照先进典型、身边榜样，认真检视和检查自己的言行对不对、党性强不强、工作实不实、要求严不严，经常反省、及时纠偏，决不能有令不行、有禁不止，决不能上有政策、下出对策。

九九、追着问题走，围着难点转

习近平总书记指出，“坚持问题导向是马克思主义的鲜明特点，我们中国共产党人干革命、搞建设、抓改革，从来都是为了解决中国的现实问题”。人类认识世界、改造世界的过程，就是发现问题、解决问题的过程。领导工作的过程，说到底也是由问题倒逼产生，又在不断解决问题中深化的过程。领导干部只有树牢问题意识，始终坚持识短不怕丑、揭短不怕痛、治短不犹豫，才能把短板变长，把弱项变强，推进工作不断取得新进步。

没有问题就是最大的问题。习近平总书记指出，“问题是创新的起点，也是创新的动力源。只有聆听时代的声音，回应时代的呼唤，认真研究解决重大而紧迫的问题，才能真正把握历史脉络、找到发展规律，推动理论创新”，领导干部必须“不回避矛盾，不掩盖问题”。马克思曾说，“问题就是时代的口号”。一个地方、一个单位的建设发展，总是存在着各种各样的矛盾和问题，老的问题解决了，新的问题又产生了。能不能树立问题意识、坚持问题导向，做到追着问题走，围着难题转，反映着一个领导干部的精神状态和思想境界，体现着一个领导干部的担当和勇气。领导干部只有牢固树立强烈的问题意识，不断增强发现问题的敏锐、正视问题的清醒、解决问题的自觉，把心思精力转移到始终聚焦重点、攻克难点、打通堵点，才能履行好自身的职责使命。

发现问题是水平。低标准的尺子只能量到长处、成绩，高标准的尺子才能量出短处、问题。解决问题首先要善于发现问题、敢于正视问题。管理学著名的吉德林法则认为，提出问题有时比解决问题更重要，看不到问题或没有问题是最大的问题；只有先认清问题，才能很好地解决问题。问题是客观存在的，找问题就是在找抓手，抓问题就是在抓关键。领导干部在问题面前不能讳疾忌医，不能避重就轻，必须心里始终装着问题，眼睛始终盯着问题，善于在洞察事物变化联系中发现最关键、最突出、最要害的问题，勇于在总结经验教训中正视认识上的盲点、工作上的缺点、前进中的难点，切实把各种问题找出来、分析透。

直面问题是勇气。习近平总书记强调，“我们共产党人的斗争，从来都是奔着矛盾问题、风险挑战去的。对于工作中的困难、问题和矛盾，应该主动正视而不是‘充耳不闻’，应该寻求解决而不是‘避溺山隅’或者‘束之高阁’”。问题是矛盾的外化，解决问题必然触及矛盾。革命不是请客吃饭，革命就是要解决问题、攻克难题。改革发展稳定是一场深刻的社会革命，不可避免要打破既有利益格局，触及深层次利益矛盾。领导干部一定要有勇于自我革命的气魄和坚忍不拔的毅力，敢于向积存多年的顽瘴痼疾开刀，决不能敷衍矛盾、上交矛盾、推脱矛盾，更不能扩大矛盾、激化矛盾。

一〇〇、勿因事小而不为

习近平总书记强调，领导干部要“善于观大势、谋大事”，“要坚持抓大事、谋全局，把主要精力放在抓战略问题、全局指导、宏观决策上”，要“胸怀大局、把握大势、着眼大事”。同样，重视小事，关注细节亦是为官从政的良好习惯。

得其大者可以兼其小。领导工作中，并不是所有工作都是大事，也有很多小事。领导干部因为工作分工不同，虽然不必主动去找“小事”管，但对身边的“小事”，群众找上门的“小事”，举手投足之间便可处理的“小事”，不能避之不管，更不能因小而烦、因小生厌。“小事”折射形象，“小事”关系党风、政风。群众评价领导干部的形象、作风，不仅仅是看办了几件大事，还要看在“小事”上表现得怎么样。俗话说，“志在高山行在微”。办小事是成大事的基础和前提。每一件涉及国家和地方发展全局的“大事”，最终还要落实到那些看似“鸡毛蒜皮”的小事上。“小事”日积月累，就是功德无量的“大事”。领导干部既要多想“大事”更要多做“小事”，不能因为“大事”而忽略了“小事”。须知，不注重“小事”，“小事”最终也会发展成“大事”；不注重“小事”，“小事”最终也会坏了“大事”。

老百姓的小事都是大事。习近平总书记指出，“‘群众利益无小事’；群众的一桩桩‘小事’，是构成国家、集体‘大事’的‘细胞’，小的‘细胞’健康，大的‘肌体’才会充满生机与活力”。民生“小事”成就发展“大事”。民生存在于每一件小事之中，亿万人的小事就是一件大事。秋收起义后，红军向井冈山转移时，由于有的战士肚子饿了顺手偷吃了老乡的红薯。毛泽东同志发现后，亲自为部队规定三大纪律，其中就有不拿老百姓一个红薯。不拿老百姓一个红薯，看起来只是一件小事，实则是损害群众利益的大事，反映的是共产党人的人民观、价值观。党的事业就是一座高山，这座高山是由无数“平凡小事”堆积而成的。一个真正把为人民服务作为宗旨的共产党人，就应该善于从身边的小事做起，用一块块“砖石”砌成党和人民事业的壮丽大厦。对于领导干部而言，凡是涉及群众切身利益的事情，再小都不能含糊，再小都要竭尽全力去办，只有一件接着一件抓，抓一件成一件，积小胜为大胜，人民群众对美好生活的梦想才能真正成为现实。

一〇一、在逆境中勇敢坚强，在顺境中清醒警惕

习近平总书记指出，“要正确对待一时的成败得失，处优而不养

尊，受挫而不短志，使顺境逆境都成为人生的财富而不是人生的包袱”。事物的发展是前进性和曲折性的统一，顺境和逆境也是对立统一的。古人云：“事者，生于虑，成于务，失于傲。”处逆境，要懂得“只要思想不滑坡，办法总比困难多”，坚强勇敢、迎难而上；居顺境，要谨记“生于忧患，死于安乐”，居安思危，未雨绸缪。

坚强的人从来不畏逆境。人生之路不可能一帆风顺。面对逆境，不同的人有不同的态度。懦弱的人会逃避，胆小的人会哭泣，浮躁的人会抱怨，唯有坚强的人不为困苦所屈服、不为艰难而低头、不为艰险而吓倒，在逆境中总结，在逆境中提高，在逆境中奋起，在逆境中走向成功。毛泽东同志指出，“我们是为着解决困难去工作、去斗争的。越是困难的地方越是要去，这才是好同志”。遇到磨难、历经坎坷时，只有勇敢面对挑战，才能从容迎接挑战、坚决战胜挑战；只有坚韧不拔才能增进自强、彰显自立、成就自我。现实工作中，改革发展稳定各种矛盾、各类风险无处不在，领导干部期望为政之路事事顺利并不现实，勇于直面矛盾、解决问题、化解风险，将是工作常态，只有摒弃贪图享受、消极懈怠、回避矛盾的思想和行为，不断提高自身面对挫折、摆脱困境和超越困难的勇气和能力，才能在应对重大挑战、抵御重大风险、克服重大阻力、解决重大矛盾中始终保持共产党人敢于斗争的风骨、气节、操守、胆魄。

持满每忧盈，处顺常思危。自古以来，逆境成才备受尊崇，“艰难困苦，玉汝于成”“梅花香自苦寒来”最激励人。其实，克服逆境不容易，渡过顺境方英雄。人在顺境，要风得风、要雨得雨，假如头脑发烫、意志萎缩，问题就会找上门来，泰极而否、乐极生悲的人不在少数。习近平总书记告诫全党，“越是取得成绩的时候，越是要有如履薄冰的谨慎，越是要有居安思危的忧患”。古今中外的历史表明，精神懈怠、安而忘危是一个政权、一个王朝面临的系统性风险之一；“其兴也勃焉、其亡也忽焉”的历史周期率发生作用，往往是从安而忘危开始的。当前，我国发展前景光明、振奋人心，但面临的挑战也前所未有，更要居安思危，提高警惕。领导干部只有在坦途上想到泥泞与荆棘，在一帆风顺时提防飓风与暗礁，凡事从“最坏”的可能来设想、来预警、来准备，才能做到心中有数、手里有牌、脑中有事、做事有谱，即使碰到大风大浪，也能“任凭风浪起，稳坐钓鱼台”。

一〇二、事业常成于坚忍，毁于急躁

所谓坚忍，指坚持而不动摇，面对看似难以抗拒的巨大困难所表现出的强大心理承受能力。古人云，“学道能坚忍，何人不得仙”。坚忍的人，总是有坚不可摧的信念、坚忍不拔的意志、坚持不懈的毅力，沉稳冷静、不急不躁，始终保持“凛凛霜后松”之姿，从容迎接生命旅程上的风风雨雨。领导干部必须是一个坚忍的人，方能乘风破浪、行稳致远，干出一番事业来。

立大事者，必有坚忍不拔之志。“年龄最小、地方最苦、时间最长”，这“三个最”可以说是习近平总书记插队生涯最鲜明的印记。

那时候他“铆足劲扎根干”，什么苦活累活都干过，即使最后只剩他一个知青了，也依然是该干活干活、该吃苦吃苦，坚忍不拔、毫不懈怠，不但入了党，还当上了大队党支部书记。这些曲折经历成了他成长路上的磨刀石，在艰苦磨砺中逐步成长为党和人民事业的坚强领导核心。成功的道理有千万条，但如果没有坚忍不拔的意志品质，一切的道理都没有用。干事创业并不是一帆风顺，也不可能一劳永逸，过程中有坎坷、有波折、有酸甜苦辣，越是艰险，越是考验领导干部的党性、能力、意志。领导干部只有坚忍不拔、百折不挠，发现问题不回避、面对矛盾不动摇、遇到困难不畏惧、遇到危机不退缩，始终保持“千磨万击还坚劲，任尔东西南北风”的韧劲，才能真正扛起扛稳肩上的重担和使命，为官一任、造福一方。

急则有失躁则无智，欲当大任须沉稳。陈云同志曾说，“搞急了是要出毛病的。毛毛草草而发生错误和稳稳当当而慢一点相比较，我们宁可采取后者”。这是强调遇事要做到沉着稳重、不急不躁，分清轻重缓急，把控好节奏。急躁的人干什么工作总想一蹴而就，今天刚布置，明天就想出成效，只要“彩头”、不要“实效”，只求速度、不管质量，早晚得出事，最终前功尽弃，落个白干。事物的发展都有其客观规律。不管从事什么工作，如果头脑发热、急功近利，做一些不合时宜、不合逻辑、不合情理的事，就是违背客观规律，往往达不到效果，还会适得其反，既是对事业的不负责，也是对自己的不负责。“浅水喧哗，深水静流。”领导干部必须克服急躁心态，尊重客观规律，坚持从客观实际出发，坚持稳中求进，搞好顶层设计，把握好节奏和力度，不感情用事，不莽撞冲动，不盲目追求短期政绩效应，稳步推进事业发展。

一〇三、成功源于坚持

习近平总书记指出，“只要坚持，梦想总是可以实现的”。做任何事情，只要持续努力，不懈奋斗，就没有攻克不了的难关；如果半途而废、虎头蛇尾，终将一事无成。党的事业前途是光明的、道路是曲折的，唯有坚持不懈、持之以恒，才能创造不平凡的业绩。

坚持就是胜利。鲁迅先生曾说：“不耻最后，即使慢，驰而不息，纵令落后，纵令失败，但一定可以到达他所向往的目标。”成大业不在于力量的大小，而在于能坚持多久。“蓝图绘了一张又一张”，“三天打鱼两天晒网”，“打一枪换一个地方”，等等，这些都是对自己、对工作、对党和人民事业极不负责任的表现。干事创业难在坚持、贵在坚持、成在坚持、赢在坚持。领导干部只有以一如既往的毅力、一鼓作气的耐力和一往情深的定力坚持不懈、奋战到底，才能干出实实在在的业绩，赢得人民的信任和拥护。

善始善终，方能善作善成。习近平总书记指出，领导干部抓工作“要以踏石留印、抓铁有痕的劲头抓下去，善始善终、善做善成，防止虎头蛇尾”。干事创业的过程就是一个在继承中创新、在创新中发展的持之以恒、接续奋斗的过程。在这个长期过程中，不会一直风平浪静、一马平川，有许多“雪山”“草地”需要跨越，有许多“娄山关”“腊子口”需要征服，而且往往越接近目标的时候，就越容易产生懈怠情绪，越容易掉以轻心。然而，差一步都不是终点、少一秒都不算胜利。没有结果，再精彩的过程都等于零。领导干部要坚持一张蓝图绘到底，一茬接着一茬干，敢负责、勇担当、善作为，把事业接续干下去，让事业在继往开来中不断创新发展。要发扬“钉钉子”精神，以“咬定青山不放松”的干劲始终朝着目标一抓到底，始终以永不懈怠的精神状态和一往无前的奋斗姿态推进各项工作。要打通“最后一公里”，慎终如始、全神贯注，攻坚克难、披荆斩棘，全力以赴把最后的任务完成，善始善终、善作善成。

一〇四、世界上最大的谎言就是“你不行”

人们都希望得到外界的肯定和鼓励，这是天性使然。然而也正因如此，当别人对自己说“你不行”时，我们往往最容易“上当受骗”，马上开始自我怀疑，本来积极的态度也变得消极，本能胜任的工作也打起了“退堂鼓”。其实，一个人“行不行”，外界说了不算，自己说了才算。李白早有诗云，“天生我材必有用”，“我辈岂是蓬蒿人”。领导干部做任何事情，相信自己行就一定能行，“你不行”可谓是弥天大谎。

不怕万人阻挡，只怕自己投降。在电影《当幸福来敲门》里，父亲克里斯对儿子说：“如果你有梦想的话，就要去捍卫它。别让别人告诉你，你成不了才，即使是我也不行。”只有相信自己，才能跨过外界的否定和打击，勇敢面对前进路上的困难与挫折，使不可能变为可能，使可能变为现实。莎士比亚曾说：“自信是走向成功的第一步。”自信是成功人生的必要条件，是成功的前提和重要精神支柱。有了自信，即使遇到外界的否定和怀疑，也能举重若轻、淡定从容；有了自信，就能保持最佳状态，把全部精力集中到所追求的目标上；有了自信，就有了开拓进取的强大精神动力。自信对于一个领导者尤为重要，特别是在面对困境时，一个领导干部的自信就是整个组织的自信心，就是人民群众的自信心。如果连自己都不相信自己，前怕狼后怕虎，组织和人民又如何相信你？如何能够放心把重任交给你？“我行”“我能”“我可以”，应该成为领导干部的口号和名片，对自己有十足的信心，坚信自己能够扛起肩上的担子，坚信自己能够战胜一切的艰难险阻，临危不惧、勇往直前，不辜负组织和人民的重托，用自己的信心、实力和实绩，赢得组织的信任和人民的支持。

自信人生二百年，会当水击三千里。有这样一句谚语：“假如您想您能够，您就能够；假如您想您不能够，您就不能够。”自信是人生的风帆，是成功的秘诀。领导干部要在正确认识自我中产生自信，实事求是地评价自己，既不过高地看待自己的长处和成绩，也不贬低自己的能力，既不自卑，也不自负，不断增强积极性和创造性，激发内心向上的力量。要在学习实践中增加自信，学习党的创新理论，学习业务知识技能，不断地摸爬滚打、百炼成钢，不断充实自我、更新自我，让自信更有底气。要在实绩实效中增强自信，既要做让老百姓看得见、摸得着、得实惠的显绩，又要做为后人作铺垫、打基础、利长远的潜绩，不务虚功、不图虚名，凭本事说话，以实干立身，用实绩实效取信于人，在一次次成功中增添新的自信。

一〇五、信心就是勇气，决心就是力量

信心是对人对事对物的积极肯定和信任程度，决心是坚定不移的意志。信心和决心都是人生成长的强大精神支柱，是走向事业成功的强大心理动力，信心满满就能英勇无畏、锐意进取，决心坚定就能坚持不懈、百折不挠。领导干部干事创业既要充满十足信心，又要坚定必胜决心。

信心化智勇，战退千军阵。美国作家、诗人爱默生说："自信是英雄的本质。"爱尔兰剧作家萧伯纳曾说："有信心的人，可以化渺小为伟大，化平庸为神奇。"信心来自对形势的清醒认知、对事务的科学谋划、对任务的积极执行、对目标的奋发作为。有了信心，看似"不可能完成的任务"就有了坚决完成的基础和保证。革命战争年代，无数革命志士，即使在直面死亡威胁的关头，都始终英勇无畏，就是在于对自己、对组织、对我们党、对我们的伟大事业的坚定信心。正是由于这种信心的支撑，我们党团结带领人民攻克了一个又一个难关，取得了一个又一个胜利。很多时候，决定事情成败的因素不是困难有多大，而是我们克服困难的信心和意志有多大，

打败自己的不是别人，而是自己的内心。领导干部在任何时候、任何情况下，都必须坚信没有完不成的任务、克服不了的困难、战胜不了的敌人，毫无畏惧面对一切困难和挑战，斗志高昂、信心饱满，不断把党和人民事业推向前进。

咬定青山不放松，不破楼兰终不还。拿破仑曾说："凡是有决心取得成功的人从来不说'不可能'。"1945 年，毛泽东同志在党的七大上提出的"下定决心，不怕牺牲，排除万难，去争取胜利"，成了激励一代又一代中国共产党人战胜艰难险阻、取得一个又一个胜利的精神力量。前进道路并非一帆风顺，伟大事业也非一蹴而就。进入新时代，不论是决战脱贫攻坚，还是抗击新冠肺炎疫情，都需要坚定必胜决心。只有有了必胜决心，才能倍增攻坚克难的磅礴力量。习近平总书记强调，"不获全胜决不轻言成功"。领导干部做任何事情都要坚定决战到底的决心、坚定必胜的决心，不动摇、不松懈、不止步，以舍我其谁的担当，以过五关斩六将的气势，撸起袖子加油干，团结一切可以团结的力量，尽最大的努力，争取最好的结果，以实际行动在"赶考路上"向人民群众交出一份份合格答卷。

一〇六、信心源于实力，实力源于不断的努力

心理学研究表明，一个人只有充分掌握了生活与工作的相关知识和技能，他才能在这方面表现出自信心。这就告诉我们，一个人

没有实力是不可能产生真信心的。然而，人的实力不会自然生成，唯有靠后天持续不断的努力才行。领导干部一定要刻苦努力、厚培实力，不断增强干事创业的信心。

信心是实力撑起来的。2020 年，突如其来的新冠肺炎疫情给世界经济社会发展带来了全面深刻的变化。习近平总书记指出，“我们完全有信心、有能力、有把握打赢这场疫情防控的阻击战”。面对来势凶猛的疫情，“信心”是习近平总书记向世界反复传递的一个重要信息。这种坚定的信心，建立在中国共产党的坚强领导，以及我国在道路、理论、制度、文化等各方面的强大综合实力之上。不仅我们信心满满，也给世界各国人民注入了宝贵的信心与力量。大到一个国家，小到一个人，唯有实力过硬，才有自信的资本。当一个人学识、见识和胆识集于一身，能力、经历和阅历兼容并蓄时，自信也就不请自来了，在战胜困难获得成功中不断获得更大的自信，形成良性循环。没有实力的自信心，只能是没有底气的“假自信”，自欺欺人。当干部要靠实力说话，实力是根本。有实力，才有真自信。

努力造就实力。抗日战争中，毛泽东同志指出，“敌强我弱，我有灭亡的危险。但敌尚有其他缺点，我尚有其他优点。敌之优点可因我之努力而使之削弱，其缺点则可因我之努力而使之扩大。我方反是，我之优点可因我之努力而加强，缺点可因我之努力而克服”。面对当前这样一个千帆竞发、百舸争流、有机会干事业、能干成事业的时代，领导干部要坚持在努力中找差距，对照习近平新时代中国特色社会主义思想和党中央决策部署、对照党章党规、对照人民群众新期待、对照先进典型榜样，把工作摆进去、把职责摆进去、把自己摆进去，查找问题，发现不足。要坚持在努力中补短板、强弱项、增才干，干什么学什么，缺什么补什么，不断地学习积累，不断地实践磨砺，不断地自我净化、自我革新、自我完善、自我提高，真正练就人无我有、人有我优、人优我强的硬实力，成为一名组织满意、群众放心的有实力有信心的好干部。

一〇七、压力是个好东西

压力无处不在、无时不有，而且随着当今时代发展速度的加快，人们在生活、工作、学习中感受到的压力越来越大。一定的精神压力对人的工作和学习非常必要，是有益的，它常能使人振奋精神，集中注意力，改善记忆功能。“铁人”王进喜曾说过，钻机之所以能钻出井来，是因为有压力。领导工作的特殊性意味着领导干部面临的压力更加复杂，“高处不胜寒”是不少领导干部的切身感受，但是学会把压力控制在合理范围内，化压力为动力，压力就会是个“宝”。

压力是常态，关键看心态。领导工作是一项很有挑战性的工作，领导干部面临的问题与挑战异常复杂。发展的速度、改革的深度，标注着工作的强度、治理的难度，许多干部对此感到“担子重、难题多、压力大”。习近平总书记指出，“越是责任重大的岗位，遇到的压力肯定会越大”。在压力面前，考验着干部心态、能力和意志。

领导干部如果把压力视为“成长的动力”，当作是“动力的祝福”，敢于接纳压力、剖析压力、挑战压力，了解压力的来源，创造更有利的工作环境来缓解压力，改善压力的应对方式，从而化压力为动力，压力就成了催人奋进的力量、干事创业的“助推器”。反之，如果在压力面前怨天尤人、自暴自弃，从此一蹶不振，最终将一事无成。

井无压力不出油，人无压力轻飘飘。习近平总书记在《之江新语》一书中写道：“有压力是事业心和责任感的体现”，“把压力转化为动力，可以促进工作，提高质量”。领导干部感到有压力，才能充分挖掘自身的潜能，才能最大限度地发挥自己的积极性、创造性，才能倒逼自己能力水平的提升，才能更好地完成党和人民赋予的光荣使命。有压力也是保护干部的有效措施。常常感到党和人民在监督，无形中产生了压力，一举一动都有战战兢兢、如临深渊、如履薄冰的感觉，这样才能约束自己坐得端、行得正。一个成熟的领导干部，要学会与压力共处，会把压力置于自己身后，让其成为一种推动力，激发源源不断的内生动力，迫使自己不断前进。

外在压力增加时，就应增加内在动力。“文武之道，一张一弛。”对于领导工作而言，张弛有度是重要的工作方法，必须学会松紧适度、灵活运用。该减压时要善于调适心态、缓解压力，预防身心超负荷运转，不搞疲劳战术；该加压时要善于增强工作的紧迫感，强化责任心，集一切精力于工作，一分一秒都不能放松。领导干部要正确看待压力，面对压力不焦虑、不恐慌，敢于面对、主动担当，化压力为动力，把压力看作前进路上的“磨刀石”“铺路石”，不被压力打倒，而是愈压愈强、越战越勇。要善于化解压力，加强学习，提升本领，增强工作的科学性、预见性、主动性，面对风险“稳坐钓鱼台”，面对机遇“风正一帆悬”，以自身能力的提升不断化解工作压力。要合理释放压力，调适心态，积极乐观，多进行积极的心理暗示，多自我鼓励，培养积极健康的兴趣爱好，保持向上向善的阳光心态，以最好的精神状态投入每一项工作中。

一〇八、忍耐是对付所有困难的最好药物

俗话说：“只要精神不滑坡，办法总比困难多。”这个“精神”中首要的就是忍耐。在困难面前只有首先忍得了、耐得住，才能静下心来战胜它。领导工作中时常面临大事要事急事难事，领导干部做工作更加需要增强忍耐力，来不得半点马虎、急躁。

小不忍则乱大谋。古人云：“孔子之忍饥，颜子之忍贫，闵子之忍寒，淮阴之忍辱，张公之忍居，娄公之忍侮；古之为圣为贤，建功树业，立身处世，未有不得力于忍也。凡遇不顺之境者其法诸。”忍耐是智慧的象征，也是修养的表现。自古以来，凡成大事者无不善忍、能忍，把忍耐当成战胜困难、缓解矛盾、解决问题的一剂“良药”。在忍耐中想办法、找思路，在忍耐中动心忍性、积蓄力量，在忍耐中化繁为简、化危为机，最终变被动为主动，成就一番事业。“一忍可以支百勇，一静可以制百动。”不顾客观实际、逞一时之能

的匹夫之勇，不仅不能解决困难问题，还会影响自己、贻害工作、贻误事业。

沉住气方能成大器。老一辈无产阶级革命家都是善于忍耐和等待的政治家。毛泽东同志曾说，“忍耐最难，但作一个政治家，必须练习忍耐”。陈云同志从20世纪50年代后期就受到错误批评，此后长达20年的时间里，他一直受到不公正的待遇。但他总是顾全大局，维护党的团结，为党和人民的事业尽心尽力。干事创业的前途是光明的，道路是曲折的。越能忍耐的人，就越有宽广的胸襟，能容他人不能容、忍他人不能忍，才能成大事、成大器。真正的成功就隐藏在忍耐的背后。然而现实中，有的干部缺乏涵养，不顾大局，因为一点小利就与人纠缠不清，因为一句话与人争个面红耳赤，不仅有害身心，更影响团结；有的因为缺乏能力，大事办不了，小事办不好，随时像只热锅上的蚂蚁，静不下心来学习理论、钻研业务、积累经验；有的因为缺乏定力，对一些小贪小占“看破忍不过”，忍不了清贫，耐不住寂寞，认为自己辛苦干活吃一点拿一点无损大节，做不该做的事，说不该说的话；等等，都是有百害而无一利。领导干部只有修炼忍耐的境界和品格，破除急功近利的思想，才能扛得住艰苦、耐得住清贫、忍得住寂寞、经得住磨炼。

忍耐不是消极地等待。恩格斯曾说：“为了顾全主要的事情，在次要的问题上作出让步。”真正的忍耐不是一味地忍受，不是消极退让和逃避，而是审时度势、厚积薄发，控制事物发展的主动权。积极的理性的忍耐是一种智慧和艺术。对于涉及党性、国家利益、人民利益等方面的问题，决不姑息迁就。对于其他一般性的问题，只要能顾全大局，有利于维护安定、团结、和谐、双赢的局面，有利于矛盾困难的尽快解决，有利于障碍冲突的顺利化解，就可适度忍耐。领导干部要站在总揽全局、维护长远利益的高度，学会忍耐、敢于忍耐、善于忍耐，越过障碍、寻求共识，最终达到变被动为主动的目的，取得最终的胜利。

一〇九、事越烦，越要耐烦

耐烦是指不怕事情烦琐，有耐性。耐得住烦是一种修炼，也是为人处事的重要条件。耐烦的人，能够掌控自己的杂念妄想，消融烦恼，不怨天尤人，保持温和平静，不怕烦难，不惧干扰。对领导干部来说，耐得住烦，不避琐碎、不畏烦难，任劳任怨、踏实肯干，更是一种必须具备的品质要求。

事无巨细皆不忽，综理密微贵耐烦。淮军创建之初，李鸿章推荐的三个人才前来拜见曾国藩。曾国藩没有立刻接见他们，而是在暗处悄悄地观察。半个时辰之后，他发现三人中有两人等得不耐烦了，或是东张西望，或是神色焦急，只有一人，虽相貌平庸，却器宇轩昂，仰望天上的浮云，淡定自若。他对李鸿章说，三人中只有一人才堪大用，做大事最重要的就是耐烦，三人中只有一人耐得烦，必成大器。被曾国藩看中的那个人，就是日后淮军名将、中法战争中的大功臣刘铭传。古之成大事者，都是能“耐烦”之人。“耐烦”

二字练人意志，耐烦之人必成大器。实际工作中，难免会遇到各种矛盾与困难，如果摆不正心态、放不平心绪，就会由此生出种种“烦”来。面对一时之“烦”，只有秉持“每临大事有静气”的沉稳、“风物长宜放眼量”的气度、“心底无私天地宽”的胸襟、“任尔东西南北风”的坚毅，才能在千事烦中“动心忍性，增益其所不能”。

耐得千事烦，方解百姓忧。清代廉吏陈宏谋在其《从政遗规·耿恭简公耐烦说》中曾讨论过为官者“耐烦”的问题：“居官莅事，牒诉纷错，日出事生。欲每事躬亲料理，未有不以为苦者。一有厌苦之心，便有不耐之意。或草率了事，或假手他人，或阘茸稽延，或急遽无序。民亦多蒙其累，事便不得其平。”大意是，为官要“耐烦”琐碎小事，不论事情多少，也不论事情大小都不能怠慢，如果草率了事，拖沓敷衍，老百姓就要受苦了，事情也做不好。常言道，“上面千条线，下面一根针”。广大领导干部，尤其是基层干部，与群众打交道，事无巨细，工作难免会比较琐碎。古人云，“居官以耐烦为第一要义。”领导干部只有摆正心态，耐下性子，日积月累，苦干实干，才能得到群众的真心拥护，才会真正成为群众的贴心人。

心为百姓，不厌其烦。习近平总书记指出：“对老百姓来说，他们身边每一件琐碎的小事，都是实实在在的大事，有的甚至还是急事、难事。如果这些‘小事’得不到及时有效的解决，就会影响他们的思想情绪，影响他们的生产生活。”群众利益无小事。领导干部理当为党和人民事业兢兢业业耐得烦，这体现的是责任和担当，更是一种修养和境界。要耐得住“心”烦，沉心静气，修身养性，耐得住性子、稳得住心神，心不动于微利之诱，目不眩于五色之惑，心无旁骛担好该担的责任、做好该做的事情，真正做到吃苦耐劳、任劳任怨、无怨无悔。要耐得住“事”烦，认真细致地处理好经济发展、民生保障、改革稳定、生态环境等方方面面的工作，时刻关注着人民群众的操心事、烦心事、揪心事，事不避难、义不避责，一件一件地落实，一项一项地推进，实现好维护好发展好最广大人民的根本利益。要耐得住“人”烦，严以律己、宽以待人，容人容言，不计较个人得失，不求全责备，不放过关怀别人的机会，用自己的“耐烦”换来群众的“不烦”。

一一〇、缺乏自制力的人，百无一成

现实中，每个人都不可能活在真空中，各种诱惑和干扰无处不在、无时不有。在诱惑和干扰面前，一个人是选择主导自我，还是选择消极沉沦，关键要看其有没有强大的自制力。自制力强者，往往高度自律，懂得知行禁止，凡事扛得住、顶得住，想得到、做得到；而自制力弱者，要么被外界诱惑所干扰，要么被内在欲望所吞噬，放纵自我、任性而为、一无所成。领导干部只有修炼好自制力，才能管住欲望、抵住诱惑，全心全意干好事创好业。

没有自制力的人，成功只是一种奢望。德国哲学家黑格尔曾说：“一个志在有所成就的人，他必须知道限制自己。”古希腊先哲亚里士多德也讲：“美好的人生建立在自我控制的基础上。”这都道出了自制力的重要性。有研究认为，一个人的成功要靠多种要素保障，比如，健康、知识、勤奋、勇敢、格局，等等，但其中最重要的一个要素就是自制力，就是看一个人能不能很好地控制自己。这就好比一辆轿车，即使拥有再好的发动机、再好的装备，但倘若没有敏感的制动控制系统，其他性能再好也是不安全的。纵观历史，因个人自制力不同，或成或败的例子不少。三国时期，关羽、张飞二人虽然勇猛无敌，但却因无法克制自己的性情，一个死在了“骄”字上，一个死在了“躁”字上；无独有偶，美国政治家富兰克林善于控制自己的情绪，包容谩骂自己的议员，最终化敌为友、团结干事，让众人钦佩不已。一个人只有学会控制自己，才能干成想干的事，掌握好自己的命运。

控制住自己，才能成为自己的主人。领导干部身在高位、手握大权、肩负重任，或主政一方，或治理一域，或分管一行，面对的外界诱惑、风险挑战、事务干扰等，都比普通人要多得多，如果没有强大的自制力，不仅干不好党和人民的事业，甚至还会因抵制不住个人的欲望和外界的诱惑，走上犯罪的道路，最终毁掉自己。自制力是领导干部政治成熟的一种标志，领导干部有了自制力，才能不为外界所惑，始终坚守自己当初选择的政治理想，在任何情况下都做到政治理想不变、政治立场不移、政治方向不偏、政治原则不弃；自制力是领导干部抵御腐败的一剂良药，领导干部有了自制力，才能始终慎独慎初慎微，防止欲望变贪欲，做到眼不乱看、耳不乱听、脚不乱走、嘴不乱吃，避免受金钱、权力、美色的诱惑，从而走上犯罪的道路；自制力是领导干部干事创业的一道利器，领导干部有了自制力，才能抵制那些不符合既定目标的愿望、动机、行为和情绪，排除一切内在的和外在的干扰，集中精力抓好各项决策落实，做到干一行、钻一行、成一行。

越自律就越优秀。自制是对思想情感和举止行为的控制，自律是遵循法律基础上的自我约束。自律强于自制，是更为严格的自制，是第一位的自制。日本松下电器创始人松下幸之助说："登峰造极的成就源于自律。"对于领导干部来说，最大的成就就是保持清正廉洁，为党和人民干出一番事业。要做到这点，就要从自律做起，严守道德的高线、纪律的红线、法律的底线，时刻管住自己的欲望，不胡思乱想；管住自己的权力，不任性妄为；管住自己的行为，不胡作非为，始终永葆共产党人的先进本色。要敬畏初心，筑牢理想信念，坚守为民情怀，做到人民群众期盼什么、需要什么，就干好什么、做好什么；要敬畏权力，牢记权力是党和人民赋予的，管好权力、慎用权力，拒腐蚀、永不沾，守住自己的政治生命；要敬畏法纪，始终把纪律和规矩挺在前面，自觉学习法纪、熟知法纪、遵守法纪，用党纪国法来约束自己。

一一一、在限定的时间内总是更加专注和高效

这是脸书创始人马克·扎克伯格给员工高效工作的 26 条建议之一。不管做什么事情，都要讲时间、求专注、重效率，这是做好工作的基本要求。只有学会利用时间，才会更加专注地工作；只有专

注地工作，才能更加高效地完成任务。领导干部干事创业，不仅要有时间观念，也要有专注精神，更要提高工作效率。

专注可以有效利用时间，高效可以有效节约时间。英国哲学家培根说：“时间是效率的价值尺度。”英国政治家切斯特菲尔德说：“效率是做好工作的灵魂。”日本企业家松下幸之助说：“只有全神贯注时，工作才能产生高效率。”人都难免有惰性，如果稍不留意，管理不好时间，就容易陷入拖延。英国管理学家帕金森经过多年调查研究发现：一个人只要时间充裕，他就会放慢工作节奏，直到用完所有的时间，也就是说工作总是要拖到最后一刻才会完成。这就是著名的“帕金森定律”，充分说明了时间管理很重要。大凡有成就的人，往往都是有时间观念的人、专注高效的人。一个人不管做什么事情，只有给自己限定一个时间，才能迫使自己保持高度专注，集中精力、全力以赴，进而提高工作效率。领导干部必须增强时间观念，学会专注高效工作。

时间就是金钱，效率就是生命。习近平总书记强调，“历史从不等待一切犹豫者、观望者、懈怠者、软弱者”，领导干部要“以时不我待、只争朝夕的精神投入工作”，“倍加珍惜在位的时间，充分利用这有限的时间，多为群众办实事、办好事”。这就要求领导干部要珍惜时间，专注投入，高效工作。作为领导干部，分管或负责的领域多，担负的任务重，处理的事情杂，但个人的时间和精力总是有限的，不管做哪方面的工作，只有学会时间倒逼，专心专注地投入，才能优质高效地完成好各项工作，真正做到既不浪费时间，又保持良好的工作状态。要学会管理时间，科学合理安排和利用每一天，从文山会海中解脱出来，保证有充裕的时间来读书学习、来谋划工作、来服务群众，确保在有限的时间内高效完成好各项工作；要做到专心专注，分清轻重缓急，抓住主要矛盾，尽量减少各种应酬，拒绝干扰，专注投入，把更多时间放在战略性问题上，把大部分精力用在最有生产力的地方；要提高工作效率，养成专注和高效的良好习惯，不犹豫、不观望，不懈怠、不等待，提倡“马上就办”的精神，遇事雷厉风行，抢抓时间办好每一件事。

一一二、如果有什么需要明天做的事，最好现在开始

德国著名思想家歌德说：“在今天和明天之间，有一段很长的时间；趁你还有精神的时候，学习迅速办事。”工作中，对已经确定要做的事情，必须马上就干，不能搁着不办。俗话说，你有你的计划，世界另有计划。计划永远赶不上变化，明天还有明天的事情，现在就是最好的开始。领导干部要学会长计划短安排、有需要就行动，有条不紊地把事情做好。

日日待明日，万事成蹉跎。光阴似黄金，岁月不等人。时间对于每个人都是最公平的，也是最稀缺的，一旦错失了就不会再有。对于领导干部来说，时间是更为珍贵的稀缺资源，不仅承载着个人的梦想和价值，更承载着党的嘱托和人民的期盼。领导干部必须倍加珍惜时间，抓紧干好当下的事，而不是坐等明天，白白浪费光阴。如果得过

且过、安于现状，精神不在状态，干事没有激情，那么不仅会耽误既定目标任务的高效完成，而且会因为耽误一件事而延误其他事，甚至会影响全局工作，致使本地区、本部门、本单位的工作陷入被动。

马上就办，现在就干。习近平总书记指出，“‘马上就办’是一种鞭策”，“要大力提倡‘马上就办’的工作精神，讲求工作效率”，“反对拖拉扯皮和人浮于事，提高办事效率，做到今日事今日毕”，“我们不缺好处方，而是没人动手解决，所以我提倡行动至上。理论、方针、政策、部署都有了，就要强化抓落实的力度”。这就告诉我们，只有马上就办、现在就干、狠抓落实，才能把各项决策部署落实好、把各项目标任务完成好。当然，做好明天需要做的事，提倡马上就办、现在就干，不是说一味地盲干、蛮干、乱干，而是要科学谋划、精心准备、有序推进。俗话说，不打无准备之仗。毛泽东同志在《论持久战》中就讲：“没有事先的计划和准备，就不能获得战争的胜利。”做好明天需要做的事，就是要围绕目标，明晰思路，细化方案，做出计划，制定措施，而且一旦准备到位，就要不等待、不观望、不拖延，用行动将目标变为现实。

既要谋划好明天，又要行动在今天。古语云，“不谋万世者，不足以谋一时”。不干好今天就难以把握明天，不谋划好明天就难以引领今天。领导干部既要行动在今天，干好已经定下来的事情，更要谋划好明天，始终接续不断、持续向前地推动事业向更高目标发展。所以，对于领导干部来说，既要有超前思维，又要有实干精神。要绘好明天的蓝图，立足实际、认真调研，在遵循规律、把握政策、了解周边、吃透情况的基础上，融入自身智慧，拿出具体的发展思路，让明天的努力有愿景、有方向。要干好当下的事情，今日事今日毕，不驰于空想，不骛于虚声，坚持一张蓝图干到底，一任接着一任干，把当下的每一件事都做实做好，积小胜为大胜，一步一个脚印地抓好发展。

一一三、一个人成功的快慢取决于行动力的强度

简单地说，行动力就是执行力。世界上的事情，都是靠行动干出来的，没有行动就没有成就。行动有快慢，力度有大小，成就有高低。一个人行动力的强度，不仅决定了做事的速度，也决定了成就的高度。人与人成就的不同，最重要的一个因素就是行动力的不同。领导干部要想干好事、成大事，就得有行动力。

只有干出来的精彩，没有等出来的辉煌。邓小平同志曾说："世界上的事情都是干出来的，不干，半点马克思主义都没有。"习近平总书记也强调："这能力那能力，不落实就等于没能力；千忙万忙，不抓落实就是瞎忙。"就领导干部而言，只有拥有行动力，才能真正把工作干实、干好，才能得到组织的肯定和人民的认可，才能成为一个出彩的好干部；但如果没有行动力，不仅干不好事情，甚至还将一事无成，最终被淘汰出局。行动力是领导干部的一项重要能力，没有行动力，其他能力都发挥不了作用。管理学研究认为，在领导

干部最重要的三项能力，即行动力、决策力、影响力当中，只有行动力才能把决策转化为现实、把影响贯穿到现实。因此，行动力是领导干部最重要的能力。回顾党的历史，我们党之所能够取得成功，除了有坚定信仰、道路正确、人民拥护等原因外，关键一条就是具有超强的行动力，始终为中华民族的伟大复兴而进行艰苦卓绝的奋斗，不断书写了一个又一个精彩的历史画卷。

行动力决定成功效率。领导干部光有行动不行，还必须有强大的行动力，这种行动力是“有力的行动+长期的坚持+反复的实践”。没有强大的行动力，努力便只是“假装的努力”。习近平总书记反复强调：“一分部署，九分落实。”这里的“九分落实”，强调的就是要有强大的行动力。领导干部要想成就多大的事业，就必须付出多大的行动力。要始终着眼解决具体问题，精准施策、靶向治疗，搞清具体情况、分解具体目标、细化具体措施，画出路线图、挂出时间表，讲原则而不空泛、讲具体而不琐碎，确保每项措施和每个项目都有方案、有要求、有载体。要把雷厉风行和久久为功结合起来，不图虚名，不务虚功，不搞花架子，不做表面文章，一个一个问题解决，一件一件抓落实，用量的积累促成质的飞跃。

一一四、草率是失败的根源

草率是指一个人做事不认真、不慎重，主要表现为粗枝大叶、马马虎虎、敷衍了事，其根本原因是缺乏责任心。草率的人做事没有认真精神，疏忽大意，大而化之，只求过得去，不求过得硬，整天就是“瞎忙活”；草率的人往往主观武断，做事不依实际、不遵规律，致使事态走向反面，工作陷入被动和僵局之中，整个就是“瞎指挥”；草率的人往往急功近利，不顾实际，盲目决策，劳民伤财，大搞悲剧式的“建设”，不过是在“瞎折腾”，凡此种种，都不可能把事做好。领导干部要有责任心，做事慎重而不草率。

责任胜于能力。草率的人心中缺乏责任，把工作当儿戏敷衍了事，抱着当一天和尚撞一天钟的心态干工作，能拖则拖、能挡则挡、能推则推，这样的干部即使有能力，也难以发挥出来，不仅干不成事，最终还会被淘汰出局。习近平总书记强调，“我们肩负的重大责任，就是对民族的责任，对人民的责任，对党的责任”，“事业任重道远、责任重于泰山”，“责任担当是领导干部必备的基本素质”。就领导干部而言，一生会经历很多工作，会有不同的岗位变化，如果没有强烈的责任心，凡事搞大呼隆、大而化之，那么任何工作都做不好。领导干部无论在什么岗位、担任什么职务，都应当把工作当做一种责任来鞭策，始终保持热情、充满感情、怀有激情，变“要我干”为“我要干”，把工作当成事业，把事业当成追求，让工作成为自己割舍不下的一份牵挂，肯钻研、立标杆、当旗帜，努力做事，努力做成事，努力做成大事，不断提高自己的人生价值。

慎重对待每件事。德国有句名言，没有谨慎的态度，智慧再多也无济于事。古罗马历史学家塔西佗说：“靠谨慎比靠鲁莽更能制胜。”明朝文学家方孝孺说：“人之持身立事，常成于慎，而败于纵。”草率是谨慎的敌人。草率的人往往对事不做调查、不搞研究、不加思考，盲目自信、自以为是，习惯于听风就是雨，没有想清楚，却急于行动。这样的人干事看起来热热闹闹、风风火火，实则是急功近利、盲目决策，最终只能走向失败。领导干部身在关键岗位，手握人民权力，一人一事系于整体，每招每策关乎全局，更应该谨慎持身立事，决不能搞主观臆断和违背客观规律的“拍脑袋”决策，决不能草率行动搞劳民伤财的形象工程和做超越发展阶段的事情。领导干部要有认真态度，对事富有极端负责的精神，凡事慎重对待，多做调查研究，认真做好分析、研究、综合、研判等各环节工作，把情况摸清楚，把问题找准确，切忌想当然，确保各项决策科学、缜密、务实；要高标准严要求，认真对待分管或负责的每一项工作，做事既要有久久为功、善作善成的工作定力，也要有蹄疾步稳、勇毅笃行的工作状态，坚持问题不解决不松劲、解决不彻底不放手、群众不认可不罢休，切实把各项工作落到实处。

一一五、再也没有比轻率更像无知的了

轻率是指一个人做事的态度比较随便、散漫。轻率的人主观臆断，情况不明决心大，心中无数点子多，经常“想当然、凭感觉”，常常是“闭眼睛想事情，拍脑袋做决策，拍胸脯打包票”，其行为无异于无知者的表现。轻率的人自以为是、盲目自信，总认为自己是

世界上最聪明的人，实则是以轻视的态度行事，抛弃了想问题、做决策、办事情的基本规律和客观实际。领导干部做事不能轻率，要守规律、依法律、按政策办事。

轻率是鲁莽无知的“代名词”。轻率的人为人轻浮、对事轻飘，什么都不上心、不尽心，就领导干部而言，一旦沾染上轻率的邪气，往往就会变得鲁莽无知，就会“盲目”决策、“意气”用事、“莽夫”使劲，最终定难推动工作顺利开展、达到理想的预期效果。现实中，轻率往往表现为：要么主观臆断，脚不沾泥、手不沾土，轻易拍脑袋决策；要么意气用事，凭感情做事，“心中一团火，脑中一团麻，工作一团糟”，事与愿违后，又常心浮气躁，“甩担子”“撂挑子”；要么轻视事情，对形势估计不足，鲁莽行事、一味蛮干，“一股脑儿”蒙头闯；等等。凡事持轻率态度的人，大多是不可信的人。轻率的人既无知又坏事，难以成事。

凡事三思而后行。有句谚语这样说：“一次深思熟虑，胜过百次轻率行动。”轻率之人最大的通病，就是“轻视”和“随意”，总是让自己的言行走在思虑之前。这样的人，最终会因无知而走向失败。历史上，我们党一贯反对轻率的行为。邓小平同志就是一个很好的例子，他到各地视察和调研时，经常亲自了解实情，并一再强调，“不能轻率地‘拍脑袋’、凭想象作决策。”领导干部肩负重责、手握公权，一言一行都关乎社稷大计，做人做事决不能轻率，要做到不轻视、不自傲、不自满，不说大话、不说空话、不说假话、不说狂话，始终表里如一、言行一致。要加强调查研究，摸清底数、掌握实情，知“底数”、懂“路数”、明“变数”，做到“心中有数”；要认真思考谋划，理清工作思路，搞清工作重点，多想几套方案，多做几手准备，做到“思虑周全”；要科学合理决策，掌握客观实际，把握基本规律，广听各方意见，注重统筹兼顾，做到“有的放矢”；要理性稳妥行动，坚持目标导向，主动担当作为，注重解决好突出的矛盾和问题，做到“积极稳健”。

一一六、慎重对待问题，就是智慧的一半

慎重意为谨慎稳重，形容一个人处事考虑周全、小心认真，不轻率、不盲动、不冒进。《荷马史诗》写道，智慧的标志是审时度势之后再择机行事。当问题来临时，慎重的人能临危不乱，沉得住气，谋定而后动，通过认真分析问题成因、当前形势，聚焦主要矛盾，找到解决方案，使自身智慧得以充分展现。问题无大小，工作无小事。领导岗位责任重大，决策工作事关全局，一旦“差之毫厘”则易“谬以千里”，只有慎重对待每一个问题，谨言慎行做人、沉稳大气做官、深思熟虑做事，才能让从政之舟避开礁石和险滩，行稳以致远。

慎重则必成，轻发则多败。不管在什么岗位，无论从事什么工作，保持谨慎认真的态度，慎之又慎，细之又细，就能事半功倍；反之，心浮气躁、轻率马虎、急功近利，则容易失败。从古至今，举大事必慎其始终。“诸葛一生唯谨慎”，故能运筹于帷幄之中，决胜于千里之外；曾国藩一生秉持“慎能远祸，勤能济贫”，才能功绩彪炳、天下瞩

目。谨慎能捕千秋蝉，小心驶得万年船。在面对问题和困难时，必须尊重事物发展的客观规律，三思而后行，凡事多看一步、多想一层，既要想好进路，也要留好退路，不急躁冒进、不鲁莽草率，找准方向、看清风险，才能充分发挥个人才智，展现领导艺术，求得最好结果。

临事而惧，好谋而成。周恩来同志以谦虚谨慎、严于律己著称于世，他曾多次谈到“办事不能急躁，不能草率，必须谨慎从事”，“我们要有临事而惧的精神”，等等，都是强调领导者在工作实践中要保持一种谨慎持重的态度，使自己能以清醒和理智的状态应对处理各种纷繁复杂的问题。要不断提高洞察力、预见力，从政治高度看问题，从大局大势看问题，分清问题的主次轻重，去粗取精、去伪存真，从而理清千头万绪，找准症结所在，看清“庐山真面目”。要发扬民主，遇事多商量、多沟通、多碰撞，广开言路，力求把各方面意见掌握全、掌握准，反复研究、反复比较、择善而从，做好战略谋划。谨慎而不拘谨，稳重而不寡断。慎重对待问题并不是胆小怕事，也不是瞻前顾后、畏首畏尾，在处理简单、熟知、突发事件时要当断则断，做到胆要大、心要细、头要冷，该出手时就出手，切忌谋而不断、优柔寡断、前怕狼后怕虎，否则就会贻误战机、追悔莫及。

一一七、节约就是最大的收成

节约意为对生活欲望的节制和对财力物力的节俭。精打细算出利润。管理经济学研究表明，成功的企业需要通过节约各类成本以提高利润率，获得最大的收成。习近平总书记指出："艰苦奋斗、勤俭节约，不仅是我们一路走来、发展壮大的重要保证，也是我们继往开来、再创辉煌的重要保证。"节约是我们党的制胜法宝和精神动力，给党的发展壮大带来了不可估量的收益。从小小红船到逼仄窑洞，从艰苦卓绝的两万五千里长征到披荆斩棘的改革开放之路，我们党靠着艰苦奋斗、勤俭节约起家并发展壮大起来，克服了千难万难、凝聚了党心民心、开创了伟大事业。当今社会物质丰富，无需再过革命战争时期那样的艰苦生活，但勤俭节约的意识不能丢。作为领导干部，必须带头弘扬勤俭节约的优秀传统，大力宣传节约光荣、浪费可耻的思想观念，努力使厉行节约、反对浪费在全社会蔚然成风。

俭则百善俱兴，侈则百恶俱纵。"历览前贤国与家，成由勤俭败由奢。"秦穆公奉行"以俭得之，以奢失之"的为政理念，勤俭治国，为实现富国强兵打下坚实基础；汉文帝崇尚勤俭，"露台惜费"，开创了"文景之治"；而商纣王则骄奢淫逸，沉迷于奢侈享乐之中，导致商朝灭亡。由俭入奢易，由奢入俭难。有的人认为，"艰苦奋斗、勤俭节约"是战争年代、困难时期提出的口号，现在还讲早已过时了，殊不知，贪污和浪费都是极大的犯罪。领导干部必须以身作则、率先垂范，将节俭作为一种生活方式和行为方式而自觉践行，坚决反对讲排场比阔气，坚决抵制享乐主义和奢靡之风，用节俭养成廉洁的操守。

干部会过紧日子，群众才能过好日子。足国之道，节用裕民。

我国仍处于社会主义初级阶段，仍是发展中国家，人口多、底子薄、发展不平衡不充分的国情没有根本改变，无论何时，领导干部都不能奢侈浪费、大手大脚，艰苦奋斗、勤俭节约应是一种常态。“苦日子”“紧日子”里有为民情怀。要牢固树立过紧日子思想，坚持节俭办一切事业，努力去奢求俭、俭中求进，做勤俭执政的表率、移风易俗的表率、廉洁自律的表率。省钱比攒钱来得快。要将节俭意识贯彻于履行职务、行使权力的过程中，坚持量力而行、严格把关、讲求实效，严格控制“三公经费”，把钱花在刀刃上，不搞“中看不中用”的“形象工程”，杜绝“花钱赚吆喝”的“政绩工程”，始终坚持用节俭的标准来衡量和检验自己的工作，使有限的财力、物力给人民群众带来最大的效益，让人民群众享受更多改革发展成果。

一一八、多一些“解剖麻雀”，少一些“蜻蜓点水”

“解剖麻雀”是一种科学的调查研究方法，通过深入研究具体典型，准确把握问题的本质和规律，从而调查清楚事情的真相和全貌。“蜻蜓点水”则与之相反，用来比喻调查研究不深入，走马观花、敷衍了事。习近平总书记指出：“调查研究能力是领导干部整体素质和能力的一个组成部分，调查研究的过程，是领导干部提高认识能力、判断能力和工作能力的过程。”开展调研时多一些“解剖麻雀”，能促进领导干部正确认识客观世界、改造主观世界、推动工作开展；少一些“蜻蜓点水”，能增进同人民群众的感情，深切了解群众的需求、愿望和创造精神、实践经验。调查研究是谋事之基、成事之道，没有调查就没有发言权，更没有决策权。只有掌握和运用好调查研究这个我们党的“传家宝”，才能不断提升领导能力，使政策制定科学合理，党的事业顺利发展。

剖一雀而知全局，窥一斑而知全豹。麻雀虽小，五脏俱全，能反映大问题。通过具体深入细致地调查研究个别事物，以小见大、见微知著，从而掌握此类事物的普遍规律和全局情况，达到举一反三、触类旁通的效果。毛泽东同志非常擅长用“解剖麻雀”法来研究问题。1930 年，他在寻乌县调研时，从盐、杂货、油、豆等最细微之处入手，摸清了寻乌城的“底数”，为认清中国农村和小城市的经济状况提供了“样本”。“解剖麻雀”是领导干部开展调查研究的必备技能，要坚持问题导向，选好调研样本，练好调研本领，把零散的认识系统化，把粗浅的认识深刻化，这样才能真正发挥调查研究的实效。

涉浅滩者得鱼虾，入深水者得蛟龙。真实有用的情况、深层次问题往往被浮在表面的现象所覆盖，开展调查研究越深入、越持久、越扎实，越能掌握较为全面、系统、彻底的实情，越能取得“真经”。人民群众中有无穷智慧，基层实践里有万千高招。搞好调查研究，一定要从群众中来、到群众中去，广泛听取群众意见。要拓展调研渠道、丰富调研手段、创新调研方式，“身入”“心至”困难多、情况复杂、矛盾尖锐的地方，同群众一起讨论问题，倾听呼声，体察情绪，感受疾苦，总结经验，吸取智慧，在寻找到化解矛盾的“金钥匙”的同时，改进工作方法、强化工作效果、提升执政能力。

一一九、放下“身架”，才能提高“身价”

身架本意为身躯骨架，“身架”抬得高比喻官架子大，用来形容官吏高傲的神态和威势。身价本意是为一个人在社会中的价值和地位，领导干部的“身价”是由自身的品德、知识、才干，以及在人民群众心中的满意度所决定的。“身架”与“身价”虽一字之差，却犹如天平的两端，呈对立矛盾的关系，领导干部是人民的公仆，若抛弃“为人民服务”的宗旨，一味抬高自己的“身架”，则会在群众心里“掉价”。领导干部应始终牢记初心和使命，时刻关注自己的一举一动、一言一行，放低姿态、贴近民心、做好服务，让组织放心、群众满意。

官气重了，人气就淡了。毛泽东同志曾说：“官气是一种低级趣味，摆架子、摆资格、不平等待人、看不起人，这是最低级的趣味，这不是高尚的共产主义精神。”“乌纱略戴心情变，黄阁旋登面目新。”古代不乏装腔作势的官老爷形象，今天亦不鲜见招摇过市的为官者。一身官气者，市侩气必多，质朴气必少；铜臭气必多，清新气必少；邪气必多，正气必少。如一心只想品官味、过官瘾、长官气，与群众距离只会越来越远，隔阂只会越来越深，最终成孤家寡人，被群众唾弃。只有放下“身架”，消除官气、多接地气，才能集聚人气、凝聚人心，人民群众的评价高了，领导干部的“身价”自然也就高了。

摆架子，不如做出好“样子”。习近平总书记指出，各级领导干部要切实转变作风，密切党群、干群关系，尽心尽力为群众办实事、办好事，放下“架子”亲民爱民，做出好“样子”率先垂范。领导干部是带领群众干事创业的“领头雁”，其言行不仅体现了对群众的关心关怀，还起着引领和导向作用。要摒弃官老爷“架子”，牢记“穿百姓之衣，吃百姓之饭，莫以百姓可欺，自己也是百姓”，始终把人民群众的利益放在第一位，深入田间地头、工厂车间，尽力解决群众最急最忧最盼的紧迫问题，永远与人民心连心、同呼吸、共命运。要树好人民公仆的“样子”，增强自身素质，提高内在修养，以高标准、严要求来约束自己，做到人格上自重、心灵上自省、思想上自警、精神上自励，不断走在前、作表率，这样才能产生强大的凝聚力、感召力、向心力，才能更好地带领广大人民群众团结一致、努力向前。

一二〇、言过其实者会断送自己的前程

言过其实意为言语浮夸，超过了实际情况。言过其实者，通常会对自身能力和工作情况自吹自擂、夸夸其谈，给人以能力不俗、

功绩卓越的假象。虽能博得他人一时的信任，但“狐狸总有露出尾巴的一天”，一旦被人发现你的“吹功”远远强于“做功”，能力经不起实践的检验，就会被世人所不齿，从而失去信任、耽误事业、断送前程。惟诚可以破天下之伪，惟实可以破天下之虚。党和人民的事业事关国家民族兴衰，来不得半点虚假，作为领导干部，必须始终坚持求真务实的工作作风，带头讲真话、道实情，不慕虚荣、不务虚功、不图虚名，才能为党的伟大事业和美好前程贡献力量。

君子耻其言而过其行。自古以来，君子都以“说的比做的好”为耻。做一说十，过分吹嘘自身能力，凡此种种，都源于私心、功利心作祟，时时处处只考虑个人利益得失。有一说一、有二说二，一切从实际出发，是真诚为人、公道做事的前提和基础，好高骛远、夸夸其谈，搞形式主义、官僚主义那一套，只有百害无一益。作为领导干部，必须实事求是，坚决反对和抵制弄虚作假，对个人能力和工作成绩不夸大、不溢美，对存在问题不回避、不掩饰，不驰于空想、不骛于虚声，始终做到务实扎实踏实。

夸夸其谈者不可大用。言行一致、知行合一是处世做人的道德品质，也是为官从政的基本要求。古往今来，但凡夸夸其谈的人处在重要位置时，都会给国家和百姓带来灾难。赵孝成王执意要用“纸上谈兵”的赵括，导致赵军在长平之战中全军覆没；诸葛亮起用“言过其实”的马谡，最终失守街亭，造成战局被动。鉴古知今，选人用人事关兴衰成败，必须慎之又慎。要全方位、近距离考察了解干部，注重德才实绩，“听言必审其本，观事必校其实，观行必考其迹”，让埋头苦干、真抓实干者真正得到重用、施展才华，让夸夸其谈、不学无术、不干实事者没有市场、受到贬责，切实推动敢担当善作为蔚然成风。

说一千道一万，不如马上就去干。马克思曾说：“一个行动胜过一打纲领。”党的事业是靠实干干出来的，而不是靠“喊口号”喊出来、“放空炮”轰出来的。与其坐而论道，不如起而行之。领导干部要发扬不兴“伪事”的踏实作风，坚定不移地干、大胆创新地干、久久为功地干，真正把“想法”“看法”转化为具体“做法”，不做表面文章、不摆花架子，不糊弄组织、不欺骗领导、不愚弄百姓，以实际行动创造无愧于党、无愧于人民、无愧于时代的业绩。

第三辑　做官篇

一二一、做人是做官的思想道德基础，做事是做官的能力素质基础

德才兼备是我们党对干部的一贯要求，“做官”是门“大学问”。好人不一定能当好官，但好官必须是好人。做人是做官的前提，如何立德做人是每一个领导干部必须认真思考并躬身实践的终身课题。刀在石上磨，人在事中练。一个领导干部唯有投身实践，不断经受意志定力、耐心耐力、担当精神等的考验，练就过硬本领，方能做到善做事、能成事。当领导干部，既要把人做好，又要把事做好。

为官先做人，做人先立德。国无德不兴，人无德不立，官无德不为。习近平总书记强调，“以德修身、以德立威、以德服众，是干部成长成才的重要因素”。德是立身之本，任何时候都要把德放在做人的第一位。人品是官品的基础，官品是人品的延伸。没有一流的人品作底子，从政肯定要跌跤，正所谓“皮之不存，毛将焉附”。如果一个人连起码的做人都做不好，那么他就没有当领导干部的资格。好人不一定能当官，但当官必须首先是好人。德是从政者的政治品质，是共产党人尤其是党的领导干部的立身之本、从政之源，党的领导干部必须是一个道德品质高尚的人。领导干部的一言一行对社会具有重要导向作用，要把做人的过程看成完善自我人格、夯实从政基石的过程，把做官的过程看作是提升道德品质的过程，只有永

远做一个好人，牢固树立正确的世界观、人生观、价值观，才能去做官、做个好官。

把官做淡，把事做精。“得一官不荣，失一官不辱。”把官做淡，既是一种淡泊的心境，也是一种脱俗的形象。陈云同志说过：“起初是干革命来的，以后是革命加做官，既革命，又做官。后来官越做越大，味道也越来越大，有人就只想做官，不想革命了，把革命忘光了。”职务再高，终有一天要退下来，回首往事，最让人自豪的不是曾掌握多大的权力，而是自己为党和人民干了几件实实在在的事。做官不能太像官，一个领导干部如果热衷于做官、满足于做官、陶醉于做官，举手投足之间，官气、官腔、官威、官样十足，损害的是党在人民群众心目中的形象、破坏的是党心民心。领导干部要立志做大事而不是立志做大官，立足岗位职责，仰望星空，不驰于空想、不骛于虚声，在风浪中磨炼宽肩膀，在挫折中练就真本领。心态端正了，角色摆正了，本领强大了，不管到什么领导岗位，都能精心干事、精益求精，最终干出一番不凡的业绩。

一二二、老老实实做人此为真理，勤勤恳恳工作乃是正道

做老实人说老实话干老实事，历来是我们党倡导的优良作风。邓小平同志说过：“做老实人，说老实话，干老实事，就是实事求

是。”老实做人是一辈子的事业。实践证明，只有做人老实了，做事才会勤恳。既要老老实实，也要勤勤恳恳，为官从政的真理和正道就在于此。

真正的老实人，并不会吃亏。现实中，有的人对老实人存在偏见，认为他们笨拙、木讷、愚钝，只会老老实实、勤勤恳恳地工作，有时候可能会吃点小亏。但常言道“天道酬勤”，领导干部在做，群众在看，组织也在看，谁踏实可靠、谁戴着虚伪的面具，组织和群众心知肚明。真正的老实人，可能眼前吃亏，但长远不吃亏；可能小事吃亏，但大事不吃亏。其实，吃亏是老实人的福气，他们甘愿吃亏，却在吃亏中使脚跟站得更踏实、更稳当，在推动党和人民事业的发展中，赢得了组织的信任和群众的爱戴，如此看来，他们一点都不吃亏。

俯首甘为孺子牛，扬蹄勇当千里马。干事创业容不得庸懒散怠，改革创新容不下为官不为。把工作当事业，就能心无旁骛、专心致志，变困难和挫折为进步的“垫脚石”。领导干部要像“孺子牛”一样奉献不止、躬耕不倦，要像“千里马”一样进取不息、奋斗不止，把干事创业作为自己的天职，积极适应环境变化，主动融入、充满激情，不计名利、甘于奉献，守得住清贫、耐得住寂寞，“躺着想事、坐着议事、站着干事”，甘愿为工作吃苦、为事业吃苦、为百姓吃苦，甘甜自在心中。历史不会辜负实干者，付出终有回报。大浪淘沙，哪个干部埋头苦干，哪个干部投机钻营，哪个干部尸位素餐，组织和人民群众都看得清清楚楚，最终都会给出公正评判。

一二三、每个人的成就不可能超过品格上限

品格是一个人生命的品质和价值，是一个人精神的境界和高度。天才固然受人推崇，但品格更能赢得人们的尊重。一个人能做出一番成就，是多种因素共同作用的结果，而众多因素中，品格是十分重要的因素。木桶的装水量由最短板决定，个人的成就大小由品格高低决定。

品格高度决定人生高度。品格是一个人精神修养的集中体现。领导干部的魅力不是靠一时的个人权威，而是大家心悦诚服的做人品格。中国传统文化塑造和培育了深入人心的君子品格，尊崇仁义礼智信，固守正道，是每个人都应追求和修炼的好品格。毛泽东同志在《纪念白求恩》中指出，要做“一个高尚的人，一个纯粹的人，一个有道德的人，一个脱离了低级趣味的人，一个有益于人民的人”。这就是中国共产党人品格的最高境界。领导干部要做到勤学善思有底气、知人善任有内功、求真务实有担当、自身过硬有形象，就要持续加强品格修炼，增强党性观念，坚守正道、弘扬正气，坚持以信念、人格、实干立身，培养共产党人的高风亮节，以良好的品格带动人、影响人，以真理的力量、人格的力量获得认可、赢得尊重、推动工作。只有这样，事业和人生才能达到新的高度、迈上新的台阶。

德不配位，必有灾殃。“为政以德，譬如北辰，居其所而众星共之。”人品的集中体现就是德，德是为官从政的前提和基本要求。领导干部丢掉了为政之德，就会信念缺失、信仰滑坡、价值观“脱轨”，走向违法犯罪深渊。只有常修为政之德，严格约束自己的操守和行为，做到遵纪守法、不碰底线，敬畏人民、敬畏规矩、敬畏权力，不踩“红线”、不闯“禁区”，才能让自己的德行与职位相匹配，真正干出有利于党和人民事业的政绩。

一二四、思想是行动的先导，理论是思想的支柱

思想上的关口是最重要的“闸门”，任何令人惊叹的成就，都是思想指引行动的结果，如果思想“闸门”打不开，行动就会受到羁绊，工作就会事倍功半。理论是思想的依托和来源，一切伟大的思想均源于伟大的理论，没有理论做支撑的思想，就如同飘落的树叶，终究要走向干枯和腐朽。当领导干部，既要做“思想家”，也要做“理论家”。

思想有多远路就能走多远。法国作家巴尔扎克曾经说过：“一个能思想的人，才真是一个力量无边的人。”人们无论做任何事情，都是先有思想后有行动。有正确的思想才有正确的行动，有积极的思想才有积极的行动，有统一的思想才有统一的行动。回顾历史，正

是因为始终坚持马克思主义的科学指引，我们党才团结带领人民群众取得了革命、建设和改革的一个又一个胜利，迎来了中华民族从站起来、富起来到强起来的伟大飞跃。大到一个政党、一个国家如此，小到一个人也是如此，一个人的思想越深邃，他的内心就会越强大，信念就会越坚定，事业就会越成功。领导干部要努力做一个“思想家”，善于不断解放自己的思想，敢想、敢试、敢于超越，不把自己定格在“出发点”上，不囿于当下、迷于眼前，不在已知的圈子里打转，用深邃的思想去开拓新境界，带着深邃的思想去顺应新时代。

理论上清醒政治上才能坚定。所谓理论清醒，就是在理论上真学真懂真信真用，在基本理论问题上清澈、在主要理论观点上清楚、在复杂理论问题上清晰、在具体理论运用上自觉。习近平总书记强调，“只有理论上清醒才能有政治上清醒，只有理论上坚定才能有政治上坚定”。领导干部必须清醒认识到，只有增强理论自信，坚持正确的政治方向，才能攻坚克难、砥砺前行，走好新时代的长征路。领导干部只有理论上加强学习，努力使自己成为一个“理论家”，思想上才能坚信不移，意志上才可坚忍不拔，行动上才会坚定不移。

坚持用党的创新理论武装头脑。时代是思想之母。习近平总书记指出：“这是一个需要理论而且一定能够产生理论的时代，这是一个需要思想而且一定能够产生思想的时代。”习近平新时代中国特色社会主义思想是新时代中国共产党人的思想旗帜，是统一全党意志的“定盘星”，是廓清思想迷雾的“指南针”，是解决实际问题的“金钥匙”，为实现中华民族伟大复兴中国梦提供了行动指南。领导干部必须把学懂弄通做实这一伟大思想作为重大政治任务，在深化消化转化上下功夫，努力做到学思用贯通、知信行统一。要坚持读原著、学原文、悟原理，深刻领会、准确把握这一思想的理论精髓；要坚持学而信、学而思、学而行，认真学习、灵活运用贯穿其中的马克思主义立场观点方法，切实化作自己的思想方法和工作方法；要弘扬理论联系实际的学风，紧密结合工作实际，切实把学习成效转化为推动党和人民事业发展的思想自觉和行动自觉。

一二五、党员就是奉献，干部就是责任，领导就是服务

入了党的门，就意味着要“毫无私心把自己的一切奉献给党和人民”；成为党的干部，就意味着要“担起该担当的责任”；走上领导岗位，就意味着要带头“全心全意为人民服务”。唯有为了党和人民事业奉献一辈子、尽责一辈子、服务一辈子，才是一名合格的党员、合格的干部、合格的领导者。

奉献的人生最幸福。奉献是共产党人的重要精神特质。习近平总书记指出，“甘于奉献是共产党人的崇高品格”，“党的事业，人民的事业，是靠千千万万党员的忠诚奉献而不断铸就的”。党章规定，共产党员必须“吃苦在前，享受在后，克己奉公，多做贡献”。共产党员讲奉献不是可有可无的选择，而是必须履行的义务。奉献没有

休止符，入党就是准备吃苦奉献的。作为一名党员，甘愿为党和人民事业奉献自己的一切，“捧着一颗心来，不带半根草去”，再怎么艰苦也是美好的，再怎么付出也是幸福的。

岗位就是责任。“知责任者，大丈夫之始也；行责任者，大丈夫之终也。”习近平总书记强调，“好干部必须有责任重于泰山的意识”，“看一个领导干部，很重要的是看有没有责任感，有没有担当精神”。组织任命一个岗位的干部，就是赋予其相应的责任。岗位是舞台，责任是态度。当干部必须守土有责，全面熟知岗位责任，对所任职务要做些什么、存在什么问题、重点难点在哪里，等等，都要“小葱拌豆腐——一清二白”。必须守土负责，增强“铁肩担道义”“舍我其谁”的担当精神，事不避难、义不避责。必须守土尽责，以“燕子垒窝”“蚂蚁啃骨”“老牛爬坡”的劲头，在岗一分钟、奋战六十秒，在殚精竭虑中体现价值。

为民服务是领导的天职。邓小平同志曾指出：“什么叫领导，领导就是服务。”一语道出了我们党的根本宗旨所在。习近平总书记强调：“我们讲宗旨，讲了很多话，但说到底还是为人民服务这句话。”天地之间，莫贵于民；悠悠万事，唯民为大。民心是最大的政治，人民是我们永远的上级。“政之所兴在顺民心，政之所废在逆民心。”领导干部所做的一切工作，归根结底都是为了让人民群众过上美好生活。必须永远坚守“全心全意为人民服务”的根本宗旨，做到“民不富足，食不甘味；民不安乐，寝不安枕”，做到“民之所忧，我之所思；民之所思，我之所行”，永葆对人民的赤子之心。

一二六、领导是一种责任，是一种牺牲

明代思想家吕坤说过："官职高一步，责任便大一步，忧勤便增一步。"为官从政权责相系、苦乐相悖，权力大一分，责任就重一分，本就应直面苦事难事，需要在本职岗位上鞠躬尽瘁，做出应有牺牲。当官避事不作为，是一种腐骨蚀心的慢性恶疾、一种隐形腐败，折射的是高高在上、不负责任的官僚主义。

做官都是苦事，为官原是苦人。近年来，随着全面从严治党纵深推进，一些干部发出了"为官不易"的感慨，陷入"干事越多风险越大"的思想顾虑。习近平总书记强调："我们不舒服一点、不自在一点，老百姓的舒服度就好一点、满意度就高一点，对我们的感觉就好一点。"领导岗位不是一种待遇、一种享受，而是一种责任、一种牺牲。如果当干部"太舒服"，就是对初心的背叛、对职务的亵渎、对岗位的糟践，根本没资格做领导干部。其实，"干部不易"是当干部的应有之义，当干部本是"苦差事"，使"干部"成为最难的职业，这是党之大幸、国之大幸、民族之大幸、人民之大幸。

心甘情愿为党和人民的事业消耗自己。鲁迅先生说过，"有一分热，发一分光。就令萤火一般，也可以在黑暗里发一点光，不必等候炬火"。杨善洲同志也有句话："干革命要干到脚直眼闭。"当共产党的"官"是很苦的，进入新时代，群众期盼更高、从政标准更严、肩上担子更重，也就意味着更大的责任和更多的牺牲，现实中根本就没有既“好当”又“好玩”的“官”。作为党的领导干部，理当自觉自愿、心甘情愿为党和人民的事业消耗自己的时间、精力、身体乃至于生命。要尽职尽责，无论任何时间、任何地点、任何情况，都自觉主动担起责任，应该做的事顶着压力也要干，必须负的责迎着风险也要担，舍得吃苦、甘于吃苦、能吃天下第一等苦，始终在职在岗在状态。要敢于牺牲，时刻铭记公仆身份，任劳任怨、甘于奉献，兢兢业业、夙兴夜寐，大公无私、先公后私、公而忘私，舍“小家”为“大家”，甘愿做燃烧自己、照亮别人的蜡烛，努力修炼“我将无我，不负人民”之大境界。

一二七、以党的旗帜为旗帜，以党的方向为方向，以党的意志为意志

举什么旗、走什么路，是关系党的事业兴衰成败第一位的重大问题。习近平总书记指出，“党政军民学，东西南北中，党是领导一切的，是最高的政治领导力量”，“我一直在想，如果哪天在我们眼前发生‘颜色革命’那样的复杂局面，我们的干部是不是都能毅然决然站出来捍卫党的领导、捍卫社会主义制度？我相信，绝大多数党员、干部是能够做到的”。坚持党的全面领导不是抽象的而是具体的，领导干部必须永远忠于党的旗帜、忠于党的方向、忠于党的意

志，否则就会犯颠覆性错误。

天下至德莫大于忠。“人之忠也，犹鱼之有渊。鱼失水则死，人失忠则凶。”习近平总书记指出，“全党同志要强化党的意识，牢记自己第一身份是共产党员，第一职责是为党工作，做到忠诚于组织，任何时候都与党同心同德”，“对党绝对忠诚要害在‘绝对’两个字，就是唯一的、彻底的、无条件的、不掺任何杂质、没有任何水分的忠诚”。对党忠诚既是对领导干部最基本的政治要求，也是领导干部最重要的政治素养。对党忠诚只有绝对，没有相对。党的领导干部姓“党”，进了党的门就是党的人，要高举党的旗帜、坚定党的方向、贯彻党的意志，最根本最核心的就是要锤炼对党忠诚的政治品格，每天都问问自己“为人谋而不忠乎”，坚定站稳党性立场，提高政治敏锐性和政治鉴别力，在大是大非面前头脑清醒、旗帜鲜明，经得起大风大浪考验，决不能在根本性的问题上走岔了、走歪了，更不能走错了。

始终坚决听党话跟党走。听党话、跟党走，不是空洞的概念，不是喊在嘴上的口号，而是具体的、实实在在的。领导干部以党的旗帜为旗帜、以党的方向为方向、以党的意志为意志都是具体的，都体现到不断增强“四个意识”、坚定“四个自信”、做到“两个维护”上。要在党言党，坚持用党的创新理论武装头脑，把“两个维护”作为最高政治原则，对“国之大者”心中有数，时刻关注党中央关心什么、强调什么，党中央提倡的坚决响应、决定的坚决执行、禁止的坚决不做。要在党爱党，永怀对党的深沉热爱、对党的感恩之心，永远把党摆在心头正中，真正一心向党、忠贞不贰，坚决贯彻落实党章的规定和党的重大决策部署。要在党忧党，始终以党的忧患为忧患、以为党分忧为己任，不断为党作贡献。要在党兴党，始终把初心使命铭刻于心，勇于担当负责、积极主动作为，努力创造出经得起检验的业绩。要在党护党，旗帜鲜明捍卫党的领导，坚决反对和抵制一切违背、歪曲、否定党的基本路线的错误言行，永远做对党忠诚的卫士。

一二八、人心是最大的政治，共识是奋进的动力

习近平总书记强调，“一个政党，一个政权，其前途和命运最终取决于人心向背。如果我们脱离群众、失去人民拥护和支持，最终也会走向失败”，“人民是历史的创造者，是决定党和国家前途命运的根本力量”。中国共产党人的根本政治立场，就是人民立场，就是坚持一切为了人民、一切依靠人民，如果失去了人民拥护和支持，党的事业和工作就无从谈起。领导干部为官从政只有坚定站稳人民立场，注重增进人民群众对党的政治认同、思想认同和情感认同，紧紧地把人民群众凝聚在党的周围，才能汇聚起同心共筑中国梦的磅礴力量。

水能载舟，亦能覆舟。“得众则得国，失众则失国”，“民为邦本，本固邦宁”。纵观中华民族五千年的政治文明史，无数政权的兴衰深

刻证明，得民心者得天下、失民心者失天下。谁真正把人民放在心底，人民肯定就把他举过头顶；谁背弃人民、丢失人心，人民就要把他打倒、推翻。苏联曾对“苏共代表谁”进行问卷调查，结果认为苏共代表劳动人民的只有7%，代表工人的只有4%。正是由于严重脱离群众，失去了人民的支持，曾经的世界超级大国最终亡党亡国。对人民高高在上、盛气凌人，虚情假意作秀，无视群众疾苦等行为，都是背离了我们党的初心，损害了党和人民鱼水深情，败坏了党的形象，动摇的是我们党的执政根基。领导干部一定要高度警惕脱离群众这个“最大危险”。

人民是我们党执政的最大底气。习近平总书记强调：“江山就是人民，人民就是江山。”我们党之所以能在百年发展历程中，战胜各种艰难险阻和风险挑战，不断取得革命、建设和改革的胜利，关键就在于我们始终深深扎根人民、紧紧依靠人民、全心全意服务人民，得到了人民的衷心拥护和支持。陈毅同志曾感慨地说：“淮海战役的胜利，是人民群众用小车推出来的。”人民是推动社会历史发展的根本力量。历史是人民群众书写的，未来也必将由人民群众来创造。把亿万人民群众的力量凝聚到我们党的周围，就会使我们党的执政拥有雄厚的群众基础，也必然为我们党长期执政提供根本支持，进而使我们党的执政具有最大底气。领导干部为官从政，必须践行全心全意为人民服务的根本宗旨，千万不能忘了初心和使命。

找到最大公约数，画出最大同心圆。习近平总书记指出，“中国梦归根到底是人民的梦，必须紧紧依靠人民来实现”，“要坚信党的根基在人民、党的力量在人民，坚持一切为了人民、一切依靠人民，充分发挥广大人民群众积极性、主动性、创造性，不断把为人民造福事业推向前进”。思想是行动的指南，行动是思想的延续。干任何事情，只有在思想上达成共识，才能同心、同德、同向、同行，形成共为的强大合力，否则，就会“道不同不相为谋”，变为一盘散沙。党的事业是团结带领人民共同奋斗的事业，作为党的领导干部必须当好党的传经布道者，紧紧把人民群众团结凝聚在党的周围，凝聚共识、凝聚智慧、凝聚力量。要用伟大思想教育人、凝聚人，坚持用习近平新时代中国特色社会主义思想武装头脑，教育人民坚定不移跟党走。要用伟大事业感召人、激励人，坚持以人民为中心的发展思想，坚持发展第一要务，以更高质量的发展，增强人民群众的获得感、幸福感、安全感，使群众深刻认识中国特色社会主义制度的伟大优越，深刻感知实现中华民族伟大复兴的光明前景，坚定信心、勠力同心、奋发有为，在党的领导下不断把党和人民事业推向前进。

一二九、心无百姓莫为官

习近平总书记强调：“我们是党的干部，是人民的公仆，一定要把群众的安危冷暖挂在心上，以‘天下大事必做于细’的态度，真心诚意地为人民群众办实事、做好事、解难事。”为官一任辜负一方百姓，就不配做共产党人，人民也不会让这样的官平平安安占位子。

当官不为民做主，不如回家卖红薯。老百姓是天，老百姓是地。

人民始终是我们的衣食父母，是我们的力量源泉，如果心中没有百姓，就如同无根的浮萍，只能随波逐流、四处飘荡，永远找不到自我归宿。“衙斋卧听萧萧竹，疑是民间疾苦声；些小吾曹州县吏，一枝一叶总关情。”古代官员尚有如此民本情怀，作为党的干部更应永远牢记、时刻践行党的为民宗旨。领导干部必须始终深怀爱民之心，善谋富民之策，多办利民之事，淡化“官念”，拒绝“特权”。

心中有民，自当造福于民。干部干部，干事创业、为民造福，天经地义。习近平总书记谈到自己在正定县的工作经历时说：“我当年到了正定，看到老百姓生活比较贫困、经济社会发展水平比较落后的情形，心里很着急，的确有一股激情、一种志向，想尽快改变这种面貌。”当领导干部，就是要有这样的意气风发和满腔热情，深怀为民情怀和利民之志，把群众观点、群众路线深植于脑中，时刻把群众的疾苦挂在心头，切实解决群众最关心最现实的利益问题，解决群众的操心事、烦心事、揪心事，踏踏实实干出几件打基础、利长远的实事来。如果身在领导岗位不干事，人民生活年复一年都是“涛声依旧”，不断重复“昨天的故事”，就该感到羞愧难当、无地自容。

用自己的“辛苦指数”，换取百姓的“幸福指数”。为民谋利、为民造福，是我们党执政的使命，也是领导干部的责任。身在领导岗位，用自己的“苦”换来百姓的“甜”，既是党性使然，也是价值所在。要始终把人民放在心中最重要的位置，把人民群众对美好生活的向往作为奋斗目标，把群众呼声当作第一信号，把群众利益当作第一追求，把群众满意当作第一标准，常思人民之所思、常想人民之所想，自觉做到“民之所忧，我之所思；民之所思，我之所行”。要强化“但愿苍生俱饱暖，不辞辛苦出山林”的责任，增强慢不得、等不得、拖不起的紧迫感，只争朝夕、埋头苦干、艰苦奋斗，扎扎实实地履好职尽好责，造福于民、奉献为民，始终与人民心心相印、与人民同甘共苦、与人民团结奋斗，真正创造出无愧于时代、无愧于组织、无愧于群众、无愧于自己的业绩。

一三〇、造福人民是最重要政绩

习近平总书记强调，必须解决好“树什么样的政绩”的问题。领导干部干的是造福人民的事业，必须把为民办事、为民造福作为最重要政绩，不图虚名、不做虚功，多做打基础、利长远的工作，努力创造经得起实践、历史和人民检验的政绩。

除了人民利益，我们党没有任何特殊利益。习近平总书记指出：“党的一切工作必须以最广大人民根本利益为最高标准。”党章明确规定，“党除了工人阶级和最广大人民群众的利益，没有自己特殊的利益”，“中国共产党党员必须全心全意为人民服务”，“除了法律和政策规定范围内的个人利益和工作职权以外，所有共产党员都不得谋求任何私利和特权”。我们党是马克思主义执政党，执政为民是根本价值取向，我们党执政的目的就是实现好、维护好、发展好最广大人民的根本利益。领导干部就要有政绩，没有政绩或者政绩不佳，就是没有尽到为官从政的本分，就不是好干部。但是，追求什么样的政绩、如何追求政绩，却如同一面镜子，反映着领导干部的情怀境界格局，检验着领导干部的理想信念宗旨。领导干部追求的只能是以人民为中心的政绩、经得起人民检验的政绩、老百姓实实在在需要的政绩，切实做到人民需要、期盼的事，就坚决去做；人民反对、痛恨的事，坚决不做。

干部是答卷人，人民是阅卷人。习近平总书记指出："检验我们一切工作的成效，最终都要看人民是否真正得到了实惠，人民生活是否真正得到了改善。""知屋漏者在宇下，知政失者在草野。"人民群众是我们党的工作的最高裁决者和最高评判者。领导干部工作干得怎么样，有没有把人民群众放在心中最高位置，所作的决策、推动的事业、办成的事情是否深得民心，是否给百姓带来实实在在的获得感、幸福感和安全感，群众看得最清楚、感受最真切、体会最真实，也自然会作出最公道的评判。俗话说，金杯银杯，不如百姓口碑；这好那好，不如群众说好。领导干部有没有政绩，自己吹不出来、夸不出来、装不出来，只能以人民高兴不高兴、满意不满意、答应不答应的标准和尺度衡量，在实打实地服务人民中干出来。

一三一、以奋斗为通行证，用素质作介绍信

奋斗是实现个人成长进步的阶梯，有奋斗才能不断实现目标。素质是修养素养，有素质才有实力，有实力才有竞争力。一切伟大

事业的推进、一切伟大成就的取得，都是“过硬素质 + 接续奋斗”的结果。离开素质，缺少了奋斗，再美好的蓝图也只是空中楼阁。领导干部必须以素质立身，靠奋斗前进，不断成就伟大事业、实现人生价值。

人生需要追求，奋斗才能有成。人生在勤，不索何获。孙中山先生曾说过，“奋斗这一件事是自有人类以来天天不息的”。理想越是远大，奋斗越是艰辛。实干、谋事、创业、奋斗是相辅相成、辩证统一的有机整体，奋斗创造历史，实干成就未来。邓小平同志曾经说过，“世界上的事情都是干出来的，不干，半点马克思主义也没有”。习近平总书记指出：“世界上没有坐享其成的好事，要幸福就要奋斗。个人的幸福要靠个人的奋斗，民族的幸福要靠民族的奋斗。”时代是出卷人，我们是答卷人，人民是阅卷人。领导干部必须弘扬奋斗精神，不驰于空想、不骛于虚声，撸起袖子加油干，以坚定者、奋进者和搏击者的姿态，矢志不渝地苦干实干、担当作为，努力干出利党利国利民的不平凡事业，不断提高人生价值。

素质改变命运，能力成就未来。绣花要得手绵巧，打铁必须自身硬。袋子只有装满东西，才能直立起来。人也一样。倘若一个人肚子空空、脑子空空，那么就很难在社会上立足。能力素质才是金饭碗，以素质立身才是真本领。素质过硬、踏实能干，哪个单位都需要；不学无术还想滥竽充数，到哪儿都难。手里有招心不慌。领导干部只有素质过硬、本领高强，个人的成长进步才更有底气、更硬气。必须把学习力作为核心竞争力，勤于学习、善于学习，干中学学中干，不断完善知识结构，构建知识体系；必须增强“八种执政本领”，提升专业化能力，坚持干什么学什么、缺什么补什么，尽快补齐能力、素质和方法短板；必须坚持理论联系实际，加强实践锻炼，主动投身到群众最需要的地方、急难险重一线、乡村振兴一线去摸爬滚打、砥砺品质，去检验自我、增长才干，努力成为抓发展、促改革、保稳定的行家里手。

一三二、倡导清清爽爽的同志关系

领导干部如何处理上下级关系，不仅是工作方法的问题，也是世界观的问题，更是对人民群众的立场和态度的问题。领导干部要彻底摒弃庸俗的关系学，坚决抵制拉拉扯扯、吹吹拍拍等歪风邪气，坦诚相见、心心相印，既讲感情又讲原则，倡导清清爽爽的同志关系、规规矩矩的上下级关系，这是保持良好政治生态的基本要求。

敬人不必卑尽，卑尽则少骨。凡事有度，过则变味。人与人之间互相尊重，是人际交往的基本原则，但卑躬屈膝地讨好，只会使关系变得异化。人自重者，而后人亦重之。领导干部只有做到不卑不亢，才能彰显自己做人的骨气，赢得尊重。领导干部对上的交往，应当建立在相互尊重人格的基础上，对上级领导作出的决策部署要坚决贯彻落实，不折不扣干到底，但对上级错误的决定或命令，我们也要做到明辨是非、敢于发声，及时指出问题所在。

人生如树，疏密有度。树与树之间，保持适当的行间距，才不会妨碍各自生长。人与人之间，只有保持适当距离，感情才会长久，关系才会稳固。领导干部与下级的交往，尤其要讲究分寸，保持适当距离。人际关系，感情是基础。走得太远了，感情就淡了，体现不出组织的人文关怀；走得太近了，则容易形成“圈子文化”，导致工作不讲原则。对下属的工作要求苛刻，高高在上、颐指气使，或是信奉“多栽花，少栽刺”，在工作中遇到矛盾当“和事佬”，对一些不良现象不敢抓，这两种情况都不可取。前者毫无亲和力，会导致自己与下属距离越来越远，影响队伍团结；后者是毫无原则的一团和气，最终必然导致队伍软弱涣散、纪律松弛。作为领导干部，既要关心爱护下属，对干部职工要态度亲切、谦虚真诚，深入倾听意见建议；又要严格管理下属，该提醒的提醒，该批评的批评，该纠正的纠正，经常“咬耳扯袖”。

一三三、尊贤使能，俊杰在位

千秋大业，贵在用人。办好中国的事情，关键在党，关键在人。党的干部是党和国家事业的中坚力量。习近平总书记指出，“选好干部，用好干部，事关党的事业薪火相传，事关国运兴衰”。领导干部要从党和国家事业发展需要出发，以更高的站位、更宽的视野唯才是举、任人唯贤。

用一贤人则群贤毕至，见贤思齐就蔚然成风。“亲贤臣，远小人，则国兴；亲小人，远贤臣，则国废”，这个道理自古至今亘古不变。古代还留下了文王渭水访贤、周公吐哺礼贤、刘备三顾茅庐求贤、萧何月下追韩信的佳话为后人乐道。习近平总书记指出，“选什么人就是风向标，就有什么样的干部作风，乃至就有什么样的党风”。我们党始终高度重视选人用人工作，始终把选人用人作为关系党和人民事业的关键性、根本性问题来抓。小到一个部门、一个地区，大到一个国家、一个政党，在选人用人上能够坚持任人唯贤、尊贤使能，就会树立起能者上、优者奖、庸者下、劣者汰的鲜明导向，形成尊重知识、尊重人才，崇尚实干、风清气正的良好氛围，激励各级干部担当作为，心无旁骛地干事创业、贡献智慧。国家兴衰关键靠人才，党的兴衰关键看干部。领导干部只有高度重视选贤任能，不断增强选干部、配班子的政治性、科学性、精准性、实效性、前瞻性，才能为党和人民的事业提供源源不断的人才保证和智力支持。

坚持“该用谁”，而不是“谁该用”。习近平总书记指出，“要把党和人民需要的好干部精心培养起来、及时发现出来、合理使用起来”。用什么人、不用什么人，是对干部最有效、最直接的激励和鞭策。用好一个干部的好处不可轻视，用错一个干部的坏处更不能忽视。选贤任能，归根到底考验的是领导干部对党、对人民、对干部人才的责任心。领导干部要有识人之明，端正用人导向，坚持好干部标准，突出实干实效，不唯资历看能力、不唯年龄看本领、不唯文凭看水平，凭实绩论英雄。要有举人之胆，坚持德才兼备、以德为先，事业为上、以事择人，广开进贤之路，打破体制机制障碍、行业部门地域壁垒和身份界限，充分盘活干部资源，为各类干部提供脱颖而出的平台通道和施展才华的广阔天地。要有育人之法，严管与厚爱结合，激励和约束并重，把有潜质、品质好的干部放到艰苦的工作岗位、关键的工作岗位上锻炼，将其培育成能够持续创造出好成绩的“千里马”，真正形成人才辈出的局面。要有容人之量，公道正派，胸襟宽广，充分信任干部，抛弃个人私心杂念，容人之过、容人之短，惜才爱才，团结合作。

一三四、量才授职，则政成事举

西汉大儒董仲舒提出“量材而授官，录德而定位”，即根据才能大小、品德高下来授予合适的官职。用干部人岗相适，可以使人的能力与岗位职责有机结合，相互促进；人岗不适，则会限制人的能力发挥，甚至起反作用。人事相宜、人岗相适，方能最大地激发干部作用的发挥。领导干部用人之道，贵在量才授职，这是对干部的负责、对事业的负责。

为政之要，首在用人。习近平总书记指出：“治国之要，首在用人。”选用什么人，关乎党的执政地位，关乎党和人民的事业兴衰成败。毛泽东同志曾说：“领导者的责任，归结起来，主要地是出主意、用干部两件事。”我们党是执政党，用人权是最重要的执政权，是巩固党的执政地位、履行党的执政使命的根本保证。领导干部担负着选贤任能的重要职责，把好干部选出来、用起来，这是对党和人民负责任的关键一步。领导干部必须练就“伯乐识千里马”的本领，把好干部标准落到实处，真正把忠诚干净担当的高素质干部选拔出来、使用起来。

因才而用，把好钢用在刀刃上。“德不称其任，其祸必酷；能不称其位，其殃必大。”用干部如果人事不相宜、能力与岗位不相称，不仅影响干部成长，还会贻误事业。习近平总书记强调，“要坚持事业为上，以事择人、人岗相适”。坚持德才兼备，以德为先，任人唯贤，用其所长，尽显其才，科学合理地使用干部，才能维护风清气正的政治生态，激扬公道正派的选人用人风气，最大限度激发干部斗志、调动干部积极性。再优秀的干部也要用在适当的地方，才能最大限度地发挥作用。领导干部量才而用，前提是把人看准，坚持系统地、辩证地看干部，用联系的、发展的、理性的眼光，全方位、多角度、立体式考察干部，学会由此及彼、由表及里，去粗取精、去伪存真，通过现象看本质，看准干部适合干什么、不适合干什么，切实把干部德能勤绩廉看准看实。关键是把人用好，坚持德才兼备，以德为先，任人唯贤，坚持事业为上，以事择人、人岗相适，把“研究人”与“研究事”统一起来，看干部最擅长干什么，看岗位最需要什么，坚持“适时用”，避免“失时用”，考虑“该用谁”而非“谁该用”，用其所长，尽显其才，真正把优秀的干部用起来、用在关键处。

一三五、用人如器，各取所长

这句话出自司马光的《资治通鉴·唐纪》。司马光总结道："凡人之才性，各有所能，或优于德而强于才，或长于此而短于彼。"意思是用人如同用器物一样，各有各的用处，要扬长避短合理使用。领导干部要掌握识人用人的科学方法，既能显其能，又能避其短，人尽其才、人事相宜。

尺有所短，寸有所长。清代顾嗣协的《杂兴》有言，"骏马能历险，犁田不如牛；坚车能载重，渡河不如舟"。意思是不同的事物有不同的特点，各有各的用途，应当按照专长来分工。在历史上，唐太宗堪称知人善任的典范，他秉持"智者取其谋，愚者取其力，勇者取其威，怯者取其慎"的用人原则，延揽房玄龄、杜如晦等善谋之士，任用李勣、李靖等善战名将，通过取长补短实现人才合理任用，朝堂之上可谓"人才济济、文武兼备"。俗话说，"人有十指，各不相同"。在同一个班子、单位或地区的干部，也是各有各的性格特征、兴趣爱好、学历层次、能力水平、专业特长的，领导干部只有做到知人之短、知人之长、知人长中之短、知人短中之长，合理搭配、合理使用，才能实现人尽其才、才尽其用、人事相宜，形成干事创业的强大合力。

扬长避短，各尽其才。根据干部的才能量体裁衣，其目的是为了实现“人尽其才”。金无足赤，人无完人。“用人所长”往往考验的是领导干部“点兵点将”的能力是否过硬。只有把准衡量干部的尺子，既量其长处，也察其短处，因势利导、用人所长，才能真正把好钢用在刀刃上，激发干部的干事创业热情。“大匠无弃才，寻尺各有施”。领导干部要认真研究“人”，把考察了解干部的功夫下在平时，坚持经常性、全方位、多渠道了解考察干部，重视从基层干部群众口碑中了解干部，既注重了解干部在完成艰难险重任务、处理复杂问题、应对重大考验中的表现，又注重从小事小节上看干部的德才表现；还要通过民主生活会、谈心谈话、座谈交流、随机调研、学习培训等方式经常性了解干部的真情实况，察德辨才，确保把干部考准察实。要认真研究“事”，认真分析研究一个地方或者单位的职责职能、形势要求、工作需要，统筹考虑事业发展与干部成长两个关键性因素，岗位最需要什么样的干部就配什么样的干部，什么样的人更有利于事业发展就用什么样的干部，不能脱离实际需要将不同类型的干部简单通用，也不能为改善结构而影响班子整体功能，更不能把岗位作为对干部的奖励，因人设岗，搞论资排辈、平衡照顾、将就凑合。

一三六、赏罚要分明，激励约束要并重

赏罚分明则存善去恶，恩威并重则扬勇严纪。俗话说，慈不掌

兵。作为领导干部，既要有“菩萨心肠”，又要有“霹雳手段”，方能抓好班子、带好队伍、干好事业。

赏而不诚不劝，罚而不诚不戒。《管子》有云：“故圣人设厚赏，非侈也；立重禁，非戾也。赏薄则民不利，禁轻则邪人不畏。”厚赏重罚是管理干部的一道利器。如果奖赏太薄，就会激励不够、动力不足，难以促人尽力而为；倘若惩罚太轻，便会让人无所顾忌、为所欲为，导致歪风盛行。厚赏能调动激情，重罚令恶人恐惧，厚赏重罚是管权治吏的利器。厚赏与重罚，互为补充、联系紧密。朱元璋肃贪刑罚很重，但是贪官还是前仆后继，主要原因就是“有重罚而无厚赏”；北周苏绰提出以贪反贪、以利益制衡利益，却让北周成了“短命王朝”。由此可见，如果只讲厚赏，就会人人逐利；如果只顾重罚，势必人人自危。只有厚赏与重罚“双剑合璧”，方能长治久安。在各自领域做出重要贡献的人才，要加大奖赏力度；对敢为人先、勇于担当的领导干部要重点培养，优先提拔使用，让流汗者不留憾、实干者得实惠。要始终保持高压态势，坚持无禁区、全覆盖、零容忍，坚持重遏制、强高压、长震慑，让腐败和违规违纪行为在监督之下无所遁形，让“害群之马”受到法律的严惩，对不作为、懒作为、慢作为的干部要坚决问责、严厉打击。

恩不施无以立威，威不施无以治事。恩威并重就是安抚和强制同时施行。恩威并施要正确把握好恩与威的关系，恩和威是辩证统一，恩是威的基础，威是恩的手段。从事领导工作，一味地宽厚仁慈，就会难以约束而形不成战斗力；对人太过严苛，就会让人战战兢兢，没有亲和力，恩威并重可以更好地驾驭工作局面。领导干部要做到这一点，就要建立并遵守运行规则，从制度上约束、思想上引导，既注重严格管理，又强化关心关怀，通过领导者权威的力量、人格的力量，最大限度统一思想，使下属从内心真正认同并践行集体的目标、理念和方法。严管与厚爱相结合。严管也是厚爱，是对组织负责，也是对同志负责。要明确“底线”“红线”“高压线”，把纪律和规矩挺在前面，切实抓好干部的日常教育、管理、监督。要充分运用监督执纪“四种形态”，抓早抓小、抓细抓常，咬耳扯袖、红脸出汗，避免干部的小毛病演化为大问题。同时，坚持以人为本，在思想上政治上工作上生活上关心关爱干部，给位子压担子，为他们提供干事创业和成长进步的平台与机会。激励与约束并重。用好激励机制，在评先评优、表彰奖励、职务晋升、职称评聘等方面让奋进者脱颖而出，使庸碌者“无摊可守”；用好容错机制，树立和强化为创新者容、为担当者容、为实干者容的鲜明导向，旗帜鲜明为那些敢于担当、踏实做事、不谋私利的干部撑腰鼓劲；用好监督问责武器，让干部感到有危机、有压力，有奔头、有动力，使守纪者畅行，为散漫者定边。

一三七、培训是投资而非成本

习近平总书记强调，“党的历史经验和现实发展都告诉我们，没有全党大学习，没有干部大培训，就没有事业大发展”，“要切实抓好成千上万各级干部的培训，越是重要岗位、关键岗位的干部越要培训”。干部教育培训固然需要人力、物力、财力等成本投入，但通过培训能促使领导干部持续更新观念、学习新知识、掌握新技能、适应新环境、胜任新要求，准确理解和贯彻党的路线方针政策，自觉为党的目标任务努力奋斗，推动党和人民的事业不断从胜利走向胜利。所以，培训并非单纯的“成本”，而是能产生巨大收益的“投资”。

教育培训是干部打基础利长远的投资。习近平总书记指出，“中国共产党人依靠学习走到今天，也必然要依靠学习走向未来”，“在每一个重大转折时期，面对新形势新任务，我们党总是号召全党同志加强学习；而每次这样的学习，都能推动党和人民事业实现大发展大进步”。党和人民的事业，呼唤一批又一批既政治过硬又本领高强的干部。教育培训是组织培养干部最直接最管用的途径。通过一流的培训，以思想政治教育端正领导干部的世界观、事业观、权力观，就能为领导干部成长的前端性环节指明方向、把好航向、扣好“第一粒扣子”。培训中，用理论教育与党性教育锻造队伍，用专业化能力培训提升队伍，不断提高领导干部能力素质，帮助干部在实现中华民族伟大复兴中国梦的进程中“大展拳脚”，最终将进一步加强党的长期执政能力，让“千秋伟业”后继有人。

培训也许很“贵”，但不培训更“贵”。习近平总书记强调，“要推动干部教育培训工作有一个新的大改进、大提高，努力为全面建设小康社会提供有力的思想政治保证、人才保证和智力支持”。忽视、轻视干部培训的成本是昂贵的、代价是巨大的，这将导致干部队伍观念陈旧、眼界狭窄、知识落后、效率低下，给党和人民的事业带来损失。据国外有关资料统计表明，对员工培训投资1美元，可以创造50美元的收益，投入产出比为1∶50。培训正是通过人的改变来产生“收益”，且取得的效果是潜移默化的、巨大的、长久的。

教育培训的增值是干部成长和事业发展。领导干部作为为民服务的“排头兵”，必须要有担当作为的硬脊梁、铁肩膀、真本事。领导干部的党性修养、思想觉悟、能力本领不会随着党龄的积累而自然提高，也不会随着职务的升迁而自然增强。领导干部不仅要加强自学，而且要自觉站在全局高度、长远的角度，更加注重用好教育培训这一重要途径，科学处理“工学矛盾”，自觉增强参加教育培训的积极性、主动性，按照忠诚干净担当的要求提高自己，通过参加教育培训，努力培养斗争精神、增强斗争本领，使自己的思想、能力、行动跟上党中央要求、跟上时代前进步伐、跟上事业发展需要。同时也要注重对下属的培训，善于根据下属的特点，积极为他们创造参加各类教育培训的机会，不仅收获干部的成长，而且更加促进事业的发展。

一三八、历史方位决定历史责任

方位，本意是方向和位置，历史方位是指客观事物在历史进程中的前进方向和所处位置。古人说，“辨方位而正则”。认识历史方位，既是思想问题，更是政治问题。只有认清了历史方位，才能准确判断社会主要矛盾，并由此决定党的重要工作内容。党的重要工作内容的转变，必然导致领导干部工作责任、任务、使命的转变。习近平总书记指出：“经过长期努力，中国特色社会主义进入了新时代，这是我国发展新的历史方位。”历史方位的变化，是时代和实践发展变化的重要标志，意味着一种新的征程、新的使命、新的责任。

方位清，则责任明。辩证唯物主义告诉我们，正确开展工作的一个基本前提，就是从实际出发，认清自己所处的环境和所面对的局势。历史方位为历史责任提供了时代坐标和基本依据。领导干部只有认清历史方位，才能全面把握我国发展的阶段性特征和实践要求，体会所承担的历史责任，科学制定方针政策，始终围绕中心、服务大局开展工作。中国特色社会主义新时代，这是领导干部干事创业的大背景、大前提、大条件。新时代赋予党的历史使命、理论遵循、目标任务以新的时代内涵，历史责任、发展任务、发展要求都需要从新的历史方位、新的时代坐标来科学认识和全面把握。领导干部要深刻认识我国所处历史方位，深刻理解共产党执政规律、社会主义建设规律、人类社会发展规律，精准把握发展大势，找准行动坐标，锚定前进方向，承担起历史责任，为国家富强、民族振兴、人民幸福作出应有贡献。

立足新方位，展现新作为。有什么样的历史方位就有什么样的历史使命，有什么样的历史使命就需要什么样的领导干部。李大钊同志曾说：“黄金时代，不在我们背后，乃在我们面前；不在过去，乃在将来。”担当起该担当的责任，是中国共产党人一以贯之的崇高风范和精神境界。习近平总书记指出：“我们面临的新时代，既是近代以来中华民族发展的最好时代，也是实现中华民族伟大复兴的最关键时代。”在新的历史条件下，实现“两个一百年”奋斗目标和中华民族伟大复兴的中国梦，就是新时代领导干部的历史责任。为此，领导干部要以对党和人民极端负责的态度，秉持强烈的责任心和事业心，守土有责、守土担责、守土尽责，把人民对美好生活的向往作为奋斗目标，时刻保持艰苦奋斗的精神和顽强拼搏的意志，以踏石留印、抓铁有痕的劲头真抓实干，以实干实效回应人民新期盼，不断落实新部署、实现新目标，向党和人民交出一份满意答卷。

一三九、事业是考题，忠诚是答案

习近平总书记指出，“中国共产党人的事业观，就是为人民利益不懈奋斗，为中国特色社会主义事业不懈奋斗”。领导干部是党的事业的骨干，是人民的公仆，要时刻牢记初心使命，就必须解决好“为了谁”这个根本性问题。只有时刻保持对党和人民事业的忠诚心，才能始终为党和人民事业尽心尽力，才能体现出领导干部的情怀、价值，才能为中国特色社会主义事业不懈奋斗。

党和人民的事业是领导干部的答卷。新时代，国际风云变幻、国内改革发展稳定繁重任务，无一不在考验着领导干部的理想信念、宗旨意识、纪律规矩、本领素质、作风形象等。特别在当前，既是我国经济社会发展的关键期、改革发展的攻坚期，也是科学发展的重大战略机遇期，无论职责所在的事，还是上级部署的事，亦或群众期盼的事，每一项都关系国计民生，每一项都对领导干部提出了新的更高的要求。特殊的时期，特殊的考验。领导干部若无忠诚，或者忠诚不纯粹、不牢固、不强烈，在考验中就容易走偏、走岔、走歪、走错、走邪，败下阵来。

以忠诚作答才能交出优异答卷。从字面上看，“忠诚”的“忠”由“中”“心”二字组成，“中”就是有公允的立场，“心”是指用心做事，而“诚”则是指言行要诚实。对领导干部而言，忠诚是正确价值观的体现，是一种品德，是一种能力；对组织而言，忠诚是统一思想、统一意志、统一行动的基石，是发展的动力源泉。如果一名干部缺乏忠诚，言而无信，就没有为事业奋斗的激情，就没有甘于奉献的品质，就没有团结奋斗的信念，即使能力再强、本领再大，又怎么能经受住事业发展的严峻考验呢？习近平总书记指出：“对党忠诚，不是抽象的而是具体的，不是有条件的而是无条件的，必须体现到对党的信仰的忠诚上，必须体现到对党组织的忠诚上，必须体现到对党的理论和路线方针政策的忠诚上。”在党和人民事业的大考面前，领导干部必须绝对忠诚于党、绝对忠诚于人民，让忠诚意识既形成于对党的朴素感情，更生成于理性自觉，从而始终做到对党“老实”、干净干事、勇于担当，在组织上服从、在事业上尽责，永葆绝对忠诚、绝对纯洁、绝对可靠的政治本色和政治品质，战胜各种严峻考验和艰难险阻，答好“事业考题”“时代答卷”“窑洞之问”。

一四〇、胸怀大局看待问题，顺应时代思考问题

新时代，坚持和发展中国特色社会主义，是中国共产党人需要书写的大文章、描绘的大蓝图、成就的大事业。领导干部要在其中有所作为，无论是看待问题，还是思考问题，都须做到胸怀大局、顺应时代。从空间上讲，能够正确处理实践活动中各方面的关系，看问题能做到胸怀大局、把握大势、着眼大事；从时间上讲，能够正确处理实践活动中各个发展阶段的关系，思考问题能做到主动直面时代课题、把握时代特点、顺应时代潮流。

不顾大局，最终会出局。毛泽东同志早就指出：“共产党员必须懂得局部需要服从全局需要这一道理。”邓小平同志指出：“考虑任何问题都要着眼于长远，着眼于大局，眼界要非常宽阔，胸襟要非常宽阔。”习近平总书记强调，“各级党组织和领导干部要牢固树立大局观念和全局意识”，“自觉从大局看问题，把工作放到大局中去思考、定位、摆布，做到正确认识大局、自觉服从大局、坚决维护大局”。顾全大局是成熟领导干部的重要标志。没有大局制胜，哪来局部风光？结果必然是“大河没水小河干”，最终必定出局。领导干

部唯有牢固树立高度自觉的大局意识，坚持“一盘棋”思想，识大体、顾大局，这样才能看清问题。

明者因时而变，智者随事而制。“世界潮流浩浩荡荡，顺之者昌，逆之者亡。”一个时代有一个时代的主题，一个时代有一个时代的使命。若想适应时代，成为时代的引领者，就必须了解时代，顺应时代分析形势、思考问题。当今的时代是大发展的时代，当今的世界是大变革的世界。俗话说，“时势造英雄，君子顺势而为，乘势而上”。领导干部应该关注现实、关注时代，应时代之变迁、立时代之潮头，把握人类社会进步大势，顺应人民期待，自觉摒弃不合时宜的旧观念，冲破制约发展的旧框框，因时而变、因地制宜、因势利导地思考问题、解决问题。进入新时代，人民的美好生活需要日益广泛。面对这样的新时代，领导干部必须尊重时代所属的客观性，顺应客观条件，以求真务实的态度、破冰前行的勇气、创新发展的智慧，让自己对问题的思考、判断、分析紧扣时代脉搏、紧跟时代步伐，坚持以人民为中心，在解决新时代我国社会主要矛盾中体现新担当、展现新作为、开创新局面。

新时代领导干部必须胸怀“两个大局”。习近平总书记强调，“领导干部要胸怀两个大局，一个是中华民族伟大复兴的战略全局，一个是世界百年未有之大变局，这是我们谋划工作的基本出发点”。“两个大局”深刻揭示了当前国际国内发展的形势和任务，两者相互作用、相互影响、融会交织。中华民族伟大复兴的战略全局，要在世界百年未有之大变局中去谋划、去推进、去实现；世界百年未有之大变局，中国是塑造这一变局的重要力量。领导干部只有胸怀这

"两个大局"，坚持从"两个大局"出发思考谋划推动工作，才能更精准地看清问题本质，在危机中育新机，于变局中开新局。要培养战略思维、全球视野，以宽广视野和深邃眼光看世界，深入洞察国际力量格局调整变化和国内形势任务发展变化，审时度势，坚定战略目标，保持战略定力，赢得战略主动。要始终在大局下谋划推动工作，自觉把本地区本部门本单位的工作放在"两个大局"中去谋划和推进，善于在宏观到微观、抽象到具体的过程中打开工作局面，取得工作实效。

一四一、政治任务就是目标，政治要求就是方向

目标指想要达到的境界或目的，方向则指思想或努力的预定途径。目标和方向贯穿领导工作始终，只有始终围绕目标来思考谋划推进，才能更加有力有序推进工作；只有始终以正确方向作引领，才能确保工作不跑偏不走样。从某种程度上说，为官从政的过程，就是完成政治任务的过程，领导干部要从政治任务和政治要求中找到实现的目标和坚持的方向。

政治问题，任何时候都是根本性的大问题。旗帜鲜明讲政治是我们党作为马克思主义政党的根本要求，是共产党人最鲜明的本质特征。习近平总书记强调，"讲政治是第一位的"，"在领导干部的所

有能力中，政治能力是第一位的”。当前，我们党正处于一个关键历史节点上，形势复杂、任务艰巨、责任重大，只有旗帜鲜明讲政治，才能确保全党统一意志、统一行动、步调一致向前进。领导干部要自觉严守政治纪律和政治规矩，自觉把讲政治贯穿于干事创业全过程各方面，以实际行动坚守初心、彰显忠诚、担当使命。要把做到“两个维护”作为最根本的政治要求，在思想上高度认同，政治上坚决维护，组织上自觉服从，行动上紧紧跟随，在政治立场、政治方向、政治原则、政治道路上同以习近平同志为核心的党中央保持高度一致，自觉维护党中央权威和集中统一领导，坚决贯彻落实党中央决策部署，工作中坚决遵照政治要求，不讲条件、不打折扣、不计得失地完成各项政治任务。

讲政治不是抽象的，而是具体的。讲政治具有很强的实践性，它不只是“讲”，要落实在行动中，体现到工作中，是真真切切、实实在在的实干担当和不折不扣地抓落实，最终要看政治任务完成没完成、政治要求落实没落实。习近平总书记反复强调，“各级干部特别是领导干部要善于从政治上看问题，站稳立场、把准方向”，“善于从政治上谋划、部署、推动工作”。有行动的担当是最好的讲政治。领导干部既要在推进重大任务、处理复杂敏感事项时落实政治要求，也要在做好日常工作、抓好细节小事中把握政治要求，做到见微知著、防微杜渐、未雨绸缪。初心如磐，使命在肩。领导干部面对问题时要看得到政治要求，解决问题时要把握好政治因素、防范好政治风险，做到办事多想政治规矩、处事多想政治影响、成事多想政治效果，坚决圆满完成政治任务。

一四二、靠实力，不靠派系

凡事靠实力。任何竞争都是实力的竞争，当干部就是靠实力。马克思主义认为，内因决定外因，无论是改造主观世界，还是改造客观世界，内因是决定性因素。党的干部的奋斗目标只有一个，就是全心全意为人民服务，不管是自身进步，还是工作进步，都应统一于这个目标之下。因此，为达到个人私心目的，搞歪门邪道、靠屈膝攀附，不信组织信关系、不靠能力靠外力，不但没有市场，而且与党的初心使命是完全背离的。

靠山山会倒，靠人人会跑。找靠山、靠派系，本质上是搞封建的人身依附关系，与党的宗旨要求格格不入。唐玄宗时期，有人劝陕州进士张彖把当朝宰相杨国忠当作靠山，“有此靠山，见之富贵立可图”。张彖却说：“君辈倚杨右相如泰山，吾以为冰山耳。若皎日既出，君辈得无失所恃乎！”说的是众人以为杨国忠的地位稳若泰山，在他看来却是“冰山”，待日出之后，随时有可能倒塌。俗话说，以利相交，利尽则散；以权相交，权失则弃。对领导干部而言，组织最可靠，人民最靠谱。离开了组织和人民，任何靠山都不是泰山而是冰山，都不靠谱，必将靠不住、靠不久。

靠实力说话，凭本事吃饭。世界上最可靠的是自己，只有自身实力强才能自食其力、自力更生，才能从根本上维护尊严。习近平总书记指出，“干部不仅要有担当的宽肩膀，还得有成事的真本领。本领大小不仅仅是干部自己的事情，而且是关乎党和国家事业发展的大事情”。事物发展总是与各种矛盾相伴相生。有矛盾有风险本身并不可怕，关键要有化解矛盾和排除风险的能力和本领，不能在困难和挑战面前束手无策、无所作为。硬实力、软实力，最后要看综合实力。领导干部的先进性不仅体现在思想上、作风上，还体现在能力上、本领上。没有干事创业的“十八般武艺”，说穿了也是假把式，狐假虎威，很快就会现出原形。没有金刚钻不揽瓷器活。领导干部的能力和本领不会从天上掉下来，不会随着官位和年龄的增长而随之增长，只能在学习、实践、再学习、再实践的过程中得到历练、不断提升。

“小圈子”是圈套，入圈必被套。领导干部也有社会交往，也需要诤友良朋，一个正常的健康向上的朋友圈，可以推动工作、提升素质。但如果热衷钻进“小圈子”、结交小兄弟、放纵小爱好，就会拉帮结伙，形成歪风邪气的温床，不仅损害党的形象，也会走上违纪违法的歧途。习近平总书记告诫全党：“党内决不能搞封建依附那一套，决不能搞小山头、小圈子、小团伙那一套，决不能搞门客、门宦、门附那一套，搞这种东西总有一天会出事！”领导干部都是党的干部，不是哪个人的家臣；党员只有一个上级，就是党组织。须自觉摆脱以职务论进步的官本位束缚，把心思和精力放在提升能力、做好工作上，既要涵养良好品德，也要不断提高能力素质，增强建功立业的本领和能力，勇做“攀登者”，不做“攀附者”。

一四三、处常时要胆小，处变时要胆大

习近平总书记强调，“领导干部工作上要大胆，用权上则要谨慎”，“时刻保持如履薄冰的谨慎、见叶知秋的敏锐”。胆大与胆小是事物的两面。“胆大”未必都好，“胆小”未必都不好，关键看所处的环境。处常时的胆小是在风平浪静时的小心翼翼、如履薄冰，处变时的胆大则是在危难挑战时的冲锋陷阵、赴汤蹈火。领导干部要善于把握其中的辩证关系，发挥好主观能动性，做到该“胆小”时要“胆小”，该“胆大”时就要“胆大”。

谨慎能捕千秋蝉，小心驶得万年船。《钱公良测语》云：“天下之祸不生于逆，生于顺。”质量互变规律说明，隐患积累到一定程度必然导致事故。无论是工作还是生活，看似波澜不惊，实则暗流涌动。唯有小心谨慎、思虑周全，才能有备无患、防患于未然；倘若马虎大意、心存侥幸，不仅无法做好工作，还容易阴沟里翻船，一失足成千古恨。苏轼讲，“慎重则必成，轻发则多败。”对于领导干部而言，处常时的谨慎和小心是一种作风，体现在做人务求平和、做事务求周密，做官务求冷静；是一种能力，表现为凡事见微知著、防微杜渐；是一种品格，始终自重、自省、自警、自励，慎言、慎微、慎欲、慎权。在一切顺利、一切正常的情况下，只有凡事小心谨慎，多看一步、多想一层，三思而后行，方能不迷方向、排除风险、平稳前进。

狭路相逢勇者胜，担当作为显忠诚。古希腊政治学家伯利克里曾说：“真的算得勇敢的人是那个最了解人生的幸福和灾患，然后勇往直前，担当起将来会发生的事故的人。”面对突发事件和急难险重任务，能不能承担得下来、能不能完成任务都是后话，首先要看是否在挑战面前不退缩、在困难面前不怯场。习近平总书记指出：“一个人要有一股气，遇到任何事情都有挑战的勇气，什么事都不信邪，就能处变不惊、知难而进。”想为敢为，才能善为。一事当前，敢于亮剑，在困境中急中生智，方能化被动为主动，化失败为成功。在机遇与挑战并存、风险与发展同在的关口，要想占据先机、赢得胜利，就不能瞻前顾后，就不能畏首畏尾，既然任务拿在手里、担子压在肩上，就要在关键时刻豁得出来、顶得上去、冲锋在前，发扬逢山开路、遇水架桥的精神，拿出“万折必东不回头”的勇毅、“赴百仞之谷而不惧”的无畏，知难而进、迎难而上、攻坚克难，以担当作为的实际行动彰显对党和人民忠诚。

胆子要大，步子要稳。习近平总书记在谈到改革时强调，好吃的肉都吃掉了，剩下的都是难啃的硬骨头，这就要求我们胆子要大、步子要稳，敢于担当，不能犯颠覆性错误。胆子要大与步子要稳两者一静一动、辩证统一、互为条件，反映的是速度与稳定的统一、强度与稳度的统一、节奏与稳健的统一，强调的是静要有定力，动要有秩序。现实中，有的工作处于筹备计划的“热身备跑”阶段，有的处在部署实施的“起步开跑”阶段，有的处在稳扎稳打的“放步快跑”阶段，有的处在收官总结的“全力冲刺”阶段，不论处于什么阶段，必须找到工作跑得快、跑得稳、跑得好的最佳平衡点，既不能操之过急、失速失稳，也不能求稳怕乱、减速缓行，而是要做到快稳结合、以稳促快，又快又稳、稳中求进。

一四四、千担当、万担当，不真履职就是没有担当

习近平总书记指出："是否具有担当精神，是否能够忠诚履责、尽心尽责、勇于担责，是检验每一个领导干部身上是否真正体现了共产党人先进性和纯洁性的重要方面。"履职与担当是辩证统一的。履职要求领导干部必须担当，没有敢担当的精神，工作就会敷衍了事、浮于表面；担当必须以工作上的履职为根基，离开了履职尽责这个基本载体，担当作为就是无本之木、无源之水。

领导干部就是要担当，不担当就不能当干部。习近平总书记强调，"领导干部不论在哪个岗位、担任什么职务，都要勇于担当、攻坚克难，既当指挥员、又当战斗员。"清王有光撰《吴下谚联·上任》写道："士人赴官谓之上任。任者，担也，盖将担子上在肩。"讲的是当官就是挑担，官职越大，担子越重。对于党的领导干部来讲，担当是为党工作、为民服务的信念，没了这种信念，就会"不想为"；担当是责无旁贷、挺身而出的勇气，没了这种勇气，就会"不敢为"；担当是驾驭风险、战胜挑战的能力，没了这种能力，就

会“不会为”。对领导干部而言，有权必有责，有责必担当。有多大担当才能干多大事业，尽多大责任才会有多大成就。

履职是基本，尽职显担当。领导干部的职务是党和人民赋予的，不是一种待遇，不是一种享受，也不是一种炫耀，而是一种责任。古人云，肩扛千斤谓之责，背负万石谓之任。领导干部职务越高，责任就越大，要求也越高，本事也应越大；在其位，就要谋其政、履其职、担其责、成其事，这是天经地义的道理。习近平总书记指出，“担当就是责任，好干部必须有责任重于泰山的意识”。作为领导干部，履好每一份职、尽好每一份责，是基本的职业操守。必须坚持岗位就是责任、职务就是使命，始终知责明责，肩负好应承担的职责和使命，绝不能有丝毫的懈怠和含糊；始终履职尽责，恪尽职守，尽责有为，把该尽的责任尽到位，把应做的事情做到最好。

把工作当事业，把事业当追求。以什么样的态度对待工作，就会有什么样的工作行为和工作成效。对领导工作而言，不是因为爱好而从事某方面工作，而是因为从事某方面工作就必须爱好它、以它为乐。梁启超讲：“大抵天下事，从苦中得来的乐，才算是真乐，人生须知道负责任的苦处，才能知道尽责任的乐处。”改革越是到攻坚期、深水区，越需要领导干部始终保持曾经那种热火朝天、只争朝夕的创业氛围，越是需要领导干部依然点燃灯火通明、挑灯夜战的创业之光，越是需要领导干部依然追寻披荆斩棘、筚路蓝缕的创业足迹。只要永葆对事业的满腔热情，始终对工作充满热情、充满激情、充满感情，才能潜心谋事、一心干事、全心成事，在担当作为中收获快乐。

一四五、无功就是过，平庸就是错

习近平总书记指出，“我们要的是经济、政治、文化和社会各方面都和谐稳定发展的‘平安’，而不是无所作为的‘平庸’”，“当‘太平官’，不是‘平安’而是‘平庸’”。当干部都要有政绩，没有政绩的干部是立不住的。食着人民的俸禄，背负党的希望，无所作为就是“过”。领导干部必须恪尽职守、勤勉工作，既要想干愿干积极干，又要能干会干善于干，要把精力用到谋发展上，把心思用到求实效上，把劲头用在抓落实上，做到既“出力”，又“出彩”。

为官一任，必须造福一方。领导干部作为人民公仆，享受人民给予的俸禄，掌握人民给予的权力，身居人民给予的岗位，就应该时刻牢记自己的职责，全心全意为人民谋利益。古人云：“人而无责，于世何益。”领导干部的“辛苦指数”，直接关系到群众的“幸福指数”，如果虚占岗位、尸位素餐、碌碌无为，就会误人误事误业，就是最大的“过”。习近平总书记强调，领导干部“要勤奋工作，对党和人民事业高度负责，真正做到为官一任、造福一方。”有为才有位，在位要有为。领导干部要把为民办事、为民造福作为最重要的政绩，不图虚名、不做虚功，多做打基础、利长远的工作，用过硬政绩来证明是否“上不负国家、下不违百姓”。

可以甘于平凡，不能甘于平庸。平凡与平庸，一字之差，区别明显。一方面，领导干部来自人民，是人民的一员，身份平凡；另一方面，领导干部权力来自人民，担当着为党和人民服务的重任，责任不凡。经济学上有一个“机会成本”概念，讲的是在“多选一”的决策时，被舍弃的选项中的最高价值者是本次决策的机会成本。经济、社会的急剧变革，既蕴藏着不可多得的发展机遇，又伴生种种矛盾和困难，如果领导干部平平庸庸、碌碌无为，就会陷入“转型陷阱”、耗费“机会成本”。每一个领导干部都要以平凡的态度对待身份和地位，以不凡的态度对待工作和使命，把时不我待的紧迫感、清醒忧患的危机感和执政为民的责任感注入心中，珍惜岗位、奋发有为，真正把心思用在谋发展、干实事上，千万不可做“佛系”干部。

一四六、喊破嗓子，不如甩开膀子

习近平总书记指出，领导干部“在上面要求人、在后面推动人，都不如在前面带动人管用”。领导的作风是“跟我来”，而不是“给我上”。孔子曰：“政者，正也。子帅以正，孰敢不正。”领导干部是“关键少数”，只有凡事冲锋在前、做出表率，面对工作敢说“跟我来”、面对纪律敢讲“跟我学”、面对危机敢喊“跟我上”，带头做到坚定政治信仰、昂扬精神状态，认真履职尽责、严格廉洁自律，才能够以上率下、行胜于言。

“声音”不如“身影”，干部是干出来的。干部干部，干事部署；干部干部，先干一步。干部的本分是干事情而不是混日子。俗话说，成就是干出来的，不是等出来的。只有领导领着干、干部抢着干，群众才会跟着干。习近平总书记指出，“群众看领导，党员看干部”。领导干部率先垂范，就是下级和群众的一面旗帜，就是无声的命令。领导干部自我要求严、抓得实，部属就不敢松懈。实干不是道理，却往往胜过道理；身教不是语言，却往往胜过语言。做的让人佩服，说的才能让人信服。领导干部是党员、干部和群众的“主心骨”，必须做到干字当头、实字打底，用“身影”指挥，而不能用“声音”指挥，变指派命令为行为感召，用勇气和担当使下属心服口服、由衷佩服，带领干部群众心往一处想、劲往一处使、拧成一股绳，“一呼百应”，才能真正把责任扛起来、把威望立起来。

若要服众，必要出众。领导干部能力的强弱决定威信的高低。领导工作能否“服众”，取决于领导能力能否“出众”。俗话说，“火车跑得快，全靠车头带”。领导干部在一个地区、部门的工作中负有重要责任。他们是“方向舵”，要善于发现和避开航道上的暗礁险滩；他们是“设计师”，要善于统筹谋划克难制胜；他们是“领跑者”，要凡事“领”在前、“导”在前，带领干部群众完成肩负的使命。如果自身政治不过硬、本领不高强，仅靠发号施令和滥竽充数是行不通的。必须要做到信念过硬、政治过硬、责任过硬、能力过硬、作风过硬，才能取信于民、带领人民。

一四七、以实绩论英雄

实绩就是指领导干部靠实干取得的实实在在的成绩，这种成绩是不掺杂任何虚假和水分的。当干部就得有实绩。实绩是领导干部衡量自身价值的重要标尺，也是安身立命的根本所在。衡量一个领导干部怎么样，是不是党和人民需要的“英雄”，关键就是要看他干得怎么样，必须用事实来说话，拿实绩来检验。

没有实绩的干部，就不是好干部。评价干部好坏，不能看报告里怎么写、电视上怎么讲，也不能看上了多少“项目”、铺了多少“摊子”，更不能看搭了多少“花架”、栽了多少“盆景”，关键是要看干成了多少事，是否干出了一番实绩，是否推动了一地发展，是否真正造福一方百姓。邓小平同志就曾指出：“坚持四项基本原则，坚持改革、开放，都要看实绩。要以此为标准，评价干部的功过是非。”勤政务实是我们党衡量好干部的重要标准，要“鲜明树立重实干重实绩的用人导向”。领导干部不能浑浑噩噩“混日子”、得过且过“熬日子”、无所作为“耗日子”，只有在其位、谋其政、履其职、担其责、成其事，干出一番经得起实践、历史、人民检验的实绩，才不负组织的重托、人民的期望，才是党和人民的好干部。

没有实绩就没有政绩，只要面子就会丢掉里子。古人说：“当官不为民做主，不如回家卖红薯。”就是说领导干部为官从政得有政绩。“政绩工程”“面子工程”都是虚假的政绩，究其原因，主要是干部的政绩观发生了扭曲。领导干部要发扬求真务实的精神，摒弃急功近利、好大喜功的思想，苦干实干加油干，少一些弄虚作假、多一些实事求是，少一些奢侈浪费、多一些精打细算，少一些“面子”政绩、多一些“里子”实绩，不断增强人民群众的获得感、幸福感、安全感。

凭实干立身，靠实绩说话。领导干部要立得住就要有威信，而威信不是靠弄虚作假装出来的，也不是靠权力压榨唬出来的，而是靠实干实绩树起来的。领导干部只有发扬苦干实干的精神，干出一番事业、创出一番实绩，才能得到组织的肯定、同事的认同、群众的支持，也只有这样，才会说话有人听、办事有人跟。领导干部要树立正确的政绩观，不贪一时之功、不图一时之名，多为百姓着想，多做暖人心、稳人心的好事实事，多解决群众最关心、最迫切需要解决的问题，多干经过群众认可的“良心工程”“民心工程”“放心工程”；要力求干出一番实绩，说实话、鼓实劲、做实事、求实效，尽力而为、量力而行，既做好让群众看得见、摸得着、得实惠的实事，也做好为后人做铺垫、打基础、利长远的好事，干出真真正正的成绩、实绩、政绩。

一四八、没有绩效等于无效

绩效是管理学概念，简单地说，就是要在规定时间内完成任务取得结果，并让结果产生或达到预想的效益。绩效是“时、效、度”的有机统一，是一种更加优质高效的工作要求。干工作没有结果不行，但只有结果不见效果也不行。没有结果和效果的努力，等于是做无用功白费力气。领导干部不管做什么，都要树立结果和效益导向，既干出一番实绩，又让实绩真正发挥效益。

既要结果，更要效果。绩效不仅强调行为结果导向，更强调预期结果的效果导向。习近平总书记就曾多次强调，做工作要注意“时度效”，最终要看效果。一项工作干没干，是事实判断，固然得看；但干得怎么样，则是效果判断，更要重点去看。干事没有结果，干事有果无效，或是干出了点结果但却达不到群众满意的效果，等等，这些做法，耽误的是事业，透支的是民心。实践证明，做任何工作抓而不紧等于不抓、抓而不实等于白抓、抓而无效等于瞎抓，都没有绩效可言。作为领导干部，要善于从结果和效果的角度去检验和衡量工作的完成情况，既要关注结果看“干没干成”，更要关注效果看“干没干好”。

既要效率，更要效益。效率与效益，虽然只是一字之差，但侧重点却各有不同。效率关注的是时效，而效益则更重成效。干工作应当追求又好又快，不仅要看效率，更要看效益，两者不可偏废。只讲究效率而不讲究效益，做了也是等于白做，结果就是碌碌无为；只讲究效益而不讲究效率，就会错失发展最佳时机，最终会得不偿失。当然，当效率与效益有冲突时，应当坚持效益是第一位的。以脱贫攻坚为例，若只关注任务是否完成、完成的速度有多快是远远不够的，不能只看“两不愁三保障”“五个一批”等指标完成了没有，关键要看脱贫质量群众满意不满意、高兴不高兴、答应不答应。正如习近平总书记所强调的那样，要“从注重减贫速度向更加注重脱贫质量转变”。实际上，无论是工作的开展，还是地方的发展，不讲时效不行，但只讲时效不讲效益也不行，否则，就会欲速不达，甚至贻害无穷。对于领导干部来说，就是要做到想问题、做决策、办事情，坚持政治效益、经济效益、社会效益相统一，既要“干成”又要“干好”，努力实现速度和质量两手抓、两手硬，又好又快地推动各项工作。

一四九、学习方为硬道理，历练成就真功夫

习近平总书记强调，“领导干部如果不加强读书学习，知识就会老化，思想就会僵化，能力就会退化”，“要坚持在重大斗争中磨砺，越是困难大、矛盾多的地方，越是形势严峻、情况复杂的时候，越能练胆魄、磨意志、长才干”。好干部是学出来的，也是干出来的。干部不注意学习，必定缺乏竞争力，更不可能紧跟时代、赢得未来；不注重实践，学习就成了无用之功，自身能力也不可能得到锤炼提升。领导干部要练就过硬本领，既要掌握学习这个“硬道理”，又要练好实践这门“真功夫”。

学习才是最核心的竞争力。习近平总书记指出：“中国共产党人依靠学习走到今天，也必然要依靠学习走向未来。”当今时代，知识

爆炸、信息核变，领导干部只有不断提高学习力，加快知识更新，优化知识结构，拓宽眼界视野，才能克服本领不足、本领恐慌、本领落后的问题，始终立于不败之地。领导干部要增强学习的动力，把学习作为获取才智、磨炼意志、修身立德、增强本领的重要方式，通过不断学习来提升自己；要提高学习的能力，优化学习的方法，向书本学习，向实践学习，向群众学习，切实把学习成果转化为解决问题矛盾的能力，不断夯实能力之基；要增强学习的毅力，强化活到老、学到老的思想，切实做到日积月累、久久为功，博观约取、厚积薄发，常学常新、永无止境，构建起完备的知识结构体系，不断丰富知识、增长才干。

好干部都是磨炼出来的。俗话说，刀不磨不快，兵不练不强。好干部不仅是学出来的，更是在实践中干出来的。王阳明就曾说过："人须在事上磨，方能立得住。"习近平总书记也反复强调："领导干部要经受严格的思想淬炼、政治历练、实践锻炼，在复杂严峻的斗争中经风雨、见世面、壮筋骨，真正锻造成为烈火真金。"如果不接一接"烫手山芋"，不当几回"热锅上的蚂蚁"，是磨不出真功夫、练不出"大心脏"的。领导干部就要自觉冲锋在前、攻坚在前，到大风大浪中去"冲浪"，到急难险重中去"摔打"，到复杂局面中去"锤炼"，不断磨砺品质、坚定意志、增长才干、砥砺作风。

坚持"在学中干、在干中学"。毛泽东同志讲："读书是学习，使用也是学习，而且是更重要的学习。从战争学习战争——这是我们的主要方法。"习近平总书记强调，"学习与实践必须紧密地结合在一起，既要把学到的知识运用于实践，又要在实践中增长解决问题的新本领”。领导干部的能力提升，既要靠读书学习，更要靠实践锻炼，必须坚持学习、学习、再学习，必须坚持实践、实践、再实践。领导干部要坚持“在学中干”，把“读有字之书”与“无字之书”结合起来，边学边干、以学促干，用党的创新理论武装头脑、指导实践、推动工作，善于学习运用好马克思主义立场观点方法，不断提高解决问题的能力；要坚持“在干中学”，干什么学什么，缺什么补什么，有针对性地学习掌握做好领导工作、履行岗位职责所必备的各种知识，并把实践中得到的零散知识归纳提炼为丰富的工作经验，努力使自己成为行家里手、内行领导。

一五〇、注意力是智慧的门户

注意力就是人们专注的能力。俄罗斯教育家乌申斯基曾精辟地指出：“注意力是我们心灵的唯一门户，意识中的一切，必然都要经过它才能进来。”法国生物学家乔治·居维叶说：“注意力是知识的窗户，没有它知识的阳光就照射不进来。”现实中，不管做任何事情，都要有智慧。但如果没有注意力，既难以获得智慧，也难以发挥好智慧。一个人只有做到了专注，才能钻得深、研得透，掌握规律方法，获得真知灼见；同时，也只有做到了专注，才能干好事情、彰显智慧。领导干部要做一个专心、专注、专业的人。

书痴者文必工，艺痴者技必良。这里的“痴”就是专注的意思。

人的精力是有限的，如果心思分散了，对任何事情都只能是浅尝辄止、浮光掠影、停在表面，就会难以深入、难以成事。注意力来源于专注，只有做到了专注，心无杂念、专心致志，才能集中人力、物力、财力、精力把事情做到最好。习近平总书记强调，“要攀登事业顶峰，就要心无旁骛专攻主业”。一个人如果做事不专注，就会像“猴子掰包谷”那样，什么都想要，结果什么也得不到，最终“只能空着手回家”。历史上，许多杰出人士都是靠专注走向成功的：物理学家牛顿因为专注，被苹果砸出了智慧的火花，发现了万有引力定律；数学家陈景润因为专注，连走路都不放过研究，攻克了哥德巴赫猜想而享誉世界；教育家陈望道因为专注，在翻译《共产党宣言》时，误把墨汁当成了糖酱，诠释了“真理的味道是甜的”；黄大年教授因为专注，昼夜钻研深地资源探测，带领科学家团队创造了多项“中国第一”；等等。这些事例说明，专注是一种重要能力，一个人只有做到专注，才能把事情做好、成为行家里手。

不一则不专，不专则不能。领导干部要做的事情很多，最考验其智慧的就是分管工作一件都不能少，每一件都必须要办好，而要做到这一点，关键是要集中注意力，具体来说是要做到专心、专注、专业。“三天打鱼，两天晒网”，“走马观花，蜻蜓点水”，“知其然，不知其所以然”，这些不良现象不仅贻误了自己的成长进步，更影响了事业的长足发展。领导干部为官从政，任何时候，都要按照自己的职责职能来履职尽责。要“专心”，把心思用在思考、谋划、推动发展上，认真对待手中的每一件事情，做到日积月累、积少成多、汇小成大；要“专注”，保持深度工作状态，在研究状态下工作，聚精会神干事业、一心一意谋发展；要“专业”，干一行爱一行，钻一行精一行，提高解决困难问题的专业思维、专业知识、专业能力，力求把工作做到极致。

一五一、思维观念高于工作经验

理念是行动的先导，一定的社会实践在一定的理念指导下进行。思维观念是指通过分析综合、判断推理，最终形成的能够更全面、更本质地反映现实的观念。工作经验是指通过分析总结、归纳概括，最终形成的具体实践的基本做法和具体措施。工作经验直接来源于具体的工作实践，工作经验进一步转化升级后，就成为人们的思维观念。可见，思维观念来源于工作经验，而又高于工作经验。领导干部要善于总结工作经验，不断丰富和创新思维观念。

经验限于一时一事，观念决定行动方向。工作经验是具体工作实践的总结提炼，带有一定的偶然性、特殊性，受时间、空间、环境等具体条件限制，对指导实践具有一定的局限性。正所谓“经验的一半是错误”。不管是成功的经验，还是失败的教训，对做好工作都有一定的借鉴或警示作用，但经验往往因其时空局限性、主体狭隘性、特殊偶然性，并不能代表普遍真理，不能照搬照抄、一味套用。正所谓“橘生淮南则为橘，生于淮北则为枳”。在此时此地此事成功的经验，照抄照搬到彼时彼地彼事，就不一定完全适用，有时甚至还会导致失败。思维观念与工作经验不同，它是对工作经验的升华，虽然二者都有待深化和上升为理论，但思维观念却能更加全面地、更加本质地反映事物的客观现实。工作经验只能指导具有相同或相似条件的具体实践，而思维观念却贯穿于人的社会实践的全过程中，决定着实践的方向和长远。比如，以创新为例，作为一种思维观念，它是形成于社会实践的一种观念，是一种更加抽象的思维模式，能够普遍用于指导社会实践；但创新工作经验则不同，它是某一具体工作实践的总结提炼，因其产生于一定的时空范围加之主体认知水平的差异，是一种更加具体的工作方法，只能适用于相同或相近条件下的工作实践。

重视经验，但不要"经验主义"。英国作家莎士比亚说："经验是一颗宝石，那是理所当然的，因为它常付出极大的代价得来。"英国哲学家培根也曾说："没有经验，任何新的东西都不能深知。"这都强调了经验的重要性。邓小平同志曾说："历史上成功的经验是宝贵财富，错误的经验、失败的经验也是宝贵财富。"我们党历来就非常重视经验，回顾我们党的奋斗史，就是一部"打一仗进一步、吃一堑长一智"的成长奋斗史。正如毛泽东同志所说："我是靠总结经验吃饭的。以前我们人民解放军打仗，在每个战役后，总来一次总结经验，发扬优点，克服缺点，然后轻装上阵，乘胜前进，从胜利走向胜利，终于建立了中华人民共和国。"总结经验不仅是提高认识、增长才干、搞好工作的关键环节，也是开创事业新局面的重要途径。只有善于总结经验，才能够避免犯同样的错误，找到成功的捷径。当然，重视经验，但不能陷入"经验主义"。"经验主义"轻视马克思主义理论的指导作用，满足于个人的狭隘经验，故步自封、因循守旧，把局部经验当成普遍真理，到处生搬硬套，否认具体问题具体分析。经验主义会害死人。邓小平同志曾批评说："这种恶劣的经验主义，使我们遭受了严重的损害。"我们党正是跳出了照搬苏联城市中心论的经验，走农村包围城市的道路，才最终夺取了中国革命的胜利。领导干部要学会一切从实际出发，具体问题具体分析，坚持用联系的、发展的、全面的观点，发现问题、分析问题、解决问题。

既要创新思维观念，也要丰富工作经验。观念决定思路，经验提供出路。俗话说得好，观念一变天地宽，经验使人"不贰过"。历史雄辩地证明，领导干部能否掌握科学的思维观念、具备丰富的工作经验，不仅事关个人成败，更事关党和人民事业的兴衰。领导干部要不断创新思维观念，努力培养辩证、战略、系统、创新、法治、精准、底线等思维理念，特别是要掌握马克思主义的立场观点方法，不断增强工作的科学性、预见性、主动性，使领导和决策体现时代性、把握规律性、富于创造性。要善于总结工作经验，既要总结成功的经验，又要总结失败的经验；既要总结自己的经验，又要总结别人的经验；既要总结现在的经验，又要总结过去的经验；既要加强理性思考，又要深化规律认识，推动经验升华为科学理论，更好地指导和推动工作实践。

一五二、思考力决定竞争力

古罗马政治家西塞罗说："活着就意味着思考。"我们每天都在思考，通过思考来做出决策与判断，指引我们的行为。思考力就是运用科学思维分析问题，从而透过现象看到本质的能力。思维是最大的壁垒，也是最强的武器。真正的困境不是别的，而是思维的局限。运用科学思维深入思考后作出的选择，往往是更优的选择。思考力有强弱之别。思考力强，认识问题、分析问题、解决问题的能力就强，就有竞争优势。领导干部要努力练就卓越的思考力。

拥有卓越的思考力，就能占据竞争的制高点。竞争无所不在、无时不有，自然界存在竞争、人类社会存在竞争，过去有竞争、现在有竞争、未来有竞争。竞争力强就胜出，竞争力弱就落败。在人类进化历程中最明显的一个变化就是脑容量的增加。人类的思考力胜过其他动物，从而在物竞天择中胜出。上个世纪末，人类开始由工业经济时代步入知识经济时代，脑力劳动较体力劳动作用发挥日益明显，谁拥有敏捷的头脑思维，强大的思考力，谁就能在竞争中取得优势。日本著名管理学家大前研一在《思考的技术中》中说，“比别人多花两倍时间思考的人，就可以拥有十倍于别人的收入，比别人多花三倍时间思考的人，就能比别人多赚百倍的利润，以此类推，比别人多花十倍时间思考的人，当然就有可能成为一家市值总额一亿的企业创办者，这已经是新世界法则了”。随着科技的进步，互联网人工智能与大数据深刻改变着我们的生活，电商、移动社交等新概念的提出可以让一个企业迅速实现跨越抵达行业的顶端。这是一个思考力差距的时代，思考力的差距造成各方面的差距。懒于思考的人，在未来复杂的世界里必然属于落后的一群，甚至生存下去都很困难。

勤学深思练就卓越思考力。当今时代是一个知识裂变的时代，谁的思考力强，谁就能有效整合利用知识，从而拥有强大的竞争力。思考的过程，就是通过学习—思考—提升—再学习—再思考—再提升，去粗取精、去伪存真，由此及彼、由表及里，直至洞察本质、把握规律、提升能力。领导干部要练就卓越的思考力必须勤学，学习马克思主义哲学，学习习近平新时代中国特色社会主义思想，学习综合知识和专业知识，通过学习强化理论思维，提高科学思维能力；必须勤思，养成独立思考、深度思考、辩证思考、系统思考、精准思考的习惯，学会用全面的、联系的、发展的观点看问题，从不同角度、不同层面观察和思考，以求洞悉事物、通晓事理。

一五三、宽宏大量是做领导的前提

宽宏大量是一种性格特征，指的是一个人对他人的不同需求、认识、兴趣、爱好、性格、气质和过错，甚至是伤害到自己利益的言行，都能从大局和长远出发，予以宽容。哲学家斯宾诺莎说："人心不是靠武力征服，而是靠爱和宽容征服。"心中装下多少人，就能领导多少人。一个人的包容度决定了他的领导力边界，包容度越高，领导力就越强。胸襟宽广、待人宽厚，是做领导的前提。否则，就当不了领导。

宽容聚众义，大度集群朋。一个人宽宏大度、体谅包容，那么他的身边便会集结起大群的知心朋友，助其成就事业。俗话说："有多大肚量，成就多大事业。"肚量大、得人心，唯宽可以容人、唯宽可以载物，宽则得众。朱德同志曾说："一个革命者应当度量大如海。"领导干部只有具备海纳百川的恢弘气度，坚持大团结大联合，坚持一致性和多样性统一，才能团结人心、凝聚力量，齐心协力攻坚克难。如果"居上不宽"，心胸狭隘、嫉贤妒能、吹毛求疵、斤斤计较、小肚鸡肠，就会渐渐失去信任、失去朋友、失去人心。

海纳百川，有容乃大。胸襟宽广、待人宽厚，不仅是干部的修养问题，更是领导干部成就事业的保障。事业越大，所要求的胸襟越宽广；而胸襟越宽广，就越有利于成就事业。领导干部要以宽广的胸襟凝聚人心，做到容人容言容事。必须容人，以志同道合为交往标准，善于求同存异，能够与不同性格、不同脾气的人相处。必须容言，广开言路，集思广益，闻过则喜，从善如流，主动听取多方面意见，乐于听到真言诤言，听得进反对意见，听得进批评的话，经得起误会和委屈。必须容事，对一些无关大局、无关原则的小事不斤斤计较，对那些革新性、首创性的事，艰苦性、风险性的工作要允许"试错"、宽容失败，给敢担当敢作为、敢闯敢拼的干部吃下"定心丸"。当然，宽宏大量不是不讲党性原则、不分是非曲直，笼统地宽容一切，绝不能让容错成为胆大妄为、胡作非为者的借口。

一五四、领导的关键责任是思考未来

任何事物都有未来。对事物发展的趋势、动向、前景作出科学预测，才能高瞻远瞩、运筹帷幄、镇定自若、沉着应对。领导就是带领和引导，关键责任就是要在未来到来之前超前谋划、超前思考。领导干部对未来预见得越早、越清晰，准备工作越超前、越充分，就越有可能把握先机、抓住机遇。

领导就是预见。预见力是根据事物的发展特点、方向、趋势对未来进行科学预测的能力，是领导干部的必备能力。毛泽东同志指出，“什么叫做领导？领导和预见有什么关系？预见就是预先看到前途趋向。如果没有预见，叫不叫领导？我说不叫领导”，“所谓预见，不是指某种东西已经大量地普遍地在世界上出现了，在眼前出现了，这时才预见；而常常是要求看得更远，就是说在地平线上刚冒出来一点的时候，刚露出一点头的时候，还是小量的不普遍的时候，就能看见，就能看到它的将来的普遍意义”。事物的发展是有迹象的。真正富有预见和远见的人，都懂得并善于看见远处驶来船只的“桅杆”，从“桅杆”中分析事物发展的动态、趋势和规律，从而提前跟踪、密切注视、及时跟进，把握住机遇、防患于未然。如果不懂、不善于看“桅杆”，不去分析、不去研判、不去应对，那么只会和机遇擦身而过，和危机迎头相撞。对大多数普通人来说，是因为看见，然后相信；但对优秀的领导者而言，则是因为相信，所以看见。当今世界正处于百年未有之大变局之中，机遇前所未有、挑战也前所未有，领导干部只有具备远见卓识，增强预见性，把握规律性，才能更好地赢得主动、抢占先机。

不谋长远不足谋一时。思考谋划是成事之基，一件事情能不能做好，能不能发挥出最大效益，关键看能否科学谋划、高起点谋划。只有站在全局、站在更高的位置上，想得长远一些、深入一些，科学运筹、高位谋划，做事才会成竹在胸、胜券在握。提前谋划一直是我们党的优良传统，从五年计划、到“两个一百年”奋斗目标，再到全面建设社会主义现代化国家新征程，无不清晰地描绘了实现现代化和民族复兴的时间表、任务书和路线图，指引着我们向正确的方向前进。作为领导干部，如果不能凡事想在先、谋在前，干事就没有前瞻性、工作就没有提前量，必须看清形势，始终胸怀中华民族伟大复兴的战略全局和世界百年未有之大变局这“两个大局”来思考和研究问题，观大势、谋大事；必须分析态势，“图之于未萌，虑之于未有”，预判在先，考虑在前，把握关键，抓住要害；必须把握趋势，洞察时代问题，把握时代脉搏，顺应时代潮流，走在时代前列，引领时代方向。

一五五、权威是用力量和智慧树立起来的

权威是指领导者在被领导者心目中的威望和地位，是一种使对

象因信服而顺从的影响力。权威不同于权力，权力主要以职权形式出现，以强制性为后盾；而权威则主要与领导者个人的实力和魅力密切相关，是一种非强制性的影响力。权威的树立，靠的就是力量和智慧。

有权力不等于有权威。领导干部一经任职，立即获得了相应的权力。然而，权威却取决于领导干部在人们心目中的认可度、接受度、支持度。有了权力不等于有了权威，权力大小与权威大小并非成正比。我们有时会看到，有的干部职务很高，却很少能够推动和影响下属。领导者有了权威，才能有效地控制、支配、激励、感召被领导者的心理和行为。否则，说话没人听，办事没人跟。只有当领导者的实力得到证明、魅力赢得追随，他才拥有了权威。同时，权威又能使权力的作用和效果倍增，取得一呼百应的效果。领导干部只有同时具备法定的权力与个性化的权威，才能实行最佳领导。

实力赢得权威。实力就是实实在在的力量。“实力未克，空言何补”，没实力根本就谈不上权威。领导干部没有“两把刷子”是带不好队伍的。只有“出场”就“出色”，“出手”显“高手”，勇挑最重的担子、敢啃最硬的骨头、善接最烫的山芋，别人才会服气，本人才有权威。习近平总书记指出：“领导十三亿多人的社会主义大国，我们党既要政治过硬，也要本领高强。”政治过硬、本领高强，就是新时代领导干部必须具备的“两把刷子”。要把政治能力作为第一能力，增强政治自律、政治定力、政治历练、政治担当、政治自律，自觉做政治过硬的表率。要练就过硬本领，加快知识更新、加强实践锻炼，使专业素质和工作能力跟上时代节拍，补齐精神软肋、知识弱项、能力短板、经验盲区，真正成为专门家、主攻手。

权威在魅力中绽放。邓小平同志曾说：“共产党人干事业，一靠真理的力量，二靠人格的魅力。”政者，正也。领导干部一定要努力拥有真理的力量、人格的力量。做领导，要有本事使大多数人敬爱你，才能真正实现有效领导。而人格魅力很重要的一方面是来自领导艺术。倘若能够娴熟地掌握领导艺术，就能有效提升自己在被领导者心目中的认可度、接受度，从而树立权威。领导艺术是领导者运用领导科学的一般原理、原则或领导方法的高超技巧。领导活动所需的领导艺术丰富多彩，覆盖领导活动的方方面面。领导干部要提高领导艺术，必须坚持普遍性与特殊性的统一，在不变中权变，根据不同的环境、不同的阶段、不同的任务、不同的对象实施领导；必须坚持两点论和重点论的统一，既统筹兼顾，又抓住重点，抓两头带中间，抓住关键人、关键事；必须坚持原则性与灵活性统一，既不能让灵活性损害原则性，也不能以原则性束缚灵活性。

一五六、领导公心处事，上下齐心干事

公心就是大公无私之心、天下为公之心。习近平总书记明确指出，“衡量党性强弱的根本尺子是公、私二字”，“作为党的干部，就是要讲大公无私、公私分明、先公后私、公而忘私，只有一心为公、事事出于公心，才能坦荡做人、谨慎用权，才能光明正大、堂堂正

正”。领导干部公心处事才能赢得同事和下属的信任，才能赢得老百姓的民心，团结一切可以团结的力量，营造出上下齐心干事的局面。

公则得众，私则失众。自古以来，秉持公心、不徇私情，一直是世人提倡的从政之德。北宋理学家程颢、程颐提出：“一心可以丧邦，一心可以兴邦，只在公私之间尔。”孙中山先生以“大道之行也，天下为公”作为自己的行动准则。他一声“振兴中华”，天下仁人志士云集响应。可见，唯有公心可以平治天下。我们党从一诞生，就明确自己是中国工人阶级的先锋队，坚持全心全意为人民服务的根本宗旨，以实现共产主义为最高理想和远大目标。这些决定了“立党为公，执政为民”是我们党的立党之本、执政之基和力量之源。在长期的奋斗实践中，我们党创立形成的井冈山精神、长征精神、延安精神、西柏坡精神、铁人精神、“两弹一星”精神、抗震救灾精神、载人航天精神、改革开放精神、抗击疫情精神等一系列伟大精神，核心都是个公字。社会主义建设时期党的队伍中所涌现的雷锋、焦裕禄、孔繁森、杨善洲、钟南山等一大批英雄模范，也无一不体现着公心。公心凝聚人心，只有做到公心处事，才能汇聚起干事创业的磅礴力量。

立公心，去私心。习近平总书记强调：“我将无我，不负人民。我愿意做到一个‘无我’的状态，为中国的发展奉献自己。”为我们树立了大公无私的典范。对共产党人来说，公心就是一心为党、一心为国、一心为民的“无私”之心。公心处事是领导干部的立身之本、为人之道、处事之基。让权力姓公而不姓私、为民而不为己，首先要在心中划一条楚河汉界，做到公私分明。要立公心，坚持不懈用习近平新时代中国特色社会主义思想武装头脑，牢记全心全意为人民服务的根本宗旨，牢记“我是人民公仆”“我是公家人”“我在办公事”，不断锤炼党性、磨炼心性，努力做到大公无私、先公后私、公而忘私。特别是，当个人利益与党和人民的利益发生矛盾时，个人利益必须无条件服从党和人民的利益。要去私心，牢记“计利当计天下利”的古训，摆脱名利财色的诱惑，反对公私不分、先私后公、有私无公、以公谋私、假公济私，反对揩“公家油”、抹“公家黑”，清清白白做人、干干净净干事。

一五七、“出众”有才气，“入众”接地气

对于为官从政者而言，要“出众”，不断追求优秀、追求更好；同时，也要“入众”，融入大众，树牢群众观点、学会群众语言、做好群众工作。领导干部只有做到了这两点，才能不断增强领导力和影响力，始终与群众想在一起、干在一起，在干事创业中游刃有余、收放自如。

既要能“出众”，又要会“入众”。从政为官，总是要有一点追求的，不追求杰出必沦为平庸。身在领导岗位既要追求德才“出众”，又要努力做回“大众”，唯有这样，才会说话有人听、办事有人跟。做“优秀”而不“优越”的干部，理应是每一个领导干部的追求。“服众”与否取决于“出众”与否，只有“出众”才能“服

众”。领导干部作为“关键少数”，时刻需要“领”在前、“导”在先，只有不断追求卓越，努力使自己在学识、能力、品行等方面“出众”，使自己具备出色能力和品德，才能在大众中树立起威信，真正赢得大众的理解、信任和支持。只有“入众”才能始终与“大众”打成一片。“从群众中来、到群众中去”是对党的群众路线的生动注解，领导干部来自百姓，即使身居“高”位，也始终是百姓一员，永远不能高高在上、与“世”隔绝，不能“遗世独立”“不食人间烟火”，只有培养大众思维，善于站在大众的角度，以大众的方式说话办事想问题，做大众的“好朋友”，才能始终与大众同甘共苦、心心相印、团结奋斗。

既要有“才气”，又要接“地气”。才气指较强的思维和办事能力，地气喻指普通大众的生活。领导工作既需要搞好把方向、谋全局、定政策等顶层设计；同时也需要融入百姓，了解他们的思忧急盼，与他们携手奋斗。这就要求领导干部必须“才气”“地气”兼具。长“才气”才能成“大器”，领导干部要敢于立下鸿鹄之志，立志为实现中华民族伟大复兴中国梦而奋斗，坚持学习学习再学习、实践实践再实践，在持之以恒地学习实践中锤炼本领、砥砺品格、提升境界，使自己成为一个“才高八斗”的人，努力成为做好工作的行家里手，以远大志向激励自己去创造卓越成绩。也要有脚踏实地的“泥土情怀”，常到基层中走走看看，沾沾“泥土味”，把基层跑遍、跑深、跑透，培养对老百姓的感情，忧群众所忧，乐群众所乐，真正融入群众，向群众学习，与群众并肩作战，为群众办实事、解难事，把为人民服务的宗旨体现到履职尽责的一言一行之中，使领导工作更有底气、更有成效，把自己真正锻造成为带领群众干事创业的主心骨、“领头羊”。

一五八、任大事，不觉难；做小事，不敢忽

大事小事纵横交错，是领导工作的鲜明特点。当干部就要能干大事，习近平总书记多次强调领导干部“要立志做大事”，就是要求领导干部要有担当的宽肩膀和成事的真本领；当干部也得能干小事，正所谓“一屋不扫何以扫天下”，领导干部只有在小事上做得细致入微，才能为干成大事打下坚实基础。领导干部面对急难险重任务就要不畏其难，处理具体事务就得不嫌其烦。

大事难事看担当，有多大担当才能干多大事业。习近平总书记指出：“担当大小，体现着干部的胸怀、勇气、格调，有多大担当才能干多大事业。”作为党的领导干部，只有想干大事、能干大事，特别是在应对重大挑战、抵御重大风险、克服重大阻力、解决重大矛盾中不畏艰难、迎难而上，才能为党和人民事业担当更大的重任。“不厚其栋，不能任重。”当干部如果怕扛事、扛不了事，就不是一个真正的好干部。领导干部既要有担当的宽肩膀，也要有成事的真本领，这样才能挑重担、干大事。要修炼“不以事艰而不为，不以任重而畏缩”的精气神和真本事，逢山开路、遇水架桥，面对大是大非敢于亮剑，面对矛盾敢于迎难而上，面对危机敢于挺身而出，

面对失误敢于承担责任，面对歪风邪气敢于坚决斗争，争当攻坚克难的奋斗者。

一个不注重做小事的人，永远不会成就大事业。列宁曾说："要想成就一件大事业，必须从小事做起。"如何对待人民群众的一件件小事，反映着一名领导干部的党性和事业心、责任感。人民群众的吃穿住行、思忧急盼，看似都是不起眼的小事，实则是事关党和人民群众血肉联系、事关党的长期执政地位的大事，唯有那些心中装着大责任的领导干部才能够发现，才能够做好。群众利益无小事，一枝一叶总关情。小事情反映大政治。看似无所谓的疏忽大意，往往会寒了甚至伤了民心。领导干部必须树牢群众观点、践行群众路线，以群众需求为工作导向，从涉及群众利益的点滴小事做起，从关乎群众生活的日常琐事做起，做一件成一件，努力带给人民群众实实在在的幸福感、获得感、安全感。

一五九、未定之事忌许愿，已定之事忌拖延

"政令信者强，政令不信者弱。"习近平总书记曾深有感触地说，"我当了 7 年农民，最大体会就是老百姓看干部就看实在不实在"。没有定下来的事，如同水中月镜中花，变数不小，一旦对群众作出承诺，就可能会开出"空头支票"，比没许愿危害更大。定下来的事，群众往往翘首以盼，如果迟迟不动、拖拖拉拉，只会损害党在

群众心中的形象，即使最后做了也得不到群众的“掌声”。领导干部应谨记，面对群众许愿未定之事、拖延已定之事，损害的都是党的公信力，伤害的都是党心民心。

轻诺则寡信。一位哲人说过：“一个不能实现的诺言，对失望者来说比没有得到承诺受到的伤害更大。”领导工作政治性、政策性、程序性都很强，许多事项都要经过反复研判、反复论证、反复酝酿，才能作出决策，决不可“儿戏”。未定之事一旦有变，那自己提前放出去的“话”就会成为空话、大话、笑话，就会招致群众的“骂声”。人而无信，不知其可。领导干部一定要慎重许诺，没有定下来的事情决不许诺，切不可信口雌黄，成为说一套做一套的“大忽悠”。

定了之事要速办。群众会看干部怎么说，更会看干部怎么办。“一言既出，驷马难追。”事情定下来，就如同对群众写下了“保证书”，领导干部只有立即做马上办的义务，而没有拖延的权利。对领导干部而言，“拖延症”是一种“慢性自杀”，如果不加以重视，终有一天会让自己“无药可救”。兵贵神速，面对定下来的事，领导干部必须增强时不我待、只争朝夕的紧迫感，第一时间抓落实，长计划短安排立即做，高标准严要求高质量，努力以快节奏、高效率去推进，切实让群众得到实惠、看到实实在在的变化。

一六〇、用“望远镜”登高望远，用“显微镜”见微知著

登高望远才能心明眼亮，登上高处便可拨云见日、高瞻远瞩，更容易看清问题全貌，发现事物的规律。见微知著才能入木三分、洞彻世事，透过现象辨析事物的本质。只有在登高望远的同时，又善于洞幽察微，才能审时度势、理清方向、防患于未然。登高望远和见微知著，知易行难。毛泽东同志曾指出：“我们的眼力不够，应该借助于望远镜和显微镜。马克思主义的方法就是政治上军事上的望远镜和显微镜。”马克思主义是共产党人的世界观和方法论，是我们观察世界、分析问题的“望远镜”和“显微镜”。理论强党，理论强干部。领导干部唯有练强马克思主义看家本领，才能既登高望远又见微知著。

用好马克思主义“望远镜”。恩格斯认为：“一个民族要想站在科学的最高峰，就一刻也不能没有理论思维。”理论的力量是强大的，掌握了科学的理论，就好比身处高耸入云的山峰上，站得高、看得远，思接千载、视通万里、胸怀全局，实现由目之所及到心之所及。马列至言皆妙道，细思越读越分明。马克思主义是共产党人的“真经”，揭示了共产党执政规律、社会主义建设规律和人类社会发展规律，不仅能够分析过去、指导现实，而且具有预见未来、成

像未来、指引未来的“独特功能”，能够承担起预判趋势、预见大势、预知走势的“瞭望”作用。“居高声自远，非是藉秋风。”领导干部要登高望远，就必须善于借助马克思主义这台“望远镜”，努力学习掌握运用辩证唯物主义和历史唯物主义的世界观和方法论，坚持用党的创新理论武装头脑，掌握贯穿其中的马克思主义立场观点方法，自觉站在理论的高度观大势、定大局、谋大事，“放眼世界，放眼未来，也放眼当前，放眼一切方面”，从全局、宏观、长远上认识和把握问题，真正做到“运筹帷幄之中，决胜千里之外”。

用好马克思主义“显微镜”。一滴水可以折射太阳的光辉，小中见大是朴素的方法论。习近平总书记强调，“领导干部要有草摇叶响知鹿过、松风一起知虎来、一叶易色而知天下秋的见微知著能力”。领导干部是否能够见微知著，直接影响到整个领导工作的成败得失。辩证唯物主义和历史唯物主义是马克思主义认识世界和改造世界的强大科学武器，为人们深入分析问题提供了指南，具有条分缕析、析毫剖厘、洞若观火的“独特功能”。坚持用马克思主义历史的、辩证的、联系的、发展的观点看问题，就能够帮助我们更加清楚地发现问题，更加深入地分析问题，更加精准地解决问题。领导干部要见微知著，就必须善于用好马克思主义这台“显微镜”，自觉运用马克思主义基本原理，既看内容又看形式，既看现象又看本质，既看原因又看结果，既看可能性又看现实，既看偶然性又看必然性，不断培养“见一叶落而知岁之将暮，睹瓶中之冰而知天下之寒”的锐眼，不断增强敏锐性和洞察力，善于从细微处看到大变化，从繁杂问题中把握事物的规律性，从苗头问题中发现事物的倾向性，从偶然问题中揭示事物的必然性，透过现象抓住事物的本质，科学预见问题的发展走势和隐藏其中的风险挑战，不断提升自己发现和解决苗头性、倾向性问题的本领，切实增强防微杜渐、防患于未然和以小带大、小中见大的能力水平。

一六一、看不到问题是领导最大的问题

问题是时代的声音。习近平总书记指出："每个时代总有属于他自己的问题，只要科学地认识、准确地把握、正确地解决这些问题，就能够把我们的社会不断推向前进。"对领导干部而言，问题就是工作中的差距、不足、短板，时刻制约着工作进步、事业发展。领导干部如果看不到这些问题，就会如同盲人骑瞎马，面临危险而毫无察觉，必将导致小隐患酿成大灾难、小管涌变成大塌方。

问题无处不在无时不有。矛盾是普遍存在的，从空间上看，矛盾存在于一切事物的发展过程中，没有什么事物不包含矛盾；从时间上看，每一事物的发展过程中存在着自始至终的矛盾运动，没有什么时候不存在矛盾。马克思说过，"主要的困难不是答案，而是问题"。毛泽东同志曾指出，"什么叫问题？问题就是事物的矛盾，哪里有没有解决的矛盾，哪里就有问题"。习近平总书记强调，"问题是事物矛盾的表现形式，我们强调增强问题意识、坚持问题导向，就是承认矛盾的普遍性、客观性"。问题是矛盾的外在表现，有矛盾

就会有问题，无论领导干部有没有发现它、承认不承认它，它都在那里，有问题而看不到、发现不了、解决不好，问题就会成为“顽疾”，再想解决只会难上加难。领导干部唯有增强问题意识，正确认识问题，积极发现问题，主动处理问题，才能在面对问题的时候不讳疾忌医、不避重就轻、不自乱阵脚。

问题是个好东西。问题是实践的起点、创新的起点、发展的起点，人类社会就是在不断解决矛盾和问题中向前发展的。可以说，问题就是潜力，哪里有问题，哪里就有改进提升的地方。问题就像一面镜子，能照映一个领导干部思想觉悟的高低，胆识、气魄和胸襟的大小。发现问题的能力越弱、解决问题的胆量越小，一旦出了问题，危害往往就越大。其实，问题是个“宝”，意识到它，可以使我们反思自身、弥补差距、提升本领、永不止步。领导干部只有始终树牢问题导向，强化问题意识，才能不断改进提升工作，从而真正补短板、强弱项，促进工作更好开展、事业不断进步。

领导就是要发现分析解决问题。习近平总书记强调，领导干部“要学习掌握事物矛盾运动的基本原理，不断强化问题意识，积极面对和化解前进中遇到的矛盾”。领导工作中，只有善于发现问题、分析问题并且解决问题，才能赢得发展的先机和主动。发现问题是前提，要加强调查研究和分析研判，经常深入基层、深入群众、深入工作一线亲身接触和体验，“蹲下身去才能看见蚂蚁”，仔细查找存在的各种问题，掌握解决问题的主动权。分析问题是基础，要坚持具体问题具体分析，在认识上递进一层、思考上深入一步，剖深析透问题的危害、产生根源以及解决的突破口等，真正把准问题的关节点、要害处。解决问题是目的，对能够及时解决的问题要立行立改，第一时间加以解决；对一时不能完全解决的问题，要明确整改时限，进一步细化整改措施，循序渐进直至彻底解决问题。

一六二、发展源于创新

习近平总书记指出，“创新是一个民族进步的灵魂，是一个国家兴旺发达的不竭动力”，“抓住了创新，就抓住了牵动经济社会发展全局的‘牛鼻子’。抓创新就是抓发展，谋创新就是谋未来”。发展是第一要务。领导干部抓好发展就必须增强改革创新本领，用创新驱动发展，用创新赢得发展。

没有创新就没有发展。矛盾是事物发展的源泉和动力。事物发展的过程，就是事物内部新旧两个方面矛盾在曲折斗争中，新的方面由小变大，取得支配地位；旧的方面则由大变小，变成逐步归于灭亡的过程，就是新陈代谢的过程。对于人类社会而言，这一过程就是吐故纳新、推陈出新的创新过程。毛泽东同志在《矛盾论》中指出：“事物发展的根本原因，不是在事物的外部而是在事物的内部，在于事物内部的矛盾性”，“新陈代谢是宇宙间普遍的永远不可抵抗的规律”，“世界上总是这样以新的代替旧的，总是这样新陈代谢、除旧布新或推陈出新的”。无论自然界的进化，人类社会的变迁，乃至人的思维的变化，都必须遵循这个规律，也始终遵循这个规律。没有创新，世间万物就会静止，人们就不可能发现前人没有发现的新事物，就不可能解决前人无法解决的问题，整个世界就会一成不变失去生机，整个历史的进程就会是一条平直的横线，人们只能日日重复昨天的故事，就不可能有进步、有发展。

惟创新者进，惟创新者强，惟创新者胜。习近平总书记强调："当前，国内外形势正在发生深刻复杂变化，我国发展仍处于重要战略机遇期，前景十分光明，挑战也十分严峻"，"机会是留给会创新的人，只有创新才能把握机会"，并要求领导干部"要增强改革创新本领，保持锐意进取的精神风貌，善于结合实际创造性推动工作"。创新是支撑发展的主轴，引导着社会走向，决定着事业成败。谁抓住了创新，谁就抓住了发展的先机，谁就赢得了发展的主动权。领导干部作为党和人民事业的骨干，唯有大胆改革创新，充分发挥创新的引擎作用，用创新的理念引领事业的发展，用创新的思路打破前进中的壁垒，用创新的方法有效地化解各类矛盾，才能抓住机遇、顺势而上。

苟日新，日日新，又日新。《礼记·大学》中的这句话喻为勤于省身，及时反省和不断更新自己。而将之引申于思想创新又何尝不是这样？世界发展日新月异，当前国内外形势瞬息万变，特别是知识经济时代，各种新知识、新情况、新事物层出不穷，各种情况和问题更加错综复杂。要做好领导工作，过去有效的方法现在未必行得通，过去符合实际的制度现在未必合时宜，过去不可逾越的思想现在则需要突破。这就要求领导干部必须强化创新意识，坚持解放思想、实事求是，牢固树立"无创新便是过，无创新便是败"的理念，增强改革创新的责任感、使命感和紧迫感。必须增强创新思维，变单向思维为多向思维、封闭思维为开放思维、机械思维为辩证思维、保守思维为创新思维，始终保持思想的敏锐性、思维的活跃性、思路的开阔性。必须勇于接触新鲜事物，坚持在研究状态下工作，积极学习一切新知识、新思想、新理念、新方法、新科学、新技术，推动事业更好发展。

一六三、学会复盘与总结，从一次实践中收获更多体悟

实践出真知，在实践过程中善于复盘与总结，勤于对实践进行总结、反思、归纳，就能使一个实践过程得到两次甚至多次的体悟思考，更好地促使实践的经验内化成自己的思维体系和方法论体系。做好领导工作必须学会和熟练运用复盘与总结的科学方法。

经常“回头看”，才能更好“向前进”。子曰：“温故而知新，可以为师矣。”对于学习，复习所学的知识，可以使人从中获得新的领悟。同样，对于工作，加强回顾、反思和归纳，可以促进人们更加深入地对工作进行检查评价和分析研究，把实践中零散的、肤浅的、表面的感性认识上升为全面、系统、本质的理性认识，从而总结经验、汲取教训，丰富智慧、提升能力，避免贰过，促进下一步工作开展。所以人们常说，回顾反思是成长进步的法宝。现代美国教育

家波斯纳经过研究，提出了“成功＝经验＋反思”的理论，并受到大家公认。研究表明，一个人在不断回顾反思自身的行为和思想中，能够更好地完善和提高自己，并更容易获得成功。对于每一个人，无论学习还是工作，对自己进行一次系统的总结、反思和归纳，就是一次思想的升华、认识的提炼、工作的促进，使人思想进步、精神进步、工作进步、事业进步。

做事不反思，难免会贰过；工作善总结，收益会多多。毛泽东等老一辈无产阶级革命家都始终把总结经验作为重要的思想方法和工作方法，并且提出要“靠总结经验吃饭”。习近平总书记强调，“工作中的经验是财富，工作中的教训也是财富，关键在于是否善于总结”。工作总在原地打转，无法打开新局面、登上新台阶，一个很重要的原因就是不总结或不善于总结。小总结小收获，大总结大收获，不总结没收获。做领导工作，只有善于总结，才能全面、系统、客观、辩证地认识工作，才能对工作得失进行去粗取精、去伪存真、总结提炼，从而提高领导智慧、丰富工作经验、提高领导水平，必定收获满满，而且总结反思越全面、越深刻，收获也就越大。反之，如果不善于总结或者根本不总结，必将是工作上辛辛苦苦、方向上迷迷糊糊，干起来冒冒失失，成果只能是得不偿失。领导干部一定要自觉把认识与实践联系起来、务虚与务实结合起来，每做完一件工作，就要及时进行总结，用联系、发展、一分为二的思维和眼光进行审视，不断提高领导水平。

复盘是更高级的总结，既要会总结更要善复盘。复盘是围棋术语，就是一盘棋局结束后，复演这盘棋的记录，分析招法的优劣和得失，引申为对工作进行系统回顾。人们常常以为复盘就是总结，其实总结只是复盘的一部分，复盘比总结具有更为全面和丰富的内涵。总结，是对已经做过的事情的回顾和反思，注重对事情的结果进行分析，在总结的形式、内容、方法、标准等方面没有严格的规定；而复盘是严谨系统的，突出以事情的预期目标为导向，不仅全面客观地推演、分析和审视事情的各个环节、各个阶段直至全过程，而且还对工作中的各种可能性进行尝试和探索，以找到新的方法。因此，复盘比总结更全面、更深入，也更能准确把握规律，推动工作创新发展。领导干部做工作，既要加强总结，也要学会和掌握复盘的科学方法。对重要工作进行全面系统地复盘，就能更好地从理性角度去考量、去认识实践中发现的客观规律，进而在工作实践中顺应这些规律，不断创新思想方法和工作方法，使自己在整体工作规律的把握和运用上得心应手，不断取得进步。

一六四、别让情绪牵着鼻子走

情绪是人的一种内在主观体验，是对客观事物的一种态度反映。曾国藩有一句名言，“得意而喜，失意而怒，便被顺逆差遣，何曾做主”。就是在告诫人们，任何时候都要管控好自己的情绪，而不能情绪化，否则就要被情绪所牵制。做人做事如此，为官从政更是如此。领导干部一定要学会管理自己的情绪，不被情绪所干扰。

情绪人人有，但不可情绪化。每个人生来就有喜怒哀乐，这是人的天性。比如，事不遂愿时的失落、亲人离别时的悲伤、见到弱者时的同情、相处不睦时的抱怨，等等，都是人之常情，是人思想的反映、心理的波动、情感的流露。而且情绪就像食之滋味、视之缤纷一样多种多样、千变万化，并由此构成了多姿多彩的人生体验。情绪很多，但总的来说可以分为积极的和消极的两大类。比如，乐观、快乐、振奋、同情、热爱等就是积极的情绪，能够给人以正能量，使人精神抖擞、神采奕奕。而忧愁、悲伤、愤怒、紧张、焦虑、痛苦、恐惧、憎恨等就是消极的情绪，给人带来负能量，往往使人状态低迷、一蹶不振。有情绪不可怕，可怕的是情绪化。无论积极情绪还是消极情绪，对于每个人都是正常的，也是不可避免的，关键是要加强情绪管理，让好情绪成为生活工作的动力，而不能被情绪牵着鼻子走。

表达情绪是本能，控制情绪是本事。拿破仑曾说："能控制好自己情绪的人，比能拿下一座城池的将军更伟大。""冲动是魔鬼"说的就是情绪对一个人的行为具有强烈驱使作用。人一旦情绪失控，就容易失去理智、失去判断，做出一些非理性的行为，等回过头来再看，往往是悔之晚矣。领导干部是干部队伍的"领头雁"，承担着管控全局的重任，如果不懂控制自己的情绪，无论什么事、什么情况、什么遭遇都随着自己的性子来，恣意宣泄情绪，那么任性妄为、伤害他人、影响团结等错误就在所难免，不仅影响自己形象，更会耽误党和人民事业，甚至造成灾难。所以，对于领导干部来说，管好自己的情绪不仅是提高个人修养和形象的需要，更是做好领导工作、提高领导能力的基本要求。

要做情绪的主人，不能做情绪的奴隶。美国心理学家阿尔伯特·艾利斯认为，“人的情绪不是由某一事件直接引起的，而是由我们内心对事物的理解和所发生的事件共同建构出来的”。情绪人人有，而不同的内心就有不同的感受。加强自我情绪管理，养成自我调适的良好习惯，提高制怒的本领，积极同消极情绪作斗争，就能拥有强大内心，真正成为情绪的主人，从而坦然面对各种境遇，就不会被情绪牵着鼻子走，不因情绪而羁绊。领导干部也是普通人，需要担负繁重的工作任务，常常遇到各种复杂的难题矛盾，不可能事事顺心、万事如意，需要承受的东西很多，有各种情绪也在所难免。关键是要能处理好工作、学习、生活矛盾，合理规划自己的时间精力，养成健康的生活情趣，及时缓解和释放工作压力，使自己既能集中精力专心工作、认真学习，又能享受生活、热爱生活。要加强自我心理调控，善于根据自己情绪的变化及时作出调适，时刻以积极乐观的态度来看待周围的事物，从逆境中看到出路，从黑暗中看到光明，从挫折中汲取教训，涵养强大的内心、宽阔的胸怀。

一六五、从政贵在自律，自律才能保廉

自律是在没有外人监督的情况下，自觉地自我约束，是领导干部不可或缺的人格力量。廉洁是为政之德，是领导干部保持先进性

纯洁性的本质要求。习近平总书记指出，“廉洁自律是共产党人为官从政的底线，一个人廉洁自律不过关，做人就没有骨气”。领导干部为官从政必须做到廉洁自律。

自律者最优秀，好干部是自律出来的。高尔基说：“哪怕对自己一点小的克制，都会使人变得强而有力。”就是告诉人们，自律使人优秀。对于领导干部来说，只有努力追求道德“高线”、牢牢坚守法纪“底线”，为官从政才能走得正走得硬，才是党和人民需要的好干部。而无论是对“高线”的追求，还是对“底线”的坚守，都离不开自觉地严格自律。从追求“高线”看，自觉自律是一个人向上向善的永久动力。从善如登，从恶如崩。如果没有自觉自律，即使心里希望自己向上向善，但在各种困难、矛盾面前，也容易出现麻痹大意、放纵懈怠，就难以始终保持执着的精神追求和坚强的意志品质。从坚守“底线”看，“高线”失守，底线“难保”，如果不能经常自觉对照党章党规党纪检视和要求自己，防微杜渐，思想防线必将土崩瓦解。因此，领导干部要走好从政之路，自律之心须臾不能放松。

自律成为习惯，廉洁方有保证。习近平总书记强调，“一个人能否廉洁自律，最大的诱惑是自己，最难战胜的敌人也是自己”，“一个人的清正廉明，从根本上讲不能完全靠外部约束，而要靠自觉自律”。贪似火，无制则燎原；欲如水，不遏则滔天。贪欲一起，祸害无穷。现实中，有的干部从“好干部”沦为“阶下囚”，一个重要原因就是因为疏于自律，从而在贪欲诱惑面前打了败仗，最终走偏走斜、坠入深渊。领导干部肩负畅一方政令、领一方风气、聚一方人心的使命和责任，只有把严格自律养成习惯，时刻自觉管好自己，自觉克制欲念、远离诱惑，才能守住清正廉洁底线，至廉而威、至公而信、至严而范，从而赢得群众信任，真正承载起时代重任和历史使命。如果把自律淡忘了，必将在追逐欲望中迷失自我，随时都可能陷入“人见利而不见害，鱼见食而不见钩”的陷阱。

坚守廉洁自律底线，永葆共产党人本色。习近平总书记强调：“领导干部特别是高级干部必须加强自律、慎独慎微，经常对照党章检查自己的言行，加强党性修养，陶冶道德情操，永葆共产党人政治本色。”廉洁自律，是我们党对领导干部一以贯之的政治要求，是每一名领导干部为官从政的底线，不仅关系干部个人成长进步，更直接关系党的形象和执政地位。清廉出正气，自律塑形象。领导干部要慎权，把手中的权力看作为集体或组织干事创业的手段和平台，绝不以权压人、以权谋私；要慎独，在无人监督的情况下坚持原则、恪守道德，坚持“吾日三省吾身”，洁身自好、干净做事；要慎微，在细微处严格要求自己，注重小节，防微杜渐；要慎友，择善而交，多与端方人处，不与邪佞人交。

一六六、水不流则腐，官不廉则败

《吕氏春秋》有言：“流水不腐，户枢不蠹，动也。”就是说常流的水不会发臭，常转的门轴不遭虫蛀。不断地流动和更新是水保持生命活力的根本所在，对于领导干部来说，只有像水一样加强自我更新，才能守住清正廉洁这个根本。否则，就要腐败变质，像死水一样发臭。

廉洁是领导干部的底线。清正廉洁是共产党人代代相传的红色基因，是党战无不胜、攻无不克的制胜法宝。我们党从诞生之日起，就将清正廉洁作为共产党人的鲜明底色，写在了自己的旗帜上，始终与党的初心和使命紧密联系在一起，使我们党在人民心中树立起崇高形象，赢得人民信赖、爱戴和拥护，从而赢得了中国革命、建设和改革一个又一个胜利。习近平总书记多次指出，“共产党的干部就是要严于律己，廉洁奉公，一身正气，两袖清风，清清白白做‘官’”。领导干部只有永葆清正廉洁政治本色，堂堂正正做人，清清白白为官，才能无愧于心、无愧于党、无愧于人民，真正实现人生价值、走好从政之路。如果在廉洁上不具备管好、管住自己的能力，丧失了清正廉洁本色，纵然其他能力再强、本事再大，也只会给党和人民事业带来更大的危害，就不配当领导干部，也必将受到严惩。

加强自我净化，才能拒腐防变。习近平总书记强调，“如果缺少了自我净化、自我完善、自我革新、自我提高的勇气和能力，我们党就将陷入危险境地，做不到永远立于不败之地、永葆青春”。“道在日新，新者生机也。”水不腐的关键是不断更新。同样，自我净化，是我们党永葆自身先进性和纯洁性的根本途径，也是领导干部提高拒腐防变能力的关键所在。领导干部手中有权力有资源，经常面临各种诱惑和考验，只有不断提高自我净化能力，加强从思想上正本清源、固本培元，持之以恒改造主观世界，筑牢思想道德防线，才能提高自身“免疫力”，真正做到拒腐蚀、永不沾。反之，就难以抵制“病毒”侵袭，小管涌就会沦为大塌方，小问题就要演变成大错误，就难以守住廉洁底线。

培养自我革命勇气，增强自我净化能力。习近平总书记深刻指出，“勇于自我革命，是我们党最鲜明的品格，也是我们党最大的优势”，“越是长期执政，越不能忘记党的初心使命，越不能丧失自我革命精神”，“要在自我净化上下功夫，通过过滤杂质、清除毒素、割除毒瘤，不断纯洁党的队伍，保证党的肌体健康”。自我革命、自我净化不是轻描淡写就能实现的，而是经常的、艰苦的、长期的实践。领导干部一定要不断强化“向自己叫板、拿自己开刀”的觉悟和毅力，以壮士断腕的魄力、刮骨疗伤的胆识、刀刃向内的勇气，把自我净化作为人生必修课，不断坚定理想信念、补好精神之钙，拧紧理想信念“总开关”，筑牢遵规守纪“防火墙”，把慎独、慎微、慎初内化于心、外化于行，加强自重、自省、自警、自励，自觉祛思想“灰尘”、除心灵“污垢”、清精神“淤堵”、改作风“庸懒散”，自觉接受监督，培养积极健康向上的生活情趣，始终不放纵、不越轨、不逾矩，永葆清正廉洁的政治品格。

一六七、公道来自公心，正派源于正气

公道正派是中华民族千年传承的优秀传统文化，也是我们党的优良传统。所谓公道，就是做事坚持原则、合情合理、不偏不倚、

让人信服。所谓正派，就是品行作风严肃端正，符合公众的道德意识、思维方式和行为方式。公道凝聚人心，正派净化党风。领导干部做事公道正派，前提是秉持公心、胸怀正气。

公道正派是共产党人的鲜明特征。为官从政，贵在公道正派。习近平总书记指出，“公道正派才能出清风正气”，“是党员干部必须具备的道德品质”。“政者，正也。”领导干部只有把公道正派作为为人做事的价值理念和根本原则，才能做到立党为公、执政为民，才能光明磊落做人、坦坦荡荡做事；只有认真践行公道正派，才能做到用权如衡、唯公唯平、公私分明、公正行事，树立威信和良好形象。做事公道正派，是对领导干部政治品质、思想作风、职业道德、价值观念的核心要求，更是党性要求，是党员干部的立身之本、处事之基、为政之道。杨善洲同志曾说：“做人要顶天立地，站得直，行得正，对得起良心。”公道不公道，群众最知道。领导干部必须坚持党性原则，按纪律规矩办事，按规章制度办事，凡事出于公心，不讲关系讲原则、不讲人情讲党性，做到公道处事、公平待人、公正用权。

政在去私，私不去则公道亡。习近平总书记指出：“作为共产党员，作为党的干部，只有一心为公，事事出于公心，才能有正确的是非观、义利观、权力观、事业观，才能把群众装在心里，才能坦荡做人、谨慎用权”。对于党员干部而言，公私分明是基本操守，公而忘私是崇高境界。“私者，乱天下者也。”私心乃百病之根，如果私心膨胀，公私天平就会倾斜，党性就会丧失，甚至忘乎所以、为所欲为，那迟早会犯错误，会走上邪路。领导干部必须摒弃私心杂念，把个人的名利得失置之度外，事事出于公心、时时怀着公心、处处依照公心，自觉按原则办事、按规矩办事，不因私事误公事，不用公权谋私利，真正做到大公无私、公私分明、先公后私、公而忘私。

人以正气立，事行正道远。古人云："'正'者守正，心有正气，胸有信念，人以正气立，事行正道远。"正气，是一种光明磊落的气度，一种刚直不阿的气节，一种疾恶如仇的秉性，一种公平正义的品质。习近平总书记指出："领导干部要坚守正道、弘扬正气，坚持以信念、人格、实干立身。"领导干部正气充盈，就能襟怀坦荡、百邪不侵，就能明辨是非对错，不为诱惑所动、不为私欲所蒙，就能坚持原则、求实较真、放开手脚，无愧于他人、对得起良心。领导干部要正派，就必须修炼正气、弘扬正气。要正心，常怀执政为民的公心、洁身自好的清心、待人以诚的真心，始终保持淡泊名利、慎微自律的心态，全身心扑在党和人民的事业上。要正行，行得端、坐得直，工作中按原则、按规矩、按制度办事，不徇私情、不谋私利、不讲私语，公平公正办事，堂堂正正做人。

一六八、廉洁养正气，奉献修大成

所谓正气，就是正直、正义、正派、正大光明之气。所谓大成，就是高境界大格局大情怀。身上干干净净，才能充满正气。无私奉献方有高境界大格局大情怀。领导干部养正气、修大成，就要廉洁奉公、矢志奉献。

两袖清风，才能一身正气。古语云："天地有正气，杂然赋流形。"涵养浩然正气，也是自古以来为官从政的重要道德规范，更是中华文化精神的内核。习近平总书记强调，"领导干部要坚守正道、弘扬正气"。领导干部身有正气，才能正心律行、正本清源、正大光明，顶天立地做人。孟子曰："行有不慊于心，则馁矣。"所作所为不能心安理得，正气就会衰竭。一个人如果廉洁失守，就会私欲膨胀，不顾是非曲直，不仅没正气，还会布满歪风邪气、浑浊气息。慎独慎微慎初，守住廉洁，是涵养正气的关键。领导干部要涵养正气，就必须常思贪欲之害，时时以见微知著、防患于未然的警觉，一日三省吾身，给自己言行划出"警戒线"，避免千里之堤溃于蚁穴；就必须常怀律己之心，处处以如临深渊、如履薄冰的谨慎，心存戒惧秉公用权，给权力套上"紧箍咒"，始终做到言行不逾矩、用权不越轨。

随时准备为党和人民牺牲一切。近百年来，我们党始终为实现人民解放、民族独立、人民幸福，最终为实现共产主义最高理想和远大目标而持续奋斗、竭力奉献。这一奋斗历程，无不诠释着中国共产党人的高境界大格局大情怀。习近平总书记指出，"我们党除了最广大人民的利益，没有自己特殊的利益……领导干部作为人民的公仆，则要有更高的道德境界"，"养成'计利当计天下利'的胸襟"，"党和人民需要我们献身的时候，我们都要毫不犹豫挺身而出，把个人生死置之度外"。党员干部特别是领导干部不怕牺牲、无私奉献是当干部的应有之义，做得再多都是理所应当的、都是值得的，无论职务高低，都必须始终忘我工作、倾其所有，拥有“随时准备为党和人民牺牲一切”的高境界大格局大情怀。党和人民的事业永无止境，党员干部的奉献精神永无止境。中国特色社会主义进入新时代，实现“两个一百年”奋斗目标和中华民族伟大复兴中国梦，更需要无数党员干部，特别是领导干部接力奉献、竭力奉献。领导干部要始终牢记党的宗旨，把人民放在心中最高位置，保持公仆本色，有吃苦的品格、甘为人梯的精神，做吃苦耐劳、甘于奉献的老黄牛，在本职岗位上默默付出、勤勉敬业，精心谋事、潜心干事、专心做事，心甘情愿燃烧自己，在为党和人民大事业奉献中不断炼就个人高境界大格局大情怀。

一六九、人生万里路，走好每一步

积跬步而至千里，积小流而成江海。任何事物的发展都是积小胜而成大胜的过程。同样，人生也是一步一步积累起来的。每一步都不能忽视，都很重要，如果走偏、走斜了，就可能改变命运，给一生带来不幸。领导干部从政之路，不仅关乎个人进步发展，还关乎党和人民的事业，每一步都很重要，一定要行稳致远。

一失足，千古恨。常言道：一着不慎，满盘皆输。人生之路犹如转动的链条，是由无数个部分、环节、细节组成的，任何一个环节出了问题，链条都难以正常运转。著名作家柳青曾说：“人生的道路虽然漫长，但紧要处常常只有几步，人的一生中都面临着种种抉择，在人生的岔道口你走错一步，往往会影响你的一生。”人生如棋步步新，往往走对一步，成就一生，幸福人生；走错了一步，往往会毁了一世，成为悲剧的一生。纵观那些被查出的腐败分子，许多人就是在一事糊涂、一时侥幸上开始走向堕落的。领导干部从政之路是一次长途跋涉，这一过程有明确的纪律规矩要求，有无数暗藏的风险挑战，有数不尽的职责责任，只有仔细规划好人生的每一步，一步一个脚印，踏踏实实，才能善始善终。

蹄疾步稳，走好从政的每一步。抗日名将、革命烈士吉鸿昌曾说：“路是脚踏出来的，历史是人写出来的。人的每一步行动都在书写自己的历史。”领导干部想让从政道路行得稳、走得远，就要时刻不忘初心、牢记使命，以矢志不渝的毅力、不畏艰难的担当、务实有力的作为，书写自己的历史。要走稳“入门第一步”，搞明白自己为什么来、来做什么、今后该怎么办，搞明白干部的职责本分是什么、岗位职责是什么，及时适应、及时融入，做好思想、心态、能力、习惯、形象等各方面的准备，把“第一粒扣子”扣紧扣好。要走实“干事创业关键步”，不断提升干事创业本领，发扬求真务实、真抓实干作风，认真履职尽责、担当作为、干事创业，切实干出经得起实践、历史和人民检验的实绩。要走稳“退休最后一步”，摒弃侥幸心理，防止“59岁现象”，保住晚节；还要离岗不离党、退休不褪色，继续发挥余热，为党和人民事业增添正能量。

一七〇、小我服从大我，私心服从公心

古人云：“邪生于无禁，欲生于无度。”领导干部首先是个普通人，必然有个性、有个人利益追求，也难免有为己之心，但当了干部就不再是一名普通群众，就是有组织的人、有责任的人、有严明纪律规矩约束的人，任何时候都必须个人服从组织，个人利益服从党和人民的利益。

服从是共产党人的基本政治素质。党章明确规定：“党员个人服从党的组织，少数服从多数，下级组织服从上级组织，全党各个组织和全体党员服从党的全国代表大会和中央委员会。”这“四个服从”，既是党最基本的组织原则和最基本的组织纪律，也是领导干部必须遵守的政治纪律和政治规矩。服从，是一种素质。听从组织召唤，服从组织安排，是党员干部政治素质、道德素质、纪律素质乃至能力素质的综合体现，是政治思想上成熟的重要标志。服从意识就是政治意识、大局意识、纪律意识的具体体现。党内如果个人主义、自由主义、本位主义滋长，无组织、无纪律，搞“两面派”、当“两面人”，当面说一套、背后做一套；不执行落实组织决定，执行落实打折扣、做选择、搞变通，甚至另搞一套；等等，必将危害党的团结统一，使我们党成为一盘散沙，毫无凝聚力和战斗力可言。领导干部必须增强服从意识，自觉做到“四个服从”，自觉把做到小我服从大我、私心服从公心作为党性要求和纪律规范，坚决贯彻落实党中央各项决策部署、坚决服从组织作出的决议决定，切实增强“四个意识”、坚定“四个自信”、做到“两个维护”，始终在思想上政治上行动上与以习近平同志为核心的党中央保持高度一致。

要始终以党和人民的利益为重。“政之所兴在顺民心，政之所废在逆民心”，“得民心者得天下”。中国共产党的初心，就是为人民谋幸福、为民族谋复兴。习近平总书记深情地说：“这么大一个国家，责任非常重、工作非常艰巨。我将无我，不负人民。我愿意做到一个‘无我’的状态，为中国的发展奉献自己。”“无我”强调的是毫无私利，追求的是务实为民，这是我们党全心全意为人民服务根本宗旨的生动体现。党员是党的肌体细胞，是党的根本组成部分，党的领导力离不开每一名党员能力作用的发挥，党的事业的发展必须依靠每一名党员担当作为。领导干部要始终不忘初心，始终把人民的利益放在第一位，以“忘我”乃至“无我”的状态，深怀质朴的人民情怀，将以人民为中心的发展思想内化于心，身体力行做家国情怀、人民情怀、利他情怀的倡导者、传播者，为党和人民事业鞠躬尽瘁、死而后已，敢于牺牲自己的一切，乃至“此生不复来”的生命。

一七一、讲规矩是立身之本

“欲知平直，则必准绳；欲知方圆，则必规矩。”规矩是人们应该共同遵守的办事规程和行为准则。习近平总书记指出，“治理一个国家、一个社会，关键是要立规矩、讲规矩、守规矩”。讲规矩是中华民族的优良传统，是我们党与生俱来的内在品质，也是领导干部的安身立命之本。

没有规矩，不成方圆。俗话说，“国有国法，家有家规”。一个人没有纪律规矩意识，就会不受约束、肆意妄为；一支队伍没有规矩，各吹各的号、各弹各的调，就形不成合力；一个社会没有规矩，就会失去秩序，陷入混乱。人不以规矩则废，家不以规矩则殆，国不以规矩则乱，党不以规矩则亡。习近平总书记指出，领导干部要“明白哪些事能做、哪些事不能做，哪些事该这样做、哪些事该那样做，自觉按原则、按规矩办事”。不守规矩或许可以侥幸一时、得利一阵，但早晚要栽跟头、付出沉重代价。纪律是块铁，谁碰谁流血；规矩是块钢，谁碰谁遭殃。“按规矩办”既是紧箍咒，更是护身符。领导干部要自觉讲规矩、守纪律，以“规”格物，以“矩”修身，襟怀坦白、言行一致，心存敬畏、手握戒尺，任何时候、任何情况下都不越界、不越轨。

加强纪律性，革命无不胜。我们党是用革命理想和铁的纪律组织起来的马克思主义政党，组织严密、纪律严明是党的优良传统和政治优势，也是我们的力量所在。毛泽东同志曾说，“路线是‘王道’，纪律是‘霸道’，这两者都不可少”，“身为党员，铁的纪律就非执行不可，孙行者头上套的箍是金的，共产党的纪律是铁的，比孙行者的金箍还厉害，还硬。这就是‘认真’，就是‘霸道’”。视纪律为“霸道”，都是靠严明的纪律和规矩使全党统一意志、统一行动。如果不讲纪律和规矩，我行我素、各行其是，我们党就会成为一盘散沙，就会失去凝聚力和战斗力。讲规矩是对党员、干部党性的重要考验，是对党员、干部对党忠诚度的重要检验，许多干部违纪往往就是从破坏规矩开始的。领导干部必须严守党的纪律和规矩，时刻用党的纪律规矩规范自己的一言一行，真正使纪律和规矩内化于心、外化于行。

把政治纪律和政治规矩挺在前面。在所有党的纪律和规矩中，规范党员干部政治方向、政治立场、政治言论、政治行动的政治纪律和政治规矩，始终是管总的，是最重要、最根本、最关键的，处于主导和核心地位。习近平总书记强调，“党员领导干部守纪律、讲规矩最主要的是严守政治纪律、严守政治规矩”。领导干部必须始终把党的政治纪律和政治规矩挺在前面，自觉维护党中央权威，增强“四个意识”、坚定“四个自信”、做到“两个维护”，在思想上政治上行动上始终同以习近平同志为核心的党中央保持高度一致；自觉维护党的团结，坚持五湖四海，团结一切忠实于党的同志；自觉遵循组织程序，重大问题该请示的请示，该汇报的汇报，不超越权限办事；自觉服从组织决定，决不搞非组织活动，不违背组织决定；自觉管好亲属和身边工作人员，不默许他们利用特殊身份谋取非法利益。

一七二、居高更应常怀敬畏心

古人云，“敬则无娇气，无怠惰之气”，“畏则不敢肆而德以成，无畏则从其所欲而及于祸”。敬就是尊重，恭敬有礼不存邪念；畏就是害怕，心存忧惧慎言慎行。领导干部职务越高权力越大责任越重，就越要心存敬畏，才会“思”而出乎理智、“做”而有所顾忌、“行”而不忘法纪。

举头三尺有神明，敬畏之心不可无。人是要有敬畏之心的，我国古代先民自古就有“举头三尺有神明”的朴素的敬畏心。曾国藩平生有“三畏”，畏天命、畏人言、畏君父，敬畏意识是他一生为官之道的核心，也是他干事创业的“护身符”。古人云，“天下事，成于惧而败于忽”。敬畏是一种态度和情感，更是一种自警和自省。知敬畏存戒惧，才能有所为有所不为。一个人如果没有敬畏之心，就会无拘无束、肆无忌惮，甚至为所欲为、无法无天。领导干部为官从政要行稳致远，就要常怀敬畏之心、戒惧之意，时时处处敬畏历史、敬畏规律、敬畏法纪、敬畏责任、敬畏自然、敬畏生命，时刻警醒自己明辨是非、谨言慎行。

官有所畏，业有所成。《菜根谭》里写道：“自天子以至于庶人，未有无所畏惧而不亡者也。上畏天，下畏民，畏言官于一时，畏史官于后世。”干部一旦失去敬畏之心，“思想防线”就会悄然失守，“精神堤坝”就会逐渐崩溃。对组织缺乏敬畏，对群众缺乏敬畏，对权力缺乏敬畏，对党纪国法缺乏敬畏，终将官丢名毁，害人害己，受到法纪的严惩。领导干部任何时候都必须敬畏组织、敬畏人民、敬畏权力、敬畏法纪。

职位越高权力越大，越要心存敬畏。春秋时期宋国大夫正考父是几朝元老，但他对自己要求很严，在家庙的鼎上铸下铭训：“一命而偻，再命而伛，三命而俯。循墙而走，亦莫余敢侮。饘于是，鬻于是，以糊余口。”这个故事令人感慨不已。正考父面对任命越来越谨慎，时刻保持敬畏之心，越得到重用就越是谦虚谨慎、诚惶诚恐，不敢有丝毫的懈怠和含糊。担任领导职务是党和人民的信任和嘱托，职位越高，手中掌握的权力越大，肩上的职责和使命越重，人民群众的期待越多，就越要警钟长鸣，越要对组织、人民、权力、职务、法纪保持敬畏之心，就越要珍惜岗位、珍惜工作，始终心中有党、心中有民、心中有责、心中有戒，不辜负组织和人民的信任，不负重托、不辱使命，决不能把职位当作自己应得的荣誉或好处，高高在上、为所欲为。

一七三、干事与干净于一身，勤政与廉政于一体

习近平总书记指出，“要把干净和担当、勤政和廉政统一起来，勇于挑重担子、啃硬骨头、接烫手山芋，切实把工作抓紧抓实，抓出成效”。干事是成事之要，干净是立身之本。干事，才能为党尽责、为民造福；干净，才能言有所规、行有所止。领导干部要在干事中筑牢干净的防线，在干净的框架下干事创业，真正使干事和干净互促互进、勤政和廉政相得益彰。

干事是领导干部的天职。当干部就要干事，这是领导干部的本

职本分，在其位，就要履其职、尽其责。习近平总书记指出，“干部干部，干是当头的，既要想干愿干积极干，又要能干会干善于干”。空谈误国，实干兴邦。不干，再好的规划也是空中楼阁，再美的蓝图也是废纸一张。不想干，不敢干，不会干，这样的干部都是不称职的干部。当干部就是要干字当头、干在实处、走在前列，对工作任劳任怨、尽心竭力、善始善终、善作善成，坚持做人要实、谋事要实、创业要实，不断为党和人民的事业添砖加瓦。

既要干成事又要不出事。习近平总书记强调，领导干部要“自身正、自身净、自身硬”，“确保既想干事、能干事，又干成事、不出事”。领导岗位就是干事创业的平台，领导干部走上各自的岗位，大多是想干一番事业、实现自身价值。有干劲、有拼劲是好的，但如果觉得只要一心干事，犯点“不干净”的错误似乎情有可原，甚至认为可以网开一面、功过相抵，在廉洁问题上翻了船，就算干得再多再好，最终只会一失万无。只有知晓为官做事的尺度，遵纪守法、廉洁奉公，清清白白、干干净净，才能为干事装上“安全阀”“护身符”。领导干部要把干净和干事统一起来，在真抓实干和清正廉洁上作表率，不做政治麻木、办事糊涂的昏官，不做饱食终日、无所用心的懒官，不做推诿扯皮、不思进取的庸官，不做以权谋私、蜕化变质的贪官。

不能为不出事就不干事。习近平总书记指出，“必须正确处理干净和担当的关系，决不能把反腐败当成不担当、不作为的借口”。干事但不干净不行，干净却不干事也不行。党的十八大以来，全面从严治党向纵深推进，有的干部感慨“为官不易”，一味求“稳定”明哲保身，遇到问题矛盾绕着走，消极懈怠、为官不为。这样的干部不贪污、不受贿，双手“干净”，但拿着人民的俸禄不干事，同样辜负了组织信任、群众期待，耽误了党和人民的事业，严重影响党和政府在人民群众心中的形象。领导干部应该对“为官不为”感到羞耻，要时刻绷紧纪律规矩之弦，在职权范围内、在法纪规定下、在人民群众的期待中，撸起袖子加油干，积极作为、敢于担当，做我们时代的劲草、真金。

一七四、侥幸是自我欺骗的放纵

有侥幸心理的人，总想着投机取巧，视反常为正当，把偶然当必然，为了个人利益不惜铤而走险，总是揣着明白装糊涂，掩耳盗铃，自欺欺人。对于领导干部而言，侥幸心理不仅害人害己，更会损害党风政风，任何时候都不可心存侥幸。

心存侥幸必有不幸。常言道，“贪图省力终生憾，侥幸心理酿祸端”。看不到风险是最大的危险，侥幸往往是不幸的开始。守株待兔的故事告诉我们，意外收获会诱发人的侥幸心理。偶尔一次侥幸可能会使人取得成绩或得到某种益处，但侥幸心理最终会引人走向不归路。对学习心存侥幸，不会取得理想的成绩；对占小便宜心存侥幸，会丧失做人的道德操守；对安全风险心存侥幸，会导致事故灾难；对遵纪守法心存侥幸，终将难逃党纪国法的严惩。“要想人不知，除非己莫为。”领导干部执政为民、干事创业、进退留转不能靠侥幸、撞大运，唯有斩断侥幸心理，才能够行得正、走得稳。

骗得了一时，骗不了一世。一时的侥幸不代表终身的幸运。领导干部一旦心存侥幸，现在不出问题，难保以后不出问题；在这个事情上不出问题，难保在其他事情上不出问题。然而，有的干部对于哪些应该做、哪些不该做，往往是看得破、忍不过，明知不可为而为之，一次又一次地“骗”自己“下不为例”；有的觉得吃一点、喝一点、拿一点、收一点都是“小问题”“无伤大雅”，一次又一次地“骗”自己“小病不是病”；有的甚至把偶然得来的“侥幸”当成“自信”，当成“本领”，对禁令视而不见，对提醒充耳不闻，一次又一次地“骗”自己“走捷径是能耐”。这些无疑是愚蠢之举、危险之举。“天下没有免费的午餐”，一旦让侥幸心理占据了上风，放松了对自我的要求与约束，突破纪律红线、法律底线是早晚的事，还会破坏党同人民群众的血肉联系，伤害人民群众的感情，损害党的形象。领导干部莫因一时一事的侥幸，在自我放纵中招致一生不幸。

手莫伸，伸手必被捉。这是陈毅元帅的一句诗，旨在告诫领导干部天网恢恢、疏而不漏，不该拿的不拿、不该收的不收，决不能心存侥幸。一个人的物质需要总是有限的，领导干部有工资收入、有各项保障，理当集中精力追求更大人生价值，而不能沉迷于物质追求。伸手拿不该拿的东西，开口要不该要的利益，最终必将受到党纪国法的制裁，纵或侥幸脱逃，也如惊弓之鸟，整天提心吊胆，又有什么意义呢？领导干部必须坚决杜绝侥幸心理，特别是在廉洁上，哪怕是1%的侥幸也绝不能有。要有“见善如不及，见不善如探汤”的自觉，常修为政之德、常怀律己之心、常思贪欲之害，千万不能有“大错不犯、小错不算”的想法，彻底铲除哪怕是一丝一缕的侥幸心理和观望态度，老实本分、不越雷池，面对诱惑做到“不动心”“不伸手”。

一七五、在一点一滴中提升，在小事小节上修炼

习近平总书记指出，“领导干部要讲政德，要多积尺寸之功。小事小节是一面镜子，小事小节中有党性、有原则、有人格”。自我修炼、自我提升是一个日积月累、从量变到质变的过程。点滴修品行，细节炼境界。领导干部涵养政德，必须重视小事小节，从一点一滴中完善自己。

小洞不补，大洞吃苦。古人云，“泰山不辞抔土方能成其高，江河不择细流方能成其大”。如同一座高楼大厦的建成离不开一砖一瓦的堆砌一样，一个党员干部的政德修养也离不开“尺寸之功”的积累。焦裕禄因儿子看戏逃票而主动带儿子补票并作检讨，谷文昌从不允许家人骑公家配给他的自行车，杨善洲拒绝让家人搭乘他的“顺风车”……小事小节，因其小而往往容易被人忽略，但往往就是这些看似不起眼的小事，如同一面镜子，可以清晰地映照出党员干部的人格品行、党性作风。“道自微而生，祸自微而成。”今天看似

小事小节，稍不注意，明天或许就会发展成大事大节。反观近年的落马干部，无不是从接受一个红包、一些小事小节上“失守”，一而再、再而三，久而久之，最终动摇了理想信念，逐渐走向堕落的深渊。领导干部只有牢记“堤溃蚁穴，气泄针芒”的古训，坚持从小事小节上加强修养，从一点一滴完善自己，严以修身，正心明道，防微杜渐，才能时刻保持人民公仆本色，增强拒腐防变的能力。

多积尺寸之功，涵养为政之德。习近平总书记指出，“打扫思想灰尘、祛除不良习气、纠正错误言行永无止境，永远都是进行时”。尺寸之功，重在“多积”也难在“多积”。良好政德的形成，不是与生俱来的，不是一蹴而就的，不是“一阵风”“雷阵雨”就能见到成效的，必须拿出水滴石穿的韧劲，在落细落小上下真功夫。“不矜细行，终累大德。”领导干部要做到慎微，既要坚定理想信念，筑牢思想防线，明辨是非、美丑、善恶，培养和强化自我约束、自我控制的意识和能力，摒弃浮躁心态，自觉抵制各种消极颓废思想观念的侵蚀和诱惑；又要警惕“小节”潜移默化的腐蚀作用，坚持从小事小节上加强修养，在细枝末节上从严要求，勿以善小而不为，勿以恶小而为之，切实做到“心不动于微利之诱，目不眩于五色之惑”，避免由小节演化成失节，由小管涌沦为大塌方，在日积月累中涵养出大境界、大政德。

后　记

习近平总书记强调，“办好中国的事情，关键在党、关键在人”。领导干部背负着党和人民的殷殷重托，身肩实现“两个一百年”奋斗目标和中华民族伟大复兴中国梦的历史重任，必须不忘初心、牢记使命，奋发有为、不负众望，而且一定要把人做好、把事做对、把官做正。

事实告诉我们，做人是做事做官的根本前提和底线保证，做事是做人做官的价值体现和意义所在，而做官对做人做事又提出了更高的标准和更严的要求。毫无疑问，对于领导干部来说，做人做事做官是须臾不可分割的整体。应当如何使自己成为“一个高尚的人，一个纯粹的人，一个有道德的人，一个脱离了低级趣味的人，一个有益于人民的人”，在“为人民谋幸福、为民族谋复兴”的伟大实践中提升自我境界、增强自我本领、实现自身价值，促进党和人民事业发展，是新时代每一名领导干部都必须深入思考、努力践行的时代课题。

这本书是笔者结合自己的学习体会、实践感悟，把做人做事做官作为一个系列来谈，全书分为做人篇、做事篇、做官篇。应当说，书中列举的条目大多具有普遍性、规律性、常识性，但愿能给读者一些帮助和启发。衷心感谢党建读物出版社的重视和帮助。

由于自身水平有限，书中难免存在一些不妥之处，敬请指正。

晓 山

2021 年 5 月

图书在版编目（CIP）数据

做人做事做官系列谈 / 晓山著 . —北京 ：党建读物出版社，2021.7

ISBN 978-7-5099-1402-1

Ⅰ . ①做… Ⅱ . ①晓… Ⅲ . ①中国共产党—干部教育—学习参考资料 Ⅳ . ① D262.3

中国版本图书馆 CIP 数据核字（2021）第 109347 号

做人做事做官系列谈
ZUOREN ZUOSHI ZUOGUAN XILIE TAN
晓山　著

责任编辑：郝英明
责任校对：钱玲娣
装帧设计：也在
出版发行：党建读物出版社
地　　址：北京市西城区西长安街 80 号东楼（邮编：100815）
网　　址：http://www.djcb71.com
电　　话：010-58589989/9947
经　　销：新华书店
印　　刷：北京中科印刷有限公司
2021 年 7 月第 1 版　2021 年 7 月第 1 次印刷
710 毫米 ×1000 毫米　16 开本　21.25 印张　220 千字
ISBN 978-7-5099-1402-1　定价：42.00 元